Zu diesem Buch

Im Verhältnis zum Vater, dem ersten Mann ihres Lebens, erlernen Töchter Gefühlsmuster, die sich in späteren Liebesbeziehungen wiederholen. Frauen sitzen in der «Vaterfalle», oft, ohne es zu merken.

«Du bist so kompliziert»: Ungezählte Frauen haben diesen Satz so oft gehört, daß sie selbst schon daran glauben. Darin die Macht der Väter über die eigenen Gefühle zu erkennen, setzt die emotionale Selbstbewußtwerdung der Töchter voraus. Die Psychotherapeutin Sigrid Steinbrecher ermutigt Frauen, sich auf diese intensive und mitunter schmerzliche Auseinandersetzung einzulassen.

Die Autorin

Sigrid Steinbrecher (geb. 1944) lebt als Therapeutin mit eigener Praxis in Hamburg. Studium der Psychologie in Berlin, Zürich und Hamburg, Ausbildung zur Psychotherapeutin in Zürich. Sie promovierte über Liebesbeziehungen im Patriarchat. Ergebnisse sind in der «Funkstille in der Liebe» erschienen. 1986 gründete sie ein psychologisches Beratungszentrum, den Hamburger Arbeitskreis für Angewandte Individualpsychologie.

Sigrid Steinbrecher

Die Vaterfalle

Die Macht der Väter über
die Gefühle der Töchter

rororo

Rowohlt

rororo zu zweit
Lektorat Barbara Wenner

19.–28. Tausend März 1992

Originalausgabe
Veröffentlicht im Rowohlt Taschenbuch Verlag GmbH,
Reinbek bei Hamburg, November 1991

Umschlaggestaltung Nina Rothfos und Barbara Hanke
Gesetzt aus der Aldus (Linotronic 500)
Gesamtherstellung Clausen & Bosse, Leck
Printed in Germany
1290-ISBN 3 499 19126 1

Inhalt

Für meine Kinder
Jennifer, Jonathan und Sebastian,
die mir mit ihrer Liebe stets zur Seite standen,
wenn die Wellen der Vaterforschung
über mir zusammenschlugen.
‹Mami, wir schaffen das schon›,
mit *wir* meinten sie *mich*.

Hamburg, den 30. April 1991

Brief an den Geliebten

Du sagst, daß Du mich liebst. Aber ich fühle es nicht. Du bist da – aber Deine Gegenwart ist leer. Du kannst Dich nicht geben. Du redest friedlich vor Dich hin, aber Deine Worte überbrücken Deine Gefühle, zeigen sie nicht. In Wirklichkeit bist Du stumm, eingeschlossen in Dein System – das offenbar keinen Ausgang besitzt.

Die Worte zwischen uns ergeben keinen Sinn, sie vertiefen nur unser Schweigen.

Du hörst mir nicht zu und Du verstehst mich nicht. So als würde ich eine Sprache sprechen, die Du nicht gelernt hast.

Im Zusammensein mit Dir werde ich immer schweigsamer – ohne daß Du es je merken würdest. Oder doch? Ist es Dein Wunsch?

Ich schaue in den Spiegel und fühle mich kleiner, weniger ... ich verliere mein Strahlen. Und das ist ein Ergebnis unseres Miteinanders. Ich spüre Deine Verachtung, auch wenn Du sie nicht sagst, und sie läßt mich nicht wachsen.

Sollte das Liebe sein?

Verletzte Liebe

«Du hörst mir nicht zu
und Du verstehst mich nicht»

Der Brief an den Geliebten ist die Aussage einer erwachsenen Frau über ihre Beziehung zu einem Mann: Das Bild des Vaters scheint durch das Bild des Partners hindurch.

Der Brief an den Geliebten ist eigentlich ein Brief an den Vater, faßt die vertraute Empfindung gegenüber dem unvertrauten Vater in Worte. Die Konturen verschwimmen. Die Empfindungen zu beiden sind gleich. Alles stimmt – weil übereinstimmend. Und alles ist unstimmig, weil nur Vergangenes wiederholt wird, das Haus der Kindheit im alten Glanz erstrahlt, weil Gegenwart und Vergangenheit nicht geschieden werden.

In der Liebe zeigt sich die Vater-Tochter-Beziehung unverhüllt. Hier formulieren Frauen ihre enttäuschende Erfahrung, zeigen den erlebten Betrug auf, den sie einst empfunden haben, aber nicht wahrhaben durften und der schließlich der Verdrängung anheimfiel.

Es ist ein Vaterkonflikt, in dem sie weiter leben, der sich in der Liebe wiederholt. Frauen spüren die Verachtung, sie empfinden, daß sie in dieser Beziehung wiederum nicht wachsen können, aber sie dürfen sich nicht wehren. Sie kennen ihren Wert nicht.

«Du hörst mir nicht zu und du verstehst mich nicht», das waren die Gefühle der kleinen Tochter, als sie einst vor dem großen und mächtigen Vater stand. Diese Gefühle hat die Tochter nicht vergessen, sie begleiten sie in jede Liebesbeziehung.

Es ist ihr nicht gelungener Vater-Abschied, der Töchter eine Liebe suchen und finden läßt, in der sie ihr Strahlen erneut verlieren. Es ist ihre aus der Kindheit lebendig gebliebene Sehnsucht «aber der Vater muß mich doch lieben...», die sie heute auf den Mann projizieren, die ihm Vater-Bedeutung verleiht, ihn groß und sie klein werden läßt.

Der Brief an den Geliebten beschreibt den Konflikt von Vater und Tochter, zeigt die Ferne zwischen ihnen, die Sprachlosigkeit ihrer Beziehung: «Deine Gegenwart ist leer...»

Dieser Konflikt ist tief, er reicht weit in die Vergangenheit zurück und hat nachhaltige Spuren hinterlassen. Er prägt die Liebesfähigkeit von Frauen und ihre Verletzlichkeit in der Liebe, setzt dort Grenzen, wo Freiheit sein könnte. Töchter mißverstehen ihre Väter, mißverstehen sich selbst. Sie verstehen ihre Vater-Wunde nicht.

Wenn Frauen in den Spiegel schauen, hoffen sie sich selbst zu sehen. Doch sie sehen sich mit den Augen des Vaters, haben sein Bild übernommen. Dort wo sie sich selbst sehen und erkennen sollten, begegnen sie seinem Blick, seinen Worten, seiner Beurteilung. In seiner väterlichen Liebe wollen sie sich spiegeln und ihre Identität finden. Dabei träumen sie von einem intakten, glänzenden Spiegelbild und schauen in Wirklichkeit in Scherben, die nur noch Bruchstücke spiegeln. Mit diesen Spiegelungen zermürben sie sich ihr Leben lang, zäh darum ringend, ein sinnvolles Ganzes daraus entstehen zu lassen. Aber sie schaffen es nicht. Der zerbrochene Spiegel, die Scherben halten die Wunden offen, die – wenn überhaupt – nur oberflächlich heilen.

Verdrängung soll die Wunde schließen, Vaterliebe den Blick verklären. Aber die einst erlebte verletzte Liebe bindet Töchter an die Kränkung, erklärt ihre Beherrschbarkeit durch den Mann, aber auch ihre anhaltende Bereitschaft zur Dienstbarkeit. Auch vaterlose Töchter, die ohne Vater aufgewachsen sind, fühlen diese Verwundung. Durch ihre Träume und Sehnsüchte geistert eine väterliche Idealfigur, die ihren Lebens- und Liebesstil prägt, sie ziellos nach Geborgenheit suchen läßt.

Ich beobachtete in meiner therapeutischen Praxis immer wieder, wie gerade die unerkannte, ungedeutete und kaum erinnerte Vaterbeziehung eine Blockade auslöst, die jede wirkliche Freiheit verhindert. Sie ist das Drehbuch, in dem alles schon geschrieben steht.

Die Liebe des Vaters zu seiner Tochter, seine Aussage: «Ich will ja nur dein Bestes» bedarf einer genauen Untersuchung, muß auf ihren wahren Gehalt hin geprüft werden. Und jede Frau muß diesen Weg allein gehen – niemand hilft ihr dabei, denn unsere Vatergesellschaft steht immer an «seiner» Seite. Sie schützt den Repräsentanten des Systems, deckt seine Taten und beschönigt seine Rolle.

Frauen können nur untereinander Verbündete auf diesem Weg finden. Aber es wird sich zeigen: Wer sich erst einmal auf die Suche begeben hat, den werden viele andere Vater-Töchter begleiten.

Die Analysen in meiner Praxis weisen auf die Gespaltenheit der Frauen hin, denken zu können, aber nicht leben zu können, was sie denken. So denkt eine Frau noch leicht «Mein Partner ist liebesunfähig», aber sie kann sich in ihren Handlungen und Gefühlen nicht wirklich auf seine Liebesunfähigkeit beziehen. Sie wird sich selbst beschuldigen, in Selbstanklagen versinken, neue und bessere Verhaltensweisen suchen. Alles ist wie früher – alles ist wie beim Vater – wie damals, als die kleine Tochter auf die Liebe und Anerkennung des Vaters hoffte und so vergebens wartete.

Töchter leiden an dieser unerfüllten Liebe. Die Welt ist voll von leidenden Töchtern, weil die Väter zur Liebe nicht willens waren und weil es das Beste für sie war, wenn Töchter die Schuld und das Leiden auf sich nahmen. So – und nur so – konnten Väter ihr Selbstbild erhalten und gleichzeitig ihre Selbstbezogenheit kaschieren, ihren Egoismus verbergen.

Töchter helfen ihren Vätern gerne und breiten über den ersten Mann in ihrem Leben milde den Mantel des Schweigens aus, vermeiden die Auseinandersetzung mit ihrer Vergangenheit, mit dem Vater. Hier kommt ihr Forschergeist ins Stocken – hier bleiben Frauen letztlich sittsam bei der Tradition ‹Ehre deinen Vater›, doch in einem verborgenen Winkel ihrer Seele rumort die Vater-Wahrheit. Ein Blick auf ihr unzufriedenes und gehetztes Leben wird untrüglich den Beweis erbringen.

Gerade mit diesem Schweigen, der Verleugnung des verinnerlichten Vater-Bildes, nehmen Frauen sich selbst zu wenig und den Vater zu ernst. Immer warten sie insgeheim auf ein Wort der Anerkennung, auf den Satz «Ja, du hast es recht gemacht, du bist eine gute Tochter». Doch diese Anerkennung erfahren nur die wenigsten

Töchter, die meisten Frauen bleiben in ihrer alten Rolle als Vater-Töchter, die das Ringen um die Anerkennung nicht aufgeben können, die ihre Wut vergessen haben, sie jedenfalls nicht für sich nutzen können. Sie schwanken orientierungslos von der vernünftigen erwachsenen Frau zu dem kleinen anschmiegsamen Mädchen, sie lieben und sie hassen, finden sich in ihren eigenen Gefühlen nicht zurecht, verwirren damit sich selbst – und manchmal auch ihre Partner.

Der Vaterkonflikt wird in der neueren Frauenliteratur in einer besonderen Weise behandelt. Er wird beschrieben und zugleich verschwiegen – oft in einem Atemzug. Andeutungen und verständnisvolle Verzeihungsgesten sollen die Angst verschleiern, die das Vater-Thema auslöst. Frauen dürfen dem Mann nicht mißfallen – das ist ein ungeschriebenes Gesetz einer Männerkultur. Und deshalb schweigen Frauen.

In der analytischen Praxis mache ich immer wieder die Erfahrung, daß Frauen mit Leichtigkeit und ohne Angst über die Beziehung zur Mutter sprechen können, doch nur, um zu dem traurigen Ergebnis zu gelangen «Ich bin wie sie». Eine Befreiung hat die Auseinandersetzung den Frauen letztlich nicht gebracht. Zugegeben: Es bietet sich an, Frauen bei jeder Gelegenheit auf ihre Identifikation mit der Mutter zu verweisen. Sie ist auch eine Frau und hat die Tochter erzogen. Damit bleibt das Frauenproblem ein Frauenproblem – wird zu einem Frauenproblem ganz im Sinne unserer Männerkultur: «Aber hinter jeder Mutter steht ein Vater und er verfügt über die Macht. Die Autorität des Vaters ist eine Tatsache der sozialen Ordnung: Freud scheitert, wenn er sie herleiten will» (de Beauvoir 1968, S. 54).

Die Bedeutung des realen Vaters für die Entwicklung der Tochter wird zumeist unterschätzt, in ihrer psychologischen Konsequenz unscharf gesehen. Die Frage: «Wer war (ist) mein Vater wirklich?» wird sorgsam übergangen. Jede Tochter lebt mit einem Vater, den sie nicht zu kennen wagt. Um seine innerpsychische Realität darf sie sich nicht kümmern. Die verordnete Vaterliebe verklärt den Blick und trübt die Sinne.

Sigmund Freud begründete in seiner Theorie des Ödipuskomplexes wohl die Rivalität, die der Vater beim Sohn auslöst, aber er versäumte, die unseligen Folgen zu benennen, die die unerfüllte Sehnsucht, die verdrängte Hoffnung und das nicht eingelöste Versprechen des Vaters «Ich will ja nur dein Bestes» bei der kleinen Tochter bewirkt: Das Gefühl zu versagen und niemals zu genügen.

Welcher Vater gab seiner kleinen Tochter die Zuneigung und die Aufmerksamkeit, die sie für ihre Entwicklung benötigte?

Freud, der seine Forschungen über das Wesen der Frau vorzeitig mit der selbstkritischen Frage beendete «Was will das Weib (eigentlich)?» begnügte sich damit, Frauen auf den Penisneid zu reduzieren. «Von Anfang an beneidet es (das Mädchen) den Knaben um den Besitz, man kann sagen, seine ganze Entwicklung vollzieht sich im Zeichen des Penisneides» (Freud 1972, S. 49). Die Phallustheorie ist Anfang und Ende seiner männlichen Erklärungsversuche. Dem Mädchen fehlt etwas, was der Vater besitzt.

Damit hatte er recht: Im Gegensatz zum großen, mächtigen Vater fühlt sich die Tochter ohnmächtig, hilflos und ganz und gar auf die Liebe des Vaters angewiesen. Doch indem diese Gefühle auf den Penisneid reduziert werden, verfehlt Freud die Empfindungen von Mädchen und Frauen – und schiebt ihnen das Problem zu.

Freud hatte sich die Frau als Mängelwesen zugerichtet. Die Frau, ein biologisches Defizit. Die These ist unglaublich, aber um so erfolgreicher.

Christiane Olivier weist in Jokastes Kinder auf den abwesenden Vater hin, der bei der Tochter Gefühle des Ungenügens auslöst. Sie meint, der Tochter fehle die männliche Identifikationsfigur für ihre Kindheitssexualität: «Nur der Vater könnte seiner Tochter die ihr angemessene Stellung als geschlechtliches Wesen geben, denn er sieht das weibliche Geschlecht als komplementär zu seinem eigenen und als unentbehrlich für sein Lustempfinden» (Olivier 1989, S. 60).

Der Vater also, der das kleine Mädchen nicht windelt, sich ihm nicht als ‹Mann› zuwendet, verhindert die kindliche Sexualität des Mädchens. Er liefert die Ursache dafür, daß sie den Vater immer suchen wird und ihre Identifikation als Frau nicht finden kann. Damit bleibt Olivier im sexualistischen Deutungsschema befangen, der Tradition der Psychoanalyse treu verbunden. Sie sieht die Tochter als komplementäres Wesen zum Vater, das er für sein Lustempfinden braucht und sie für ihre weibliche Identität. Eine nicht ungefährliche Argumentation, die – denkt man ein Stück weiter – den sexuellen Mißbrauch geradezu legitimiert und den Boden für eine Rechtsprechung bereitet, die schlußendlich dem Mädchen die Schuld an der Verführung gibt.

Wir suchen den Vater – das stimmt. «Zutiefst verwundet verlassen wir alle diesen Ödipus, in dem der Vater so sehr fehlte» (Olivier 1989, S. 66). Aber nicht wegen der fehlenden Kindheitssexualität, der ‹körperlichen Abwesenheit› des Vaters, seiner fehlenden männlichen Zuwendung. Mehr und mehr Frauen berichten heute in Analysen und schreiben darüber, daß sie sich sehr wohl als komplementäres weibliches Wesen zum Vater gefühlt haben, das er für sein Lustempfinden brauchte. An der männlichen Zuwendung scheint weniger Mangel zu bestehen, als allgemein angenommen wird. Dafür ist jede Zeit vorhanden.

Die fehlende ‹körperliche Anwesenheit› des Vaters scheint nicht der Grund dafür zu sein, daß das Mädchen den Vater später suchen muß und im Mann nicht finden kann. Es ist seine fehlende menschliche – und eben nicht männliche – Zuwendung, die bei der Tochter das Gefühl auslöst, nicht geliebt zu werden. Es geht nicht um die Sexualität des Kindes, sondern um den Mangel an Liebe, der unvergleichlich schwerer wiegt in der Persönlichkeitsbildung des Mädchens.

Väter geben – ob anwesend oder nicht, ob Abendväter oder Wochenendväter – Töchtern ihr Interesse, ihre Aufmerksamkeit nur unter bestimmten Bedingungen. Und Töchter sind abhängig von dieser Zu- oder auch Abwendung. Ihr Lebenskonzept, ihr gesamtes Lebensgefühl gründet in der berechtigten Hoffnung auf die Liebe des Vaters. Väter beeinflussen durch großzügiges Gewähren oder Vorenthalten ihrer Liebe die Entwicklung der Tochter maßgeblich. Es geht um die leere Beziehung der Väter zu ihren Töchtern, die keinen Respekt vor ihrer Seele und keine Ahnung von ihrem wahren Wesen haben.

Die Folgen sind für Töchter schwerwiegend: Minderwertigkeit und Passivität bestimmen das Gefühlsleben. Sie haben den Ort verloren oder noch nicht gefunden, der ihnen in dieser Welt zusteht. Angst vor Liebesverlust, Verlassenheitsgefühle, Existenzängste überhaupt überwiegen und führen zu einer tiefen Verunsicherung. Warum können Frauen diesen Zustand nicht einfach überwinden, weitergehen, sich selbst finden?

Dieser Zustand ist nicht angeboren und kein Schicksal. Sollte er nicht doch veränderbar sein? Diese Frage erinnert an ein beliebtes Kinderratespiel, etwa in der Art: Es ist schwarz, hat zwei Beine, aber man kann es nicht sehen. Was ist das?

Des Rätsels Lösung wird offenkundig, wenn Frauen sich an ihre Vergangenheit erinnern. Es ist der Vater, den sie als unverarbeitete Tatsache lebenslang in ihrem Reisegepäck aufbewahren. Es ist der Vater, der Frauen an die Vergangenheit bindet. Eben weil sie von ihm die Liebe, seine menschliche Zuwendung nicht bekamen, weil sie von ihm nicht ernstgenommen wurden.

Um diesen schwarzen Mann ihrer Kindheit muß sich jede Frau kümmern, will sie sich auf die Realität ihrer Gefühle einlassen und überkommene Schuldzuweisungen auflösen. Dies geht nicht ohne Reise in die Vergangenheit, nicht ohne Konfrontation mit der eigenen Beziehungsgeschichte. Frauen können lernen, die Rolle zu erkennen, die der erste Mann in ihrem Leben zu einem Zeitpunkt spielte, als sie noch zu klein waren, um sich dagegen zu wehren. Die kleine Tochter atmete die Atmosphäre ein, die später ihr Gefühlsleben bestimmt. Die damalige Bedeutung des Vaters zu erfassen, das kleine Mädchen kennenzulernen, das einst abhängig und dem Vater ausgeliefert seine Beurteilung übernommen hat, ist eine Chance für jede Frau, sich aus *töchterlicher Anspruchslosigkeit* zu befreien.

Dazu möchte ich mit diesem Buch beitragen. Es ist geschrieben aus der Erfahrung von Frauen, die sich auf den Weg gemacht haben. Es ist ein konfliktreicher Weg. An jeder Kreuzung wartet ein neues Schild: «Du darfst nicht», «Du sollst nicht», «Du kannst nicht». Gebote warnen und drohen, aber sie verlieren sich, treffen nicht mehr, wenn Frauen mutig genug sind, sich Freundin und Partnerin zu sein.

Von und mit dem Vater haben wir die Spielregeln der Liebe kennengelernt. Von ihm wurden wir zu Töchtern in der Liebe erzogen: Unsere Selbsteinschätzung, unser Umgang mit uns selbst, unser Bild vom Mann, das alles sind Ergebnisse der töchterlichen Kinderstube.

Irrungen und Wirrungen in der Liebe sind lediglich Wiederholungen der verstörten Vater-Tochter-Beziehung.

Frauen haben Angst, sich dieser Einsicht zu stellen. Wir haben Angst, den Vater zu aktualisieren. Wir schonen den ersten Mann in unserem Leben. Wir tun dies durch Erinnerungsblockaden wie «Es ist alles schon so lange her, er hat sich so bemüht», oder aber mit dem abschließenden Satz: «Ich habe ihn immer gehaßt.»

Häufig nimmt der Vater nicht mehr allzu großen Raum ein. Das halten Frauen oft für einen Beweis dafür, daß sie ihre Beziehung zum Vater geklärt haben, daß es da auf keinen Fall Probleme für sie gibt.

Nur wenige Frauen fragen sich, warum ihnen der Vater so unbedeutsam erscheint, warum sie ihn so sorgsam ausblenden, und mit ihm die eigene Lebensgeschichte. Kein Mensch hat es nötig, schöne und glückliche Erlebnisse zu verdrängen. Verleugnen und Vergessen weisen eher auf Unglück als auf Glück hin. Versöhnliche Verdrängung als edle Geste hat daher auch eher zudeckenden als verändernden Charakter.

Stellungnahmen, abschließende Sätze reichen nicht – sie verhindern nur den ‹Blick zurück› und sollen die Wahrheit verbergen, nämlich die Wirklichkeit des kleinen Mädchens in uns, das alle Erfahrungen gespeichert hat. Ihm wollen wir ausweichen.

Wir sind versöhnlich oder unversöhnlich gestimmt, glauben unsere Zukunft gestalten zu können, aber die Realität der Kindheit ist als verdrängte Vergangenheit unveränderbar. Sie holt uns in konkreten Lebenssituationen – ob wir es wollen und merken oder nicht – immer wieder ein. Erlebte Realität ist im Gefühl und im Körper des Menschen fest verankert, sie bleibt wirksam und läßt sich – gerade wenn sie vergessen ist – nicht einfach streichen.

Und zu passenden Gelegenheiten – und das sind Konflikt- und Krisensituationen – obsiegen die Kindheitsgefühle: Ohnmacht, Wut, Angst und Kleinheit. Sie verleiten die Frau zu bestimmten Entscheidungen. Entscheidungen, die sie nicht selten bereut und oft doch nicht rückgängig machen kann.

Bei Scheidungen, Trennungen oder Abschieden überhaupt stehen Frauen immer wieder vor ungelösten Rätseln. Ihre Gefühle, ihr Gewordensein und ihre Ziele verschwimmen, werden ihnen fremd. Sie fragen sich: «Wer bin ich überhaupt, was habe ich für eine Bedeutung?»

Sigmund Freud verwies die Frauen an dieser Stelle auf ihre untergeordnete Position, in der sie dann schon ihr Glück fänden. «Für das Weib bringt es einen geringen Schaden, wenn es in seiner femininen Ödipusstellung verbleibt, denn sie wird dann ihren Mann nach väterlichen Eigenschaften wählen und bereit sein, seine Autorität anzuerkennen» (Freud 1972, S. 50).

Wir Frauen können dazu nur sagen: Aber Herr Freud, ist denn der Schaden nicht schon groß genug? Wo doch bekanntermaßen Autoritäts- und Machtstrukturen jegliche Liebe ausschließen.

Gerade die Macht des Vaters und die selbstverleugnete Ergebenheit ihm gegenüber führen immer wieder zu den Pannen im Leben einer Frau, die sie sich nicht erklären kann, die sie auf jeden Fall vermeiden wollte, und die sich dann doch auf wunderliche Art stets wiederholen – weil sie die Beziehungsgeschichte mit dem Vater nicht kennt.

Es ist alles schon einmal dagewesen, und die Gegenwart ist leider nur eine mehr oder weniger unschöne Neuauflage der Vergangenheit: eine Vaterfalle.

Der Lockruf, der die Tochter einst verführte, ist ein anerkennender Blick, ein lobendes Wort und die Hoffnung auf seine Liebe. Dafür verleugnet sie sich selbst. Und sie tut es – wie es sich später herausstellt – für fast nichts. Das Problem ist nur, daß der väterliche Lockruf seine Wirkung behält. Frauen vertrauen ihm, auch wenn er wiederum in Entfremdung und Einsamkeit führt.

Die Vaterfalle

«Was hat man dir, du armes Kind, getan?»

Was ist aus dem kleinen Mädchen geworden – mit dem Wuschelkopf und den strahlenden Augen, nachdenklich, neugierig, immer bereit zum Mitmachen, offen für die ganze Welt?

Ganz langsam, Stück für Stück, wurde ihm die Neugierde, das Strahlen abgewöhnt. Es sank in sich zusammen – die Welt war nicht für sie bestimmt, das fühlte sie schon als kleines Mädchen. Intensiv und schmerzhaft erlebte sie das Gefühl des Ausgeschlossenseins. Aber sie verstand es nicht. Jeder Tag des Wachsens verstärkte dieses Gefühl. Wachsen, groß werden, hieß zugleich, die Realität zu verdammen – bitter werden, Enttäuschungen verdrängen. Mit sechs Jahren saß sie hinter einem großen, bequemen Sessel – dem Sessel des Vaters – und wollte nicht mehr atmen. Sie hatte das Vertrauen zur Welt verloren – alles wurde unsicher und entsetzliche Angst breitete sich in ihr aus. Sie wollte ersticken, die Wut war schon damals trostlos geworden und die Welt verlockte nicht mehr zum Leben.

Es war dies die naive Vorstellung eines kleinen Mädchens, die verzweifelte Anstrengung, sich einfach zu verabschieden von der Welt, in der sie sich nicht zu Hause fühlen konnte. Sie wußte noch nichts von der Verpflichtung zum Leben, von der Kraft der Natur. Nach Stunden verzweifelter Anstrengung und Tränen gab sie den Versuch auf. Der Atem setzte sich durch. Verschämt kroch sie hinter dem Sessel hervor – das, was von ihr übrig geblieben war, versuchte zu leben.

Sie wurde ein braves Mädchen, das stets und ständig versuchte, dem Vater zu gefallen. Das Training zur Weiblichkeit hatte begonnen. Sie verleugnete sich, besänftigte den Vater und versuchte Gefallen an den Dingen und Menschen zu finden, die ihm gefielen. Dabei widerte sie das grobe und unfeine Verhalten der Männer an. Es war nichts Schönes in ihrem Umgang.

Und doch, für die Worte des Vaters «Komm her, meine Tochter» kroch sie gehorsam auf seinen Schoß. «Du bist meine Schönste» war der Lohn für ihre Verleugnung.

Sie wurde immer scheuer – immer leiser im Umgang mit anderen Menschen. Nur die Augen sprachen noch eine andere Sprache. Manchmal, ganz selten, sah ein Mensch in diese Augen und erkannte die Seele des Mädchens – das waren Begegnungen, das waren Glücksmomente. Das Mädchen wuchs heran – unbemerkt als Fremde im Trubel des Elternhauses. Niemand kannte sie. Sie war unendlich allein.

Ihre Sesselsituation hat sich nicht wirklich verändert. So sehr sie sich auch anpaßte, je braver sie wurde – sie erhielt niemals, was sie sich so sehr wünschte: die Liebe des Vaters.

So wie diesem Mädchen ist es vielen Töchtern ergangen. Fast jede Frau kann eine Vaterfalle erinnern, eine Kindheitsbegebenheit, in der sie vor Schreck die Luft anhielt, die Angst herunterschluckte und? ... brav wurde. Nie wieder will sie den Zorn des Vaters heraufbeschwören, seiner Wut und seiner Ungerechtigkeit ausgeliefert sein. Aus Angst vor dem Vater und in der Hoffnung, seine Liebe dennoch zu erringen, begibt sie sich auf den steinigen Weg der Selbstverleugnung, folgt seinem Lockruf «Du bist meine Schönste».

Vielen Frauen fällt diese trostlose Wut wieder ein, wenn sie sich in ihre Kindheit zurückversetzen, das kleine Mädchen in sich befragen. Dieses Luftanhalten, dieses Sterbenwollen, diese Verzweiflung – das alles sind Erlebnisse, Tragödien eines Mädchenlebens, die es niemals jemandem mitteilen wird. Die Tochter wird sie für sich behalten, herunterschlucken und still und leise verdrängen. So – als hätten sich diese Dinge nicht ereignet.

Aber sie sind geschehen und sorgsam im Gefühlsleben gespeichert. Sie wirken – wenn auch vergessen und unverstanden – als trostlose Wut und Verzweiflung im Lebensgefühl der erwachsenen Frau weiter. Frauen schauen den Vater nicht an, erkennen ihn nicht und verleugnen oder vergessen ihre Vergangenheit mit dem ersten Mann in ihrem Leben. Und solange bleiben sie sich selber fremd. Sie wissen nicht, nach welchen Spielregeln sie lieben, kennen die Grundmelodie ihrer Seele nicht. Sie sind traurig, wütend, froh oder heiter – aber sie wissen nie so richtig, warum.

Sie finden die Liebe nicht, ihr Leben mit Männern bleibt trotz großer Anstrengung ohne Sinn und führt zumeist in die für sie allzu vertraute Feststellung: Ich bin es nicht wert, geliebt zu werden.

Dieser kurze, trostlose Satz entfaltet im Laufe des Lebens eine große Sprengkraft. Er verlangt zwingend nach einer Gegendarstellung und führt die Frau ohne Umwege in den Liebeswahn, in dem sie befangen bleibt. Wo sie geht und steht – er begleitet sie – mahnend, flüsternd, rufend. Um ihn dreht sich ihr gesamtes Leben. Ihn will sie weghaben.

Und wenn es dann nicht anders geht, beginnt sie zu träumen, verfängt sich in der Liebeslüge ihres Lebens und verläßt den Boden der Wirklichkeit. Sie beginnt von einem wahrhaft Liebenden in der Gestalt eines Mannes zu träumen, so wie sie schon von einem Wunsch-Vater träumte, den sie an die Stelle des lieblosen Vaters setzte.

Frauen leben mit dem zweifelnden Tochter-Gefühl haarscharf und gekonnt an sich selbst vorbei, an ihren Möglichkeiten und Fähigkeiten. Sie bleiben, wozu der Vater sie einst erzog: brave Töchter hinter dem Sessel des Vaters, zum Nutzen des Mannes. Sie verleugnen ihre Vergangenheit, das kleine Mädchen in sich – ohne ihm je begegnet zu sein –, und berauben sich so ihrer ursprünglichen Vitalität.

Denn dieses kleine Mädchen verfügt über eine ungeheure Kraft, wenn Frauen ihm nur die Möglichkeit geben, zu existieren, einfach zu sein – und es nicht im düsteren Keller der verdrängten Kindheit verkümmern lassen. Es gilt, die Enttäuschung zu erkennen und sie nicht zu vergessen oder zu verleugnen.

Sich auf die Seite des kleinen Mädchens in sich zu stellen, zum Anwalt in eigener Sache zu werden, bedeutet, sich selbst anzunehmen und sich von den ewigen Selbstzweifeln des Nicht-Genügens zu befreien. Aber das ahnen nur sehr wenige Frauen und verleugnen beharrlich das kleine Mädchen in sich, das so nicht mitwachsen kann und die erwachsene Frau in ihren Entscheidungen ununterbrochen so merkwürdig unangebracht stört. Das unerkannte, ungeliebte kleine Mädchen ist verantwortlich für das Leben zwischen Traum und Wirklichkeit, für den schmalen Grat, den man Leben nennt.

Eine Frau schilderte kürzlich in meiner Praxis sehr anschaulich ihren Kampf mit dem kleinen Mädchen. Sie schlang die Arme um sich:

«Ich will dich auch lieben, du kleines Mädchen in mir, immer habe ich dich vergessen und verurteilt, ich mochte dich nicht leiden in deiner Hilflosigkeit, deinem Ungenügen. Ich konnte dein Schreien nicht mehr ertragen und habe dich einfach abgespalten von mir. Dann hatte ich Ruhe und galt als vernünftige Frau. Der konnte man alles sagen, man konnte sie unbestraft kränken und verletzen. Dein Rufen, dein Schreien habe ich überhört. Aber je länger je mehr – hat es mich auch abgestumpft. Ich bin richtig gefühllos geworden.»

Die Rufe des kleinen Mädchens zu überhören, hat bittere Konsequenzen für jede Frau. Es tötet lebensnotwendige Gefühle, den Reichtum ihrer Gefühlswelt, und das läßt sie in einer Welt von Bildern leben – einer Welt von Vater-Bildern.

Nun ist es nicht so einfach, sich nach jahrelanger Verbannung für dieses kleine Mädchen zu entscheiden und den Irrweg zu erkennen, den der Vater einst aufgezwungen hat. Für das Mädchen in der Vaterfalle bedeutet es, die damalige Ungerechtigkeit aufzuspüren, sie zu begreifen und die erlebte Wut und Empörung als richtig gut zu empfinden – sie eben nicht zu verdrängen und in brave Liebe umzudeuten.

Es bedeutet für jede Frau, ihre reale Lebenssituation in Frage zu stellen, den Mut für die Erkenntnis aufzubringen, daß ihr inneres (verborgenes) Leben von einem kleinen enttäuschten Mädchen regiert wird, das – solange es nicht gehört wird – Liebe erzwingen will und keine Ruhe gibt. Bis die Liebe endgültig gescheitert ist, es keinen Ausweg mehr gibt – und sie sich oft genug resigniert von jeglichen Liebesangelegenheiten zurückzieht...

Aber bis dahin ist es ein langer Weg, der gepflastert ist mit Tausenden von töchterlichen Stolpersteinen. Erst einmal wird gekämpft und gekämpft – wie beim Vater – um die erhoffte Liebe.

Und diese Liebesvorstellung, der verzweifelte Kampf um die Liebe, ist ein Resultat der Vaterfalle. Töchter leben in der irrtümlichen Annahme, «Wenn ich nur nett genug bin, werde ich schon noch geliebt werden.»

So ist es noch heute ein zweifelhaftes Privileg – natürlich nur für Frauen –, sich hemmungslos und uneingeschränkt mit der Liebe beschäftigen zu dürfen. Im Zentrum ihres Lebens steht die Liebe. Ihre Stimmung steht und fällt mit dem jeweiligen Zustand ihrer Liebesbeziehung. Liebesglück und Liebesleid bestimmen nach wie vor ihre Gefühlswelt. Das ist auch im Zeitalter der Emanzipation so geblieben. Nebenbei studieren die Frauen ein bißchen, nebenbei erziehen sie ihre Kinder, nebenbei sind sie berufstätig, nebenbei leisten sie Großartiges.

Fast alle Frauen haben ihren Meisterbrief in der selbstlosen Liebe gemacht, aber nur wenige besitzen den Gesellenbrief für die gleichberechtigte Liebe, die der Selbstachtung entspringt: «Ich kann niemanden lieben, wenn ich mich nicht selbst liebe, ich kann niemanden mehr lieben, als ich mich selbst liebe.» (Flemming 1982, S. 36)

Aber Töchter haben nicht gelernt, sich selbst zu lieben, sondern sie mußten den Vater lieben. Für die beiläufigen Worte des Vaters ‹Komm her, meine Schönste› haben sie gelernt, sich zu verleugnen. Für sie selbst ist dabei nur wenig Liebe übriggeblieben, sich selbst haben Töchter vergessen. Und weil diese erste Liebe keine Erfüllung gefunden hat, bleibt die kindliche Sehnsucht als andauernde Hoffnung: «Einmal muß er mich doch lieben!»

Töchterliche Anspruchslosigkeit und liebeserheischende Anpassung sollen dann das Unmögliche wahr werden lassen, den Liebestraum erfüllen – zumeist ein vergeblicher Versuch.

An den Vater gebundene Frauen haben nur wenig Freiheit. Jede Liebesverbindung zwingt sie bis heute zurück in töchterliche Liebesbedingungen, welche der Vater stellte und auch durchsetzte.

So steht auch emanzipierten Frauen bis heute in ihrem Gefühl am Ende nur die Bittstellerposition zur Verfügung. Ihre Liebesfähigkeit steht in direktem Zusammenhang mit der Preisgabe ihres Selbst:

> Ich will mit dem gehen, den ich liebe.
> Ich will nicht ausrechnen, was es kostet.
> Ich will nicht nachdenken, was gut ist.
> Ich will nicht wissen, ob er mich liebt.
> Ich will mit dem gehen, den ich liebe.
> (Brecht 1964, S. 80)

Nicht Emanzipation ist es, die Frauen diesem Ideal nachjagen läßt, sondern die nicht gelöste Vaterfixierung verleitet zu dieser Selbstaufgabe. Selbstaufgabe ist keine Liebesfähigkeit, sondern lediglich Ausdruck und Möglichkeit der früheren töchterlichen Überlebensstrategie. Sie führt direkt in die Distanz, in die töchterliche Distanz zu sich selbst und zum Leben: Von mir weiß ich wenig. Meine Gefühle nehme ich nicht ernst – die der anderen um so mehr.

Über Vater-Töchter

«Du bist mir zu kompliziert»

Ein unfehlbares Indiz für Vater-Töchter ist das ständige Kreisen um die Frage «Wer bin ich und wie werde ich von meiner Umgebung gesehen?» Da sie weitgehend den Kontakt zu sich und ihren Gefühlen abgebrochen haben, bleibt ihnen nur die Einschätzung anderer, von der sie sich abhängig machen. Ihr anhaltender Zweifel an sich selbst bestätigt die väterliche Beurteilung, die einst ihr Ungenügen festsetzte.

Vater-Töchter gibt es überall: am häuslichen Herd, als Hüterin und Bewahrerin familiärer Fürsorge. Aber sie sind auch dort zu finden, wo man am wenigsten mit ihnen rechnen würde: in der Frauenbewegung und in Kreisen des Top-Managements. Ihr jeweiliges Engagement, ihre Berufsausbildung, ihre Position im Leben sagt zunächst sehr wenig über ihre Vater-Tochter-Konstruktion aus.

Die Bindung zeigt sich jedoch in der Abhängigkeit von den Werten des Vaters, von seinem einmal gefällten Urteil über die Tochter. Die ehrliche Beantwortung der Frage: «Wie sehe ich mich – und wie beurteilt mich mein Vater?» zeigt jeder Frau, inwieweit sie die Tochter ihres Vaters, eine Vater-Tochter geblieben ist.

«Du bist mir zu kompliziert», das ist das Urteil, dem Vater-Töchter spontan zustimmen würden. Sie fühlen sich kompliziert, finden sich ohne Orientierung, fühlen sich zu dumm – zu gescheit – zu oberflächlich – zu tiefgründig. Sie fühlen sich immer ein bißchen zu …, worin ist gleichgültig. Die Grenzen verwischen sich.

Nur eins ist sicher: Sie sind kompliziert. Einerseits geschmeichelt, nicht zum Mittelmaß zu gehören, tun sie sich andererseits jedoch schwer mit der Besonderheit ihrer Kompliziertheit. Denn niemand erkennt sie wirklich an. Überall, wo es darum ginge, die eigene Meinung und sich selbst zu vertreten, da ist eben Kompliziertheit nicht gefragt, nicht die sensible Tiefe eines zweifelnden Charakters, sondern schlichtes, gradliniges Durchsetzungsvermögen, Ellbogen, Stärke.

Und genau darüber verfügen Vater-Töchter nur in ihrer Phantasie. Da stellen sie großartige Dinge an, können und wollen alles, aber sobald ihnen irgend jemand gegenübersteht, jemand, der über Autorität verfügt, da versagen die komplizierten Vater-Töchter, ziehen sich zurück in ihre Phantasie, in ihre geheime Welt.

«Ich fühle mich wie im Käfig, ich habe mein Leben verschleudert» oder «Ich kann nicht mit einem Mann zusammenleben. Jeder bedeutet für mich Unglück. Kaum habe ich mich verliebt, beginne ich zu warten und zu warten. Ich bin dann komplett gelähmt. Ich gebe mich selbst auf.»

Das sind Aussagen von Vater-Töchtern, die Hemmungen haben, ihr Leben aktiv zu gestalten. Vater-Töchter können nicht nein sagen, viel zu oft begegnen sie dem ‹Vater›, den sie gut stimmen wollen, um dessen Aufmerksamkeit sie ringen. Sie können sich nicht durchsetzen. Auf jeden Fall dann nicht, wenn es wichtig für sie wäre.

Oder Frauen schildern ihr ständiges Schuldgefühl einem Mann gegenüber: «Kaum treffe ich einen, der mir gefällt, fühle ich ein undefinierbares Schuldgefühl. Ich frage mich sofort, womit habe ich den Mann gekränkt?»

Bereits der geringste Stimmungsumschwung, schon die Andeutung einer üblichen männlichen Schlechtgelauntheit reicht ihnen für die sofortige Selbstverurteilung, für ihr schlechtes Gewissen.

Vater-Töchter wollen sich versöhnlich fühlen. Sie scheuen keine Anstrengung, wenn es ihnen nur gelingt, ihre Aggressionen zu verdrängen und zu verbergen. Sie wagen ihre Wut, ihre Empörung nicht zu formulieren aus Angst, bei irgend jemandem in Ungnade zu fallen. Ihren bangen, an den Mann gerichteten Zweifel – auf den sie natürlich nie eine überzeugende Reaktion bekommt – hört man in folgenden Fragen:

«Warum liebt er mich nicht, warum hört er mir nicht zu, warum interessiert er sich nicht für mich, warum versteht er mich nicht?»

Über all diesen Aussagen liegt wie ein grauer Schleier das Gefühl «Ich kann nicht» – die Hemmung, sich für das eigene Geschick zuständig zu fühlen. Es sind töchterliche Aussagen und sie lassen spontan das kleine Mädchen lebendig werden, das sie einst waren: liebebedürftig, ohnmächtig, anschmiegsam, neugierig, nachdenklich...

Was die Vater-Töchter nicht sagen, was sie aber meinen, ist ihre Hoffnung, aber auch ihr Anspruch, es möge ein Retter daherkommen. Der Mann soll sie erlösen.

Sie sind die Opfer und daher muß die Welt (wer immer das auch sei, wahrscheinlich ein Mann) zur Wiedergutmachung antreten. Nur: Es findet sich so selten einer mit Wiedergutmachungs-Ambitionen, und das läßt Vater-Töchter verzweifeln, bestärkt sie in ihrer töchterlichen Anspruchslosigkeit. Sie verzweifeln wiederum an sich. Sie schreiben sich den Mangel zu. Sie zweifeln nicht an der Autorität des Vaters, der einst genau diese Gefühle erzeugte. Ihre Selbsteinschätzung schwankt zwischen Selbstanklagen und Vorwürfen hin und her – ohne daß sie je herausfinden können, wie es denn nun wirklich ist. In ihrem Gefühl finden sie sich ‹irgendwie komisch›, zweifeln immer an der falschen Stelle. Sie träumen von Harmonie und müssen daher jeden Konflikt vermeiden. Nur wenn Traum und Wirklichkeit heftig zusammenstoßen, sich die Diskrepanz nicht mehr verleugnen läßt, erwachen sie.

Monika (Studentin, 34 Jahre) beklagt als echte Vater-Tochter ihr Mißgeschick in der Liebe. Entweder gefallen ihr die Männer nicht – oder sie gefällt den Männern nicht. Irgendwie geht es immer schief – schon seit Jahren. Sie ist eine attraktive Frau und es scheint unverständlich, warum die Liebe nicht glückt. Ihre ständige Frage «Was mache ich nur verkehrt?» macht sie nervös, denn sie findet die Antwort nicht. Sie hat alles versucht, sie hat sich noch mehr angepaßt, als sie es üblicherweise schon tut, sie ist kühler geworden – sie hat alle Varianten im Liebesspiel durchprobiert. Nichts hat geholfen.

Das sind die Pannen in ihrem Leben, die sich immer wiederholen. Allmählich fühlt sie sich vom Pech verfolgt. Bei jeder Krise ist ihre resignierte Antwort: «Ich wußte es ja.» Denn wenn irgend jemandem etwas mißlingt, dann auf jeden Fall ihr – so ihre feste Überzeugung.

Man hört die Fortsetzung der Beziehungsgeschichte mit dem Vater, wo es schon damals mißlang, den Mann für sich einzunehmen, seine Anerkennung zu erlangen. «Mir mißlingt eben alles» ist die Folgerung, die Vater-Töchter aus ihrer Vergangenheit ziehen. Es ist ein unbewußtes Gesetz, dem sie folgen, es ist der Zwang, das Muster der Kindheit zu wiederholen. Es ist die verdrängte Vergangenheit mit dem Vater, die Monika zwingt, die einst erlebte Beziehungsgeschichte mit dem ersten Mann wieder und wieder zu beleben. Sie hat das kleine Mädchen in sich vergessen und kann daher den ‹Fehler› nicht finden.

Gespräche mit Vater-Töchtern über ihren Vater haben einen faszinierenden Verlauf:

Die *wütenden Töchter* sprechen ununterbrochen von ihrem Haß, verbreiten eine erschütternde Hoffnungslosigkeit. Es ist, als wollten sie im Gespräch mit Dritten die Liebe vom Vater erzwingen. Aber unerkannt schimmert in ihrem Haß die Sehnsucht nach der Beachtung des Vaters hindurch. Die Aussichtslosigkeit macht betroffen. Es sind leere Gespräche, die niemanden erreichen, schon gar nicht den Vater. Zornige Töchter warten beharrlich auf das «Ja, du hast recht, meine Tochter», würden sich dieses Hoffen jedoch nie eingestehen. Ihre Wut soll den Schmerz verdrängen, denn auch sie zweifeln letztlich an sich und nicht am Vater.

Die *versöhnlichen Töchter* zeigen gleich zu Beginn ihre Zurückhaltung. Sie haben ihre Vater-Geschichte liebevoll verpackt und wollen am besten an der Verschnürung nicht rühren.

Der Vater war gut – er hatte seine entschuldbaren Schwächen und Fehler, aber er war ein guter, ein bemühter Mann. Zwar war er wenig greifbar, am Familienleben wenig beteiligt, aber bei für die Tochter wichtigen Entscheidungen war er da. Die Tochter konnte sich auf ihn verlassen. Ja, sie war zwar oft zornig auf ihn, als kleines Mädchen – aber später hat sie dann eingesehen, daß er doch recht hatte. Oft stimmte der Ton vom Vater nicht, er war zu oft wütend, ja sogar jähzornig, aber insgesamt war er gut.

Diese abgeklärte und – wenn auch angespannte – versöhnliche Haltung zerspringt bei der Frage: «Warum war Ihr Vater wütend und wie sind Sie mit seiner Wut umgegangen?» Angestrengt versuchen sie, die Fassade zu wahren, die dann bei weiteren Fragen zerbröckelt. Tränen stellen sich ein. Sie laufen langsam – wie unbemerkt – die Wangen herunter, sie schleichen sich förmlich aus den Augen, verschämt und nicht erlaubt. Und schon im nächsten Atemzug sprechen Frauen von sich als der geliebten Tochter. Ja, sie waren Tochter ihres Vaters –

er hat sie sehr geliebt. Jetzt wird jede erlebte Einengung, jede schmerzliche Erinnerung dahingehend gedeutet, daß sie, die Tochter, leider nicht fähig war, als Tochter zu genügen.

Dann stockt das Gespräch, dann geht es nicht weiter. Es ist, als seien die Kanäle der Seele verstopft, die Erinnerung blockiert – das Wahrnehmungsvermögen reduziert.

Auch emanzipierte Frauen signalisieren damit: bis hierhin und nicht weiter. Es ist, als ob es ein inneres Gebot für sie gäbe, das sie an alte Kindheitsstrukturen und Rollenzuschreibungen bindet: an die Tochterposition. Und so ist es auch um ihre Selbsteinschätzung bestellt, alle Worte und Gefühle erinnern an die Tochterversion, beschreiben das kleine ungenügende Mädchen und den starken Mann.

Sie haben sich so bemüht, waren so voller guter Absichten und Einsichten ... und nun das. Es stimmt sogar, die Absichten sind gut – aber die Einsichten sind unvollständig: Der ungelöste Vater-Konflikt trübt den Blick und läßt die Wirklichkeit verschwimmen. Und in jeder Krisensituation, immer dann, wenn irgend etwas nicht klappt, betritt das kleine Mädchen die Bühne: klagend, rufend ... auf sich aufmerksam machend. Aber Vater-Töchter hören es nicht. Sie hören nur auf den Vater in sich, auf seine Worte, richten sich nach seinem Urteil aus.

Die Entfremdung von sich selbst

«Von mir weiß ich wenig – von den anderen um so mehr»

Solange Frauen die Loslösung vom Vater für sich nicht beanspruchen und fordern, bleiben sie Töchter ihrer Väter und ihrer Sehnsucht nach eben seiner Liebe ausgeliefert. Die Zeit heilt eben nicht, auch wenn noch so viele darauf hoffen und harren. Bisher liegt die große Leistung eher in der Vater-Verdrängungsarbeit als in der Aufarbeitung der verletzten und verfehlten Liebesfähigkeit. Entfremdung von den eigenen Gefühlen ist die Folge dieser Verdrängungsleistung. Und genau diese führt Frauen zum distanzlosen Verhalten in der Liebe, das sie später beklagen werden.

Unabhängig davon, ob Frauen sich an ihre Kindheit erinnern mögen oder nicht – die Angst vor den früheren Verletzungen läßt sie unbewußt immer dann innehalten, wenn wirkliche – für sie väterliche – Nähe droht. Dann durchzuckt sie die Kindheitswunde wie ein elektrischer Schlag und läßt sie zurückweichen. Die Angst von früher holt sie unvermittelt ein, versetzt sie in Schrecken, und sie flüchtet in den Schonraum der Distanz – aber wohlgemerkt in die Distanz zu sich selbst und nicht zum Partner. Jetzt will sie nicht mehr wissen, was sie selbst fühlt, sondern sie bemüht sich eifrig, die Gefühle des Partners zu erforschen, um sich noch besser darauf einstellen zu können.

Nie wieder will sie die Enttäuschung, die Verletzung von damals spüren. Ihre Distanz soll sie schützen. Aber es geschieht trotzdem – sie wird verletzt. Ihre Entfremdung von sich selbst hat nicht geholfen. Genau wie früher: Sie erlebt immer das gleiche.

Die Distanz zu sich selbst, die Unkenntnis darüber, wer ich bin und was ich fühle, macht orientierungslos und verführt nach den Spielregeln der Kindheit zu eben dem gleichen Spiel: dem der Anpassung. Es ist nur eine brave Liebe, die sich heimlich in die eigene Welt zurückzieht, die den Partner lieber von den eigenen Gefühlen ausschließt. Über lange Strecken bleibt diese heimliche Distanz Frauen verborgen. Aber es gibt Warnsignale, die jeder Frau zeigen, daß etwas in ihrem Leben nicht stimmt, daß ein Fehler sich in das Lebenskonzept eingeschlichen hat. Und zumeist ist es ein Tochter-Fehler, der die Frau irritiert.

Kopfschmerzen als Warnsignal

Sabine (Buchhalterin, 43 Jahre) bekam immer unerträgliche Kopfschmerzen, wenn sie mit ihrer Distanz konfrontiert wurde. Direkt und ohne Umwege stand diese dann vor ihr im Raum. Zunächst konnte sie wenig mit dieser Leere anfangen. Sie hatte immer alles gut gemacht, war die perfekte Frau und Mutter gewesen, alles lief wie am Schnürchen.

Nur... sie hatte fast keine Gefühle mehr. Jede freie Minute verbrachte sie damit, sich einzureden, wie glücklich sie sei und wie zufrieden. Das Dilemma war nur: Sie fühlte es nicht. Sie wurde immer nervöser, immer hektischer. Ihr aktiver Bezug zum Leben erlahmte mehr und mehr. Aber sie war doch glücklich! Was sollten diese plötzlichen Verstimmungen, die das Leben so verdüsterten?

Sie wandte sich hilfesuchend an ihren Mann und ihre Kinder. Sie waren doch eine glückliche Familie, und jetzt brauchte sie die anderen. Sie wollte *sprechen*, sich ihren Kummer von der Seele reden. Mann und Kinder schauten die Mutter fassungslos an. Was hatte sie nur? War sie krank? Niemand verstand sie. Sabine war irritiert. Immer hatte sie geglaubt, in ihrer harmonischen Familie würde man sich verstehen und gemeinsam die Probleme lösen. Sie versuchte mehrere Anläufe. Aber es geschah nichts. Im Kreise ihrer glücklichen Familie war sie eine Fremde geblieben. Stets bereit, für die Sorgen der anderen einzustehen, das Band zu festigen, war sie selbst unerkannt und unverstanden geblieben. Niemand hatte sich die Mühe gemacht, ihr Wesen, ihre Person kennenzulernen. Aber sie hatte für sich auch nichts eingefordert. Es fiel ihr wie Schuppen von den Augen: Sie selbst hatte die Distanz zu sich und ihren Gefühlen Jahr für Jahr vergrößert, hatte sich mehr und mehr vergessen. Sie hatte in ihrer eigenen Familie die *Tochter* gespielt.

Unbeschwert von eigenen Gefühlen konnte sie sich der Familie zuwenden. Anspruchslos und abgeschnitten von den eigenen Gefühlen hatte sie jede Kränkung übersehen. Wurde ihr Partner aggressiv, so überging sie seine Wut, tat so, als sei nichts und vermittelte mit begütigenden Worten. Sie wollte sich schützen, indem sie alle Gefühle von sich fernhielt. Ihre Methode war die der Schönung: Sie schönte ihre Kindheit und auch die Gegenwart.

Edel, hilfreich und gut hatte sie sich von den Ihren die Anerkennung geholt, und es hatte ihr wie früher als Anerkennung gereicht, wenn man ihr sagte ‹Du bist gut, wir lieben dich›. Ihr hatten die Worte schnell genügt, auf die Taten hatte sie in wissender Voraussicht verzichtet. Bescheiden war sie mit dem zufrieden, was ihr geboten wurde. Sie selbst war dabei verarmt. Nur ihre Kopfschmerzen signalisierten ihr noch das irrtümliche töchterliche Konzept und ließen sie innehalten. Sie überdachte ihre Vater-Konstruktion und ihr wurde bewußt: Sie war eine Vater-Tochter geblieben, die sich selbst nicht mehr fühlte, sie hatte den Kontakt zu den eigenen Gefühlen verloren. Und so hatte sie zur Wunschfrau ihres Mannes avancieren können. Aber es hatte trotzdem nicht gereicht. Ihre Mühe war umsonst gewesen. Stets hatte sie versucht, alles richtig zu machen. Sie übte sich in feiner Zurückhaltung, hatte meist für alle ein mitfühlendes Herz. Darauf war sie stolz – bis auch sie die Folgen ihrer Selbstverleugnung einholten: Sie war eine Fremde geblieben.

So – oder so ähnlich – können Frauen ihre heimliche Distanz entdekken, die sie, wie Sabine, mit der ‹Edel-hilfreich-gut-Haltung› tarnen. Sicher geht es lange gut – aber nicht ewig. Denn so ausgerichtet, verfehlen Frauen die Liebe und steuern immer wieder ihre nicht geheilte Vater-Wunde an: die Enttäuschung.

Sie wählen einen Mann, der ihnen irgendwie vertraut ist. Ihre Liebe, oder besser, ihre Anpassung wird im Handumdrehen total und allumfassend: «Mir war, als kenne ich ihn schon ein ganzes Leben. Er ist der einzig Richtige für mich. Ich habe Glück gehabt.» Sie selbst setzen das Prinzip der Beliebigkeit außer Kraft und verwandeln es in ein Gefühl der Einmaligkeit. Was keine Frau zu Beginn ihrer Liebe glaubt: Auch der einzig Richtige kann sich in den einzig Falschen verwandeln. Bei diesem Verwandlungsspiel sind es oft nicht einmal die Männer, die sich verändern. Jeder weiß, wie treu sich Männer im allgemeinen bleiben. Sondern eine Frau sieht ihren Partner plötzlich mit ganz anderen Augen. Was sie früher liebte, was sie geradezu anzog, was ihn zu dem einzig Richtigen machte – gerade das lehnt sie später entschieden ab. Warum? Was sind die Gründe für diesen für alle Außenstehende so merkwürdig erscheinenden Gefühlsumschwung?

Am Anfang überwog die Sehnsucht nach den vertrauten Gefühlen mit dem Vater. Die Liebe zu ihm sollte endlich Erfüllung finden. Unbewußt wollte sie jetzt ihre Tochtergeschichte neu schreiben, eine Tochtergeschichte mit Happy-End. Dieses Ziel motivierte sie und machte sie blind. Eine Weile kann sie ihre eigene Realität und die des Mannes verleugnen, doch dann setzt, wie früher, die Enttäuschung ein. Sie hat sich, gefangen in ihrer kindlichen Sehnsucht, nicht die Mühe gemacht, den Mann kennenzulernen, sie hat nicht gewußt, wen sie so liebte.

Die Unkenntnis darüber, wer der andere eigentlich ist, wird zu Beginn am besten und am sichersten mit dem Prinzip überbrückt ‹Alles verstehen heißt alles verzeihen›. Es gibt keine Kränkung, kein Unrecht und keine Einschränkung, die Frauen in ihrer großen Distanz zu sich selbst nicht letztlich verstehen könnten. Auch wenn es sie gelegentlich einige Mühe kostet. Sie müssen darüber nur lange genug nachdenken, ihre Gefühle im Geiste angestrengt hin- und herbewegen, bis ihre eigenen Bedürfnisse und Wünsche gänzlich verschwunden sind. Und das gelingt ihnen umso müheloser, je radikaler sie sich selbst wegdiskutiert haben.

Schon früh beginnen Töchter, ihre eigenen Gefühle abzuschaffen – später bewährt sich dieses Training und schützt ihre Distanz: «Gefühle sind etwas Unangenehmes. Gefühle stören nur – am besten man hat keine.» – Das sind Aussagen von Frauen, die sich selbst nicht mehr spüren. Sie funktionieren gut, sind tüchtig, genügen den Anforderungen des Tages, zeigen sich freundlich, edel und hilfsbereit. Gelegentlich aufkommende Wutgefühle oder Ärger werden tunlichst übergangen. Sie passen ganz und gar nicht in dieses weibliche Lebenskonzept. Diese Frauen verbannen ihre Gefühle in den Winterschlaf. Das Wohnzimmer ihrer Seele ist immer aufgeräumt, der Staub verschwunden, alles ist ordentlich sortiert – ganz wie es sich gehört.

Sollten sich Zweifel, Ärger und Wut einmal nicht ausschalten lassen, haben distanzierte Frauen eine intelligente Lösung gefunden, um nicht zu sehr von ihren eigenen Gefühlen gestört zu werden: Sie reden sich ihre Gefühle einfach aus. Dieses geschieht blitzschnell, kaum daß sich ein Gefühl bemerkbar macht:

«Mein Ärger ist sicher völlig unberechtigt.»
«Ich bin einfach zu empfindlich.»
«Der andere hat es gar nicht so gemeint.»
«Ich phantasiere halt – was ich nur wieder habe.»
«Ich bin sicher nur eifersüchtig.»
«Niemand meint es schlecht mit mir.»
«Warum bin ich nur immer so wütend?»

Gewöhnlich endet dieses Reaktionsschema in der Feststellung: «Ich kann eben mit keinem, mit mir hat man es halt schwer.» Was keine Frau hinzufügt, aber unbedingt hinzufügen müßte, wäre: «Das hat mein Vater auch schon immer behauptet.»

Frauen wiederholen die Worte des Vaters. Sie schlagen sich selbst gegenüber einen rigiden Ton an, der klingt, wie «Komm, hab' dich nicht so». Er entspricht dem väterlichen Kommando aufs Wort.

Zunächst deuten Frauen diesen Vorzug der Anpassung als Liebesfähigkeit. Wer hat schon so ein großes, einfühlsames Herz wie sie? Sie ahnen nicht, daß ihre ungezügelte Anpassungsbereitschaft ihrer töchterlichen Distanz entspringt, daß sie zu dieser Leistung nur fähig sind, weil sie sich selbst vergessen und verleugnen. Denn eigene Gefühle, Bedürfnisse oder gar Wünsche würden das distanzlose sich Aneignen einer anderen Welt nur unangenehm stören.

In ihrem Anpassungseifer spüren Frauen ihre Distanz zu sich natürlich nicht. Im Gegenteil: Sie fühlen sich zugewandt und offen für die ganze Welt, doch sind sie im Grunde nur offen für die kleine Welt, die sie umgibt, und selbst da haben sie sich ausgeklammert. Sie träumen von einem Leben, in dem sie selbstbewußt einen Partner wählen, und finden sich erstaunlicherweise nur als ‹bessere Hälfte von irgend jemandem» wieder. Die Entfernung von den eigenen Gefühlen ist der Grund für die mangelnde Autonomie.

Die Distanz zu sich selbst kostet Frauen ihre Vitalität und ihre Fröhlichkeit. Sie sind zwar – so von ihrem Inneren abgetrennt – gut zu gebrauchen und deshalb oft beliebt und gewünscht, doch lassen sie sich auch gut betrügen und beseite schieben. Letztlich zollt man ihnen aus diesem Grund nie die gewünschte Beachtung, sie bekommen von anderen genau die Bedeutung zurückgespiegelt, die sie sich selbst geben.

Weibliche Anpassung – Bravheit überhaupt – hat mehr mit Distanz zu tun, als Frauen zu glauben gewillt sind. Während sie vordergründig wie Liebe klingt, sich oft auch hinter Witz und Charme verbirgt, beinhaltet sie eigentlich die Forderung «Komm mir nicht zu nahe, dann kannst du mich auch nicht verletzen». Es ist eine Anpassung, die Männer milde stimmen soll, mit der Frauen sich dabei aber heimlich in die eigene Welt zurückziehen, sie weichen dem Partner aus und fliehen jede Auseinandersetzung.

Distanzierte Frauen bemühen sich unendlich, ihrer gefühlten Bedeutungslosigkeit über die Liebe zu entkommen. Die Beziehung zum Mann soll ihre Distanz zu sich selbst verringern und ihr zugleich die Welt näher bringen. Aber die in der Kindheit verletzten Töchter haben es später schwer, sich dem Partner wirklich zu öffnen. Sie tun alles, aber sie tun zuviel. Ihre Orientierung im Leben ist damals wie heute die verkehrte: Es ist nur eine Vater-Richtung.

Als Ausgleich dafür, daß Frauen sich selbst so wenig spüren, fühlen sie genau, was der andere fühlt, denkt und glaubt. Übergangslos können sie sich so in die Gefühlswelt des anderen vertiefen. Dabei hilft ihnen die beim Vater früh gelernte Intuition. Um Verletzungen vorzubeugen, haben sie ein hochempfindliches Gespür entwickelt für des Vaters Wohl und Wehe. Und mit diesem Lerngut können sie sich heute – distanzlos – auf den anderen beziehen. Dies verführt die Frau – damals wie heute – nur allzu leicht zur Aufgabe der eigenen Position. Das ist in den Augen der Männer ihr großer Vorzug.

Dabei fühlen und wissen sie alles – nur können sie dem keine Bedeutung, keinen Wert geben. Sie geben ihren Gefühlen nicht die Erlaubnis zu sein.

Liebe soll ihre Entfernung zu sich verringern, deshalb ist Liebe für sie unverzichtbar, zwingend notwendig. Sie möchten zu gern an die Worte «Ich liebe dich» glauben. Sie möchten sich betrügen und sich nicht der Wirklichkeit aussetzen. Ihr Leben und ihre Liebe finden größtenteils in der Phantasie statt. Sie führen endlose, lautlose Selbstgespräche mit sich und dem Partner und versinken, weil sie vom Partner keine Antwort erhalten, schließlich in trübsinnige Grübeleien.

Aber die Antwort des Vaters, die wissen Töchter noch, die summt in ihrem Kopf und läßt sie den Verstand verlieren: «Das kommt davon, meine Tochter, warum warst du auch nicht netter!» Und schon bekommt der Teufelskreis der Verleugnung neue Nahrung – und Berechtigung. Freundlich lächelnd und versöhnlich gestimmt, versuchen sie die Liebe neu.

Freundlich werden Frauen in der Liebe immer schweigsamer. Sie empören sich nicht – sie haben das kleine Mädchen hinter dem Sessel vergessen. Die unerfüllte Sehnsucht und die verdrängte Hoffnung ihrer Kindheit wirken weiter in ihrem Leben. Frauen ahnen ihre verletzte Liebesfähigkeit. Deshalb ist ihr Leben ein ständiges Suchen nach dem wahren Leben, der wahren Liebe und dem wahren Selbst – ohne zu wissen, wo der Schatz vergraben ist: Er liegt in ihnen selbst – nicht in den Vätern und nicht in den Männern.

Nur: Solange Frauen nach dem verinnerlichten Gebot des Vaters leben ‹Du darfst nicht merken›, können sie den Schatz nicht finden. Als kleine Tochter *durften* sie nicht merken, heute *können* sie nicht mehr merken. Früher durften sie ihre Wut, ihren Zorn und ihre Enttäuschung nicht gelten lassen – diese Gefühle waren verboten.

Als Töchter sind sie einsam gewesen und haben sich rechtzeitig in ihre Welt von Büchern und Träumen zurückgezogen. Die Distanz sollte sie vor Verletzungen schützen, die sie nicht länger ertragen konnten. Es ist eine ganz eigene Welt, die bevölkert ist von Phantasie-Figuren, lieben und guten Menschen, die nichts weiter im Sinn haben, als nach Harmonie zu streben.

«Alles soll gut sein» – das ist der heftigste Wunsch der kleinen Tochter, danach strebt sie auch als erwachsene Frau unbeirrbar. So wie sie damals die Enttäuschungen in der Kindheit nicht fühlen durfte, so kann sie heute nicht sehen, wenn ein Mißton ihre geliebte Harmonie stört. Sie tut alles, um sich selbst zu betrügen.

Einst wollte sie damit dem Vater gefallen, heute will sie jedem gefallen. Ihre Distanz zu sich selbst, zu ihren Gefühlen ist perfekt. Es ist, als hätten diese Frauen ihr seelisches Orientierungsorgan verloren und ersatzweise auf eine andere Person übertragen – vorzugsweise verlassen sie sich auf einen Ersatzvater.

Sie vertrauen ihren Wahrnehmungen und ihren Gefühlen nicht, die oft genug Warnsignale aussenden. Vorschnell wandern sie von einer Liebe zur anderen. Immer mit der gleichen Anfangsbegeisterung – und der gleichen Enttäuschung am Ende.

In der Praxis hat es sich gezeigt, wie schwer es Frauen fällt, diesen Anpassungseifer aufzugeben. Unverbrüchlich vertrauen sie auf das einst erfahrene Vater-Schema: «Wenn du nur nett genug bist – dann wird es schon gehen.» Es ist eine nur mühsam zu durchbrechende Erfahrung, die immer wieder aufs neue geprobt wird – auch wenn sie schon viele Male gescheitert ist. Es ist eben eine Gefühlshaltung, die über den Verstand schwer zu korrigieren ist. Die Einsicht greift nicht. Aber Vater-Töchter können sich vornehmen, neue und bessere Erfahrungen zu machen. Und der Erfolg wird ihr Gefühl korrigieren. Denn außerhalb der väterlichen Grenzen sind alle Gefühle *erlaubt* – auch die schlechten. Und genau um diese Erlaubnis geht es für Töchter. Als kleine Töchter haben sie diese vom Vater nicht erhalten – jetzt müssen sie sich die Erlaubnis selber geben und sich mit ihren Gefühlen vertraut machen. Denn nur verbotene Gefühle können sich nicht verändern und quälen, die erlaubten lassen mit sich reden.

Vater-Träume

«Ich gefalle, also bin ich»

Seit ich denken kann, habe ich davon geträumt, von dir geliebt zu werden – so richtig und ganz. Für dich wollte ich die glanzvolle Tochter sein, so wie es deinem Bilde entsprach. Stolz wollte ich sein, gut und warmherzig, eine Frau, die für Menschlichkeit und Achtung eintritt – mutig und ohne Angst. Ich wollte tapfer sein, keine Schmerzen dulden, und vor allen Dingen wollte ich dir gefallen. Diesen Traum habe ich geträumt – nachts, wenn ich nicht schlafen konnte oder wenn du mich weggeschickt hast und ich alleine war. Der Traum war prächtig, er glänzte in vielen Farben. Immer kam diese wunderbare Frau darin vor, die ich einmal werden wollte – und dein gütiger, strahlender Blick, der versonnen auf mir, deiner Tochter, ruhte.

Aus dem Traum wurde nichts.

Ich erwachte nur langsam, mein Blick noch schlaftrunken: Ich konnte nicht sehen – dich nicht sehen. Dafür sah ich mich: enttäuscht und zornig. Mein Vater-Traum zerbrach, als meine Ehe zerbrach. Ich konnte nicht länger ausweichen: Mein Partner war mein Vater. Allein bei diesem Gedanken stockte das Herz. Das durfte nicht wahr sein. Da hatte ich mir die größte Mühe gegeben, hatte jahrelang gesucht. Dennoch stimmte es: Die Situation in meiner Partnerschaft ähnelte meiner Kindheit in verblüffender Weise.

Wie hatte ich das übersehen können – wo ich doch meine Kindheit auf keinen Fall wiederholen wollte?

Ganz einfach: Mein Vater-Traum hatte mich in die Irre geleitet, er war es, der die Dinge des Lebens vernebelte, er stand vor der Wahrheit, er tauchte die Wirklichkeit in ein Land des Märchens – eben solange es dauerte. Es war dieser gütig versonnene Blick – auf ihn war ich versessen, ihn wollte ich haben. Und als er sich nicht einstellte, begann mein Traum. Ich legte ihn einfach in die Augen irgendeines Mannes und glaubte dann ganz fest daran. Störungen übersah ich großzügig. Es war mein Traum – basta.

Und die Folgen meines Vater-Traumes?

Mein Leben ist zu einem Rollenspiel ausgeartet, bei dem ich die Regie abgegeben habe. Wahllos muß ich jedem gefallen. Gehetzt rase ich durch die Tage: schnell, schnell, billig, preiswert, günstig … meine Nervosität kennt keine Grenzen. Es ist, als ob ich ungeduldig und rastlos auf ein Ziel zurase: meinen Vater-Traum, der anscheinend bis heute seine Verheißungskraft nicht verloren hat.

Eine glückliche Frau – die Frau meines Traumes? Nein, ich denke nicht. Mehr und mehr erkenne ich deine Werte in meinem Verhalten, deine Gefühle in meinen Worten. Wie bei dir spiele ich die jeweils gewünschte Rolle, um zu gefallen. Nicht, daß es jemandem auffallen würde – aber ich bin so nicht glücklich, verfehle mich und die Liebe.

Ich warte noch heute auf den gütig versonnenen Blick, der wohlwollend auf mir ruht. Einfach so. Einer, irgendeiner muß mich doch lieben – so richtig und ganz. Aber wofür? Dafür, daß ich gefallen will, daß ich die jeweils gewünschte Rolle spiele?

Sollte mir nichts Eigenes – Besseres – einfallen?

Die erste Liebe, der erste Mann

Träume sind Schäume – ganz besonders Vater-Träume. Unabhängig davon, wie erwachsene Frauen später ihren Vater sehen, ob sie ihn lieben, hassen oder ihm gleichgültig gegenüberstehen, als kleine Mädchen haben sie ihn glühend geliebt und auf seine Liebe gehofft. Er war die erste Liebe in ihrem Leben und diese gilt es zu erforschen, will man sich selbst und das eigene Lebenskonzept verstehen. Vater-Töchter bleiben in den Spuren dieser Liebe – auch wenn es nicht zu ihrem Besten ist.

Für kleine Töchter gilt das ungeschriebene Gesetz: Väter müssen geliebt werden – eben weil sie Väter sind. Töchter werden dazu geboren, ihre Väter zu lieben. Und das tun sie auch in der kindlichen Gewißheit, daß der Vater sie liebt, beharrlich und unverdrossen – solange sie klein sind. Später schleichen sich Zweifel ein an der Liebe des Vaters, aber die auferlegte Forderung der Kindheit, den Vater zu lieben, sich seine Liebe verdienen zu müssen, bleibt erhalten. Ablehnung, Verachtung, ja sogar Mißachtung von seiten des Vaters vermögen seine Bedeutung kaum zu mindern. Im Gegenteil, es scheint, daß Ablehnung die Bedeutung des Vaters verstärkt und zugleich die Selbstzweifel der Tochter vergrößert.

Töchter wählen verschiedene Wege, um mit der enttäuschenden Kindheit fertig zu werden. Sie lieben, sie hassen oder sie werden gleichgültig. Jede Tochter entscheidet sich für ihren eigenen Weg. Allen gemeinsam ist jedoch: Die Bedeutung des Vaters kann nie in Frage gestellt werden.

Die Aussagen von Töchtern: «Ich liebe meinen Vater» – «Ich hasse meinen Vater» – «Mein Vater ist mir gleichgültig» – sind nur individuelle Facetten desselben Problems. Sie kennzeichnen, als Restbewußtsein, die Spitze eines Eisberges. Es sind Hoffnungen und Gefühle, die aus der Kindheit übriggeblieben sind: Wegweiser im Labyrinth der Vater-Tochter-Beziehung.

Die drei Aussagen unterscheiden sich lediglich im Hinblick auf den ‹Glauben› an die väterliche Liebe. Lieblingstöchter leben in der Gewißheit, daß ihr Vater sie sehr geliebt hat. Niemand vermag diesen Glauben zu erschüttern. Die später versöhnlichen Töchter hegen da schon Zweifel, aber ihre Liebe beseitigt die Skepsis. Sie bleiben dabei – auch wenn es ihnen schwerfällt: «Ich liebe meinen Vater.» Die zornigen Frauen wissen: «Er hat mich nie geliebt.» Ihr Zorn steht vor ihrer enttäuschten Liebe. Am hartnäckigsten jedoch verschließen sich gleichgültige Töchter dem Vater-Thema. Sie haben ihre Gefühle von Liebe und Haß dem Vater gegenüber frühzeitig verdrängt. Es ist, als wollten sie den Blick nicht wagen, als hätten sie nicht genügend Mut. Sie fühlen sich emanzipiert, haben allenfalls neutrale bis versöhnliche Gefühle für ihren Vater, glauben sich stark und unabhängig: «Der Vater – nein, der spielt für mich keine Rolle – hat er nie getan. Er war unwichtig.»

Mit dieser Argumentation täuschen sich intelligente Frauen über ihre Lebensproblematik hinweg, die sie dann – für sie selbst überraschend und unverständlich – in ihren Liebesbeziehungen doch wieder einholt. Denn die Gleichgültigkeit, mit der sie ihren Vater aus großem Abstand betrachten, läßt sie in Liebesbeziehungen eine Vorliebe für Vater-Typen entwickeln, die ihre ‹töchterlichen› Empfindungen nur ‹väterlich› erwidern. Wenn sie jedoch ihre Erinnerungsblockaden aufheben, den Vater und das kleine Mädchen vor ihrem inneren Auge auferstehen lassen, dann zeigt sich auch bei ihnen Liebe oder Haß, dann existiert auch in ihnen das kleine enttäuschte Mädchen.

Während die versöhnlichen Töchter mit großer Anstrengung aus der Erfahrung, nicht geliebt zu werden, die Tugend zu lieben machen, verharren die zornigen Töchter in ihrem Haß, verweilen bei der zugefügten Kränkung. Die Übergänge zwischen beiden Verhaltensmustern sind oft fließend. Im späteren Lebensstil der Frau bleibt die Tendenz der einst erprobten Überlebensstrategie erhalten. Die versöhnlichen Töchter übergehen taktvoll jede Kränkung, sie leben lange mit sich im Einklang – und lassen sich alles gefallen. Die zornigen Töchter bleiben wütend aus Enttäuschung, die sie nur mühsam überspielen können. In ihrem Zorn wähnen sie sich emanzipiert und frei.

Die Vaterbeziehung prägt die späteren Liebesbeziehungen von Frauen, bestimmt ihren gesamten Lebensweg. Besonders in der Liebe zeigt sich das angepaßte Verhalten der Vater-Töchter: Die versöhnlichen Töchter passen sich mit ganzem Herzen an, die zornigen mit einer gewissen Anspannung. Sie bleiben mißtrauisch und immer auf der Hut. Gemeinsam ist beiden die Hoffnung auf den ‹gütig versonnenen Blick›.

Der unerfüllte Traum des kleinen Mädchens steht jeweils *vor* der Auseinandersetzung der erwachsenen Frau mit sich selbst. Solange dieser Traum ungebrochen wirksam ist, wollen Frauen das kleine Mädchen bleiben, das lieber Antworten erhält und nicht geben will, das sich anlehnen möchte und nicht unabhängig werden kann, verstrickt im Kampf um die Liebe ...

Die versöhnliche Tochter

Versöhnliche Töchter haben früh gelernt, für den Vater ein mildes Ohr zu haben. Stets ringen sie um seine Liebe und warten auf seinen gütigen Blick. Sie leben mit der Täuschung ‹Ich liebe meinen Vater›, verleugnen lieber sich selbst, statt den Vater zu erkennen. Die Kindheit der versöhnlichen Tochter hat sich zwischen Zuckerbrot und Peitsche abgespielt. Als kleines Mädchen gelang es der versöhnlichen Tochter niemals, die Wahrheit von der Lüge zu unterscheiden, und diese Verdrehung der Wirklichkeit verfolgt sie hartnäckig.

Den Werdegang einer ‹versöhnlichen Tochter› skizziert Christine (Lehrerin, 28 Jahre). Sie erinnert sich an das kleine Mädchen, das sie einst war:

«Ich habe es früh begriffen und akzeptiert: Ich mußte von meinem Vater geliebt werden – sonst konnte ich nicht leben. Zunächst dachte ich, das sei ganz einfach: Ich tue, was er sagt, ich werde ein braves Mädchen – dann muß er mich lieben. Aber so einfach war die Sache nicht. Sagte ich immer Ja, war höflich und nett, dann war seine lächelnde Antwort: ‹Du mußt noch etwas werden, man kann doch nicht immer Ja sagen.› Ich spürte es genau: Jetzt war ich langweilig, und er verlor das Interesse an mir. Sagte ich meine Meinung und meine Wünsche, dann hieß es: ‹Sei nicht so egoistisch›, und ein ablehnender Ausdruck kam in seine Augen. Zwischen diesen beiden Aussagen schwankte ich immer hin und her, stets in dem verzweifelten Bemühen, den Weg zu finden, der ihm gefiel. Diese Phasen waren mit viel Leid und Kummer verbunden. Sowohl das herablassende Lächeln als auch die Ablehnung in seinen Augen konnte ich kaum ertragen – es war die Hölle für mich. Aber mein Vater erweckte in mir den Glauben, daß es den richtigen Weg gäbe, aber daß ich nicht die richtige Tochter sei. An mir lag es, ich war unfähig, die Liebe meines Vaters zu erringen – das schrieb sich fest in mein Bewußtsein ein.»

Ihre Zweifel an der Liebe des Vaters beruhigte Christine schnell mit ihrem eigenen Ungenügen. Obwohl sie schon als kleines Mädchen seine Ungerechtigkeit gefühlt, ihre Bedeutungslosigkeit in seinen

Augen erkannt hatte, entschuldigte sie ihn. Sein Verhalten war unberechenbar – schwankte zwischen Wut und Liebe beliebig hin und her. Eigentlich kannte er Christine gar nicht. Und das Schlimme daran war, er wollte sie auch nicht kennenlernen, er hatte kein Interesse an ihr. Dies war das schlimmste Gefühl. Es tat sehr weh, dieses Wissen, diese Wahrheit zu fühlen, und Christine tat alles dafür, diese Wahrheit zu verdrängen – die Wahrheit nicht wahr werden zu lassen. Schon als kleines Mädchen arbeitete sie hart an diesem Konzept: der Verleugnung der Realität. Jegliche Sicherheit in ihrem Leben hing davon ab, daß es ihr gelang, Ungerechtigkeiten und Verletzungen entweder nicht wahrzunehmen, sie sofort aus dem Gedächtnis zu verbannen oder sie zu entschuldigen. Für ihren Vater fand sie immer und sofort gute Gründe für sein Verhalten. Entweder er war müde, gestreßt, oder aber sie hatte ihn so geärgert. Zu diesem Schluß kam sie immer am schnellsten. Bei dieser Erklärung angekommen, konnte sie sich entspannen und sich beruhigen: Ihre Welt war wieder in Ordnung. So löste sie Tag für Tag und Jahr für Jahr ihre Konflikte. Sie trainierte sozusagen ihr Bewußtsein von Recht und Unrecht zugunsten ihres Vaters. Er hatte recht – bei ihr lag der Fehler.

Heute lebt sie nach den gleichen Prinzipien. Sie ist Lehrerin an einer Gesamtschule, täglich gilt es für sie, die Auseinandersetzungen mit Kollegen und Kindern auszuhalten. Sie müßte einen eigenen Standpunkt beziehen, zu sich und zu ihren Überzeugungen stehen können. Aber genau das fällt ihr schwer. Sie reagiert unwillkürlich, gibt immer den anderen recht. Unbewußt steht ihr Vater-Traum, unbedingt gefallen zu müssen, vor jeder ihrer Entscheidungen. Sie will unbedingt, das heißt, um den Preis ihrer eigenen Wünsche, gefallen; sie paßt sich an in der Hoffnung zu gewinnen und verfehlt dabei sich und mögliche Beziehungen. In Zweifelsfällen zweifelt sie an sich und nicht an den anderen, sie beschäftigt sich lieber mit ihrem eigenen Ungenügen. Das hat sie bei ihrem Vater gelernt.

Das Gefühl, keine gute Tochter zu sein, dem Vater nicht genügen zu können, weitete sich aus zu der Vorstellung «keine gute, keine richtige Lehrerin» zu sein. Dieses Gefühl nimmt Christine die Sicherheit und verhindert Souveränität im Beruf. Sie muß sich wie im Reflex anpassen, selbst wenn sie es nicht will. Der väterliche Ruf läßt sie nicht los. Noch heute löst sie ihre Konflikte, indem sie sich auf die Seite des Vaters schlägt: Er hat recht – sie hat unrecht. Mit dieser Überzeugung kann Christine von jedermann überredet und eines besseren belehrt werden. Wenn ihre Kollegen oder Freunde in einer Konfliktsituation selbstsicher ihre Sicht der Dinge behaupten, gibt sie bereitwillig nach und sieht den Fehler bei sich. Und das, obwohl sie nicht einmal von der Richtigkeit der Argumentation überzeugt ist. Sie tut es, um den anderen zu gefallen, um keinen Ärger zu bekommen. Sie zieht es vor, die nette Kollegin zu bleiben, Konfrontationen sind ihr widerwärtig.

Und das alles nur, weil sie glaubt, ihren Vater zu lieben? Ist es möglich, daß Frauen auf sich verzichten, nur um dieser frühen Liebe willen?

Warum lieben Töchter ihre Väter – auch wenn diese Liebe nicht stattgefunden hat? Warum täuschen sich Töchter hartnäckig über ihre Kindheit? Warum stehen Töchter am Grabe ihres Vaters und weinen bittere, verzweifelte Tränen um den Mann, der ihnen doch unverzeihliche tiefe Wunden zugefügt hat?

Die Antwort: Töchter lieben ihre Väter – weil sie so aus der unwerten Tochter einen guten Menschen machen wollen. Töchter greifen zur Selbsthilfe, weil der Vater ihnen eben diese Bestätigung verweigert hat. Auch in diesem Vorgehen beweisen Vater-Töchter ihre intelligente Fähigkeit, aus nichts etwas zu machen. Sie helfen sich selbst. Doch nicht zu ihrem Vorteil, sondern nur, um den Vater nicht zu stören und um ganz unauffällig seine Anerkennung doch noch zu erringen.

In seinen Augen waren sie intelligent oder dumm, tüchtig oder faul, niedlich oder häßlich – auf jeden Fall nicht in Ordnung, so wie sie waren. Sie wurden dem Vater als Tochter nicht gerecht, und mit dieser Beurteilung können Töchter nicht leben. Sie machen sich mit ihrer Liebe zum Vater selbst zum guten Menschen. Denn wer liebt, kann doch so schlecht nicht sein. Und je mehr sie den Vater lieben, desto besser glauben sie in seinen Augen zu werden. Dem Vater gefällt dies. Er bekommt Liebe fast ohne eigenes Zutun.

Das ist das Geheimnis des Satzes: Ich liebe meinen Vater. Es ist die verzweifelte Anstrengung und das unsägliche Bemühen, den erfahrenen Mangel auszugleichen, aus der Not des Nicht-geliebt-Werdens die Tugend des Liebens zu machen.

Verfolgen wir die Geschichte von Christine weiter, so zeigt sich, daß ihr Lebenskonzept sich nicht wirklich geändert hat. Sie hatte die Tugend ‹zu lieben› verinnerlicht, wollte sich als Liebende sehen und war doch die Betrogene. Mit 17 Jahren verließ sie das Elternhaus, um sich frei und unabhängig zu fühlen. Sie begann damals den Satz «Ich liebe meinen Vater» zu bezweifeln, aber sie konnte es nicht durchhalten. Sie hatte die Wertungen ihres Vaters, sein Bewußtsein von Recht und Unrecht übernommen. Sie wußte, wenn etwas nicht gelang, dann war sie schuld daran. Ihr krampfhaftes Lebenskonzept, ‹lieben zu müssen›, ‹eine gute Frau zu sein›, verführte sie immer wieder dazu, alle und alles zu lieben. Kaum verliebte sie sich – begann die Verdrehung der Wirklichkeit. ‹Er war richtig – sie war falsch.›

Ihre Anstrengung, gut zu sein, verstärkte sich jeweils mit dem Grad der Ablehnung und der Kritik des Mannes. Er brauchte nur zu signalisieren «Schau, du verstehst das doch – oder?», schon war sie zu allem bereit. Für Christine war dies der Schlüsselreiz, die Eintrittskarte zum Paradies ihrer Kindheit. Hier fühlte sie sich zu Hause – hier war sie in ihrem Element. Ihr Verständnis, ihre Nachsicht waren jeweils grenzenlos – natürlich nur für andere. Niemals für sich selbst. Sie selbst war sich eine gnadenlose Kritikerin. In endlosen Selbstgesprächen wägte sie das Für und Wider ihrer Handlungen ab: War sie schuldig oder nicht, hatte sie recht oder unrecht – durfte man so handeln oder nicht?

Und im Zweifelsfall entschied sie sich für die anderen. Ihr Standardsatz: «Sicherlich war ich zu hart und zu streng.» Auf die Idee, zu sich selbst zu hart und zu streng zu sein, kam sie nicht. Ihre verständnisvolle Bereitschaft, ihr liebendes Wohlwollen erfüllte sie statt dessen mit heimlicher Genugtuung: Sie war gut. Damit wollte sie ihre Kindheit begradigen, wollte die Worte des Vaters Lügen strafen, besser noch: ihn überzeugen. Darin bestand ihre Anstrengung.

Die Außenwelt erfährt natürlich von diesen Überlegungen nichts, ahnt nicht, daß es sich hier um eine töchterliche Überlebensstrategie handelt. Aufgrund ihrer gutmütigen Verständnisgesten ist Christine im allgemeinen beliebt. Aber nur wenige machen sich die Mühe, sie zu beachten und ernst zu nehmen, die meisten berufen sich darauf, ‹Christine würde schon verstehen›, und gehen zu anderen Dingen über. Das ist häufig das Schicksal der versöhnlichen Töchter, die es vielleicht sogar wagen, die Liebe des Vaters anzuzweifeln, aber letztlich nicht den Mut aufbringen, sich der Realität ihrer Kindheit zu stellen. Sie ziehen es vor, die Schuld auf sich zu nehmen und die Lieblosigkeit des Vaters mit eigener Liebe auszugleichen. Sie haben gelegentlich die Liebe gespürt, die der Vater zu geben hätte...

Das hat sie noch mehr von ihrer Unfähigkeit überzeugt und sie in der Illusion der väterlichen Liebe belassen. Sie vertrauen auf das Zuckerbrot, das später gelegentlich sehr bitter schmecken kann, sich wie damals als große Täuschung erweist.

Die zornigen Töchter

Manchen Töchtern bleibt die Möglichkeit, das Nicht-geliebt-Werden in die Tugend zu lieben umzudeuten, versperrt. Zu stark schmerzen die vom Vater ausgeteilten Verletzungen, zu groß ist seine Lieblosigkeit. Resigniert wendet sich die kleine Tochter dem Haß zu. Aber auch sie tut es in der Hoffnung, zumindest noch die Aufmerksamkeit des Vaters – wenn schon nicht seine Liebe – auf sich zu lenken. Auch in ihr lebt der Vater-Traum: Ich gefalle, also bin ich. Sie sucht allerdings seine Erfüllung in verdeckter Form. Sie gibt vor zu hassen, keine Liebe mehr zu wollen. In Wirklichkeit empfindet sie enttäuschte Liebe, die die Sehnsucht nur verstärkt.

Hannah (Graphikerin, 44 Jahre) ist eine von diesen zornigen Töchtern, die ihren Vater hassen. Sie erzählt jedem: Ich fühle mich nicht schuldig, mein Vater hat mich nicht geliebt, das ist eben mein Schicksal, damit muß ich leben...

Nur ihrem Vater sagt sie nichts, in seiner Gegenwart schweigt sie. Sie schweigt aus Angst vor ihm, aber auch in der Hoffnung, ihm endlich zu gefallen. Er kann die gröbsten Dinge zu ihr sagen – sie übergeht seine Taktlosigkeiten. Kritik am Vater traut sie sich nicht zu.

Nur wenn sie allein mit sich ist, sprudelt sie vor Haß. Sie weiß, er hat unrecht, aber es hilft ihr nichts. Ihre Kindheit lebt in ihr und läßt sie nicht in Ruhe. Sie beschreibt ihre Angst und ihre Strategie, um dem Vater zu entkommen:

«Meinen Vater habe ich – solange ich denken kann – gehaßt. Er war ein sehr jähzorniger Mann, der nichts und niemanden in seiner Umgebung duldete – außer sich selbst. Ich habe damals als kleines Mädchen eine gute Methode gefunden, mich ihm zu entziehen. Vordergründig war ich brav und still. In Wirklichkeit hatte ich große Angst vor ihm. Ich fürchtete seine laute Stimme, die Verachtung in seinen Augen und seine Kälte. Ich fürchtete seine Berührung. Als es um meine Berufsausbildung ging, zeigte er ganz deutlich, wie wenig ich ihm eigentlich bedeutete. Er interessierte sich in keiner Weise für meine Berufswahl. Als ich mich für ein Kunststudium entschied, lächelte er nur ironisch. Seine Worte: ‹Du wirst es doch nicht können› begleiteten mich durch mein Studium.

Fast war er erstaunt, als ich mein Examen bestand – und ich auch. Für mich war damit meine Kindheit beendet – dachte ich.»

In Wirklichkeit ging ihre Kindheit unverändert weiter. Nur, daß Hannah jetzt die Rolle ihres Vaters einnahm. Jetzt fühlte sie sich im Recht. Sie kämpft um ihre Bedeutung – wie der Vater und auch mit seinen Methoden. Für sie ist noch heute von großer Wichtigkeit, was der Vater von ihr hält. Am liebsten würde sie ihn zwingen, seine Meinung von ihr zu ändern. Und das, obwohl sie sagt, sie habe ihn immer gehaßt. Aber auch ihre persönlichen Ziele, ihre Liebesidee und ihr Lebenskonzept weisen unter der Überschrift *Konfliktvermeidung* auf die anhaltende Bindung an ihren Vater.

Statt der Versöhnung sind ihre Anstrengungen dem Haß gewidmet, füllen ihr Leben aus. Sie kann – aber sie will ihn auch nicht loslassen. Es ist eine Seelenkrankheit, die sich – undiagnostiziert – ihrer bemächtigt, sie krank und elend macht.

Sie hat zwar den Mut und den Trotz, das heilige Gebot «Du sollst deinen Vater ehren» zu brechen, aber dieser Bruch fesselt sie. Denn gerade mit ihrem Protest will sie die Liebe erringen. Die zornigen Töchter verkennen das enttäuschte kleine Mädchen in sich. Genau wie der Vater wollen sie mit ihm nichts zu tun haben, lehnen es ab und vertrauen auf ihre zornige Stärke.

Leider stärkt sie ihre laute Anklage gegen den Vater nicht, sondern hinterläßt nur eine wütende Leere, die sie sich nicht zu erklären vermögen und die sie so ungeklärt an andere weitergeben müssen.

Eben hierin liegt der tückische Charakter der verdrängten Erinnerung: Man muß sie einfach weitergeben – so als könne man sich dadurch von ihr befreien. Nur – niemand befreit sich durch Weitergabe von seiner Vergangenheit. Ganz im Gegenteil, diese hat geradezu verstärkende Wirkung. Was vorher noch zweifelhaft war, wird immer mehr zur Gewißheit: Zum Schluß haben zornige Töchter mit ihrer Wut auf die ganze Welt genau so recht wie der Vater. Er hatte es auch schon mit diesem Verhaltensmuster versucht, und damals hatte es die kleine Tochter getroffen.

In den Fällen, in denen wütende Töchter zu mir in die Therapie kamen, wiesen die Analysen auf eine verborgene Sehnsucht nach Anerkennung hin, die zumeist nur indirekt formuliert und von Frauen weit von sich gewiesen wird. Hannah klagt heute immer noch den Vater an und will ihm beweisen, daß er ihr unrecht getan hat, daß sie unschuldig und gut ist. Sie weiß nicht, daß es aussichtslos ist, dem Vater heute als erwachsene Frau etwas beweisen zu wollen. Sie weiß nicht, daß sie mit ihrer Wut sich selbst und nicht den Vater zerstört. Denn ein Vater, der in der Kindheit seine kleine Tochter – aus welchen Gründen auch immer – nicht liebte, wird sie später auch nicht lieben.

Dieser Wirklichkeit verschließt sich Hannah. Sie will sich nicht damit abfinden, daß die Kindheit vorbei, das Tochterdasein beendet ist. Haß soll das lebendig machen, was in den Gefühlen getötet wurde, soll die einst erfahrene Kränkung ‹Du genügst nicht, meine Tochter› ungeschehen machen.

Zugefügte Kränkungen verleiten zum Verweilen. Sie sitzen wie Stachel in der Seele und binden genau an den Menschen, der gekränkt hat. Der verletzte Stolz, die gekränkte Würde betteln und flehen um Vergebung. Sie geben keine Ruhe. Die gekränkte Seele dürstet nach einem heilenden Wundverband. Und den soll und muß paradoxerweise ausgerechnet der anlegen, der die Kränkung zugefügt hat. Erst wenn dieser Mensch die Kränkung zurücknimmt, läßt der Schmerz nach. Davon ist die gekränkte Person felsenfest überzeugt, diese Hoffnung ist ihr Lebenselixier. Töchter leben mit den durch den Vater erlittenen Kränkungen wie mit einem quälenden Geheimnis, das sie am liebsten ungeschehen machen wollen: Der Vater soll seine Lieblosigkeit, die Verletzungen zurücknehmen, er soll endlich einsichtig sein. Wenn er es nicht tut, dann wenden sie sich hoffnungsvoll an einen ‹Ersatzvater›, den Liebespartner. Er soll dann das Unmögliche vollbringen.

In ihrer Kindheit trainierte Hannah mit dem Vater ein Konfliktvermeidungsverhalten. Sie paßte sich an, um den Vater mild zu stimmen. Ihre Wut und ihre Enttäuschung unterdrückte sie. Aber der Vater bedeutet immer auch die Welt für das kleine Mädchen, und diese war für sie entfremdet. Auf dieser Grundlage entwickelte sie ein gespaltenes Lebenskonzept. Mit ihrer Vernunft übertrat sie alle Gebote des Elternhauses, aber in ihrem Gefühl blieb sie befangen in ihrer kindlichen Wut. Das Eigentliche von sich muß sie verleugnen, und in der Liebe hat das tragische Folgen. Ihre Vorstellung von der Liebe beruht, wie auch bei der versöhnlichen Tochter, auf der falschen Annahme, daß sie die Liebe gewinnt, indem sie sich verleugnet.

Kaum verliebte Hannah sich, verbannte sie ihren Zorn in die entlegensten Gefilde ihrer Seele. Jedesmal suchte sie sich einen Mann, in dem sie das Gegenteil ihres Vaters sehen konnte. Ihr Wunschpartner sollte tolerant und gebildet sein, Herzenswärme wünschte sie sich von ihm. Sie suchte und sie fand ihn. Für kurze Zeit war sie glücklich. Dann distanzierte sie sich von dem Mann. Diese plötzliche Abkehr hat sie im Laufe ihrer Beziehungen schon häufig erlebt. Hannah steht jedesmal fassungslos vor ihren eigenen Distanzbedürfnissen. Sie kann sich dieses plötzliche Nachlassen ihrer Gefühle nicht erklären.

Sie weiß nicht, daß sie im Grunde permanent zwei Leben führt: Nach außen freundlich und nett – innerlich brodelnd vor Zorn. Auf diese Weise will sie sich vor Konflikten retten, der Auseinandersetzung entfliehen. Sie hofft, mit ihrer Wut allein fertig werden zu können. Oft ist sie schlecht gelaunt und mißmutig, doch weiß sie nie, warum. So gut es geht, verbirgt sie daher ihre schlechten Gefühle. Zumeist funktioniert diese Selbstkontrolle vorzüglich, doch tobt in ihrer Seele derweil der Kampf, den sie nicht offen austragen kann. Wie früher muß sie ihn verleugnen, sie heuchelt, um diesen inneren Kampfzustand zu verbergen. Nur manchmal versagt ihre Selbstkontrolle, dann verraten jähe Affekte, plötzliche Zornesausbrüche, ihre lauter werdende Stimme, was sich in Wahrheit in ihr abspielt. Ihre Schritte werden hart und geräuschvoll, jeder ihrer Handgriffe wird zackig und unnachgiebig. Sie lärmt mit ihrem Körper. Was ihre Seele nicht ausdrücken kann, verrät ihre Gestik.

Zornige Töchter ringen in der Liebe ständig um die Kontrolle. Sie wollen und müssen die Oberhand über ihre Gefühle behalten. Sie wollen unbedingt das freundliche Gesicht wahren – unabhängig davon, wie sie sich wirklich fühlen. Mit Kontrolliertheit versuchen sie, ihre Vater-Fixierung zu überspielen; tatsächlich verhindern sie so, sich in der Liebe hingeben zu können. Sie können von ihrer Wut nicht lassen.

Die verdrängte und verborgene Wut führt sie direkt in die Distanz, in eine *Welt der Bilder,* in der Echtheit nicht gefragt ist. Jeder fühlt ihre angestrengte Freundlichkeit, ihre spannungsreiche Ausstrahlung – nur sie selbst nicht. Sie ist immer auf der Hut – feindselig und mißtrauisch.

Sie lebt in der Vergangenheit statt in der Gegenwart, sie verwechselt jeden Partner mit ihrem Vater, und mit ihm kämpft sie um ihre Bedeutung, um ihre Liebesfähigkeit. Der Partner soll die Kränkung ihrer Kindheit ungeschehen machen, er soll ihr beweisen, daß der Vater unrecht hat. Wenn sie dann die Aussichtslosigkeit dieser Hoffnung fühlt, flüchtet sie wie früher in die Distanz. Statt sich der Liebe zu stellen, resigniert sie vorzeitig. Das erklärt das plötzliche Erkalten ihrer Gefühle, ihre Abwendung von der Liebe.

Ihre berechtigte Wut und ihr empörter Haß haben Hannah nicht die gewünschte Befreiung gebracht, sondern sie nur noch mehr in die Abhängigkeit vom Vater verstrickt. In der Liebe gibt sie dem Vater recht – ohne es zu wissen und zu wollen. Er hat die angepaßte, brave Tochter gewollt, die ihre Wut sorgsam verbirgt. Er wollte nämlich nichts zu tun haben mit der Seele des kleinen Mädchens. Er wollte nicht gestört werden in seiner Rechthaberei.

Heute versucht Hannah zwar, ihre Wut nicht zu zeigen, aber sie schleicht sich dennoch in ihr Verhalten ein. Nicht artikulierte Wut führte schließlich dazu, daß sie sich von dem Mann, den sie lieben wollte, abwenden mußte. So trifft jeden Partner die eigentlich auf den Vater gemünzte zornige Ablehnung, auch wenn sie sie nicht offen zeigt. Sie gibt die eigene Wut aus Enttäuschung unverstanden weiter und verhindert so die Liebe.

Eigentlich müßte ihr Zorn auf den Vater sie motivieren, sich selbst anders einzuschätzen. Es müßte sich ein ‹jetzt gerade› in ihrem Gefühl entwickeln und die Loslösung vom Vater beschleunigen. Aber genau an diesem Punkt kapitulieren zornige Töchter und hier beweist sich ihre Bindung an den Vater. Ihre seelische Energie bleibt gebunden im Haß auf den Vater, stagniert in der berechtigten Anklage, die allerdings nicht der Selbstbefreiung dient.

Vater-Töchter resignieren an der falschen Stelle: Statt das Streben um die Anerkennung des Vaters aufzugeben, geben sie sich selbst auf. Darüber kann auch die wütende Empörung und die berechtigte Anklage nicht hinwegtäuschen. Und es bleibt die Frage bestehen, warum haben lieblose Väter eine derartige Bedeutung im Leben von Frauen? Weil hinter dem Haß der Wunsch nach Liebe und Anerkennung steht. Haß ist nur die Kehrseite der Medaille. Nicht umsonst spricht der Volksmund von Haßliebe. Liebe und Haß binden gleichermaßen an den geliebten und gehaßten Vater, wobei Haß und Wut noch stärkere Bindungselemente enthalten.

Abgelehnte Töchter, die zu hassen gelernt haben, bleiben in ihrem Vaterdilemma stecken. Es ist aussichtslos für sie, über den Haß eine Befreiung zu bewirken. Besonders die wütenden Töchter folgen – ohne es wahrhaben zu wollen – den mahnenden Einflüsterungen ihres Vaters: «Du liebst mich nicht, meine Tochter, und dafür seist du verdammt.» Sie wehren sich verzweifelt gegen diese Verdammung, aber sie haben nur wenig Chancen. In ihrem innersten Gefühl sind sie nicht imstande, sich selbst wert zu fühlen und ihre Probleme zu lösen.

Sie haben sich auf den Kampf mit dem Vater eingelassen, und sie müssen Verlierer in diesem Kampf sein. Sie kämpfen mit ihrem Haß um die Anerkennung, die ihnen der Vater niemals gewähren wird. Gerade im Haß nehmen sie den Menschen ernst, den sie doch im Grunde ablehnen. Ihr Haß verleiht dem Vater weiterhin eine immense Bedeutung, sie binden sich an die Bedeutung des Vaters, verleihen ihm eine Autorität, die er doch für eine erwachsene Tochter nicht mehr darstellen sollte. Wut und Haß sind nichts weiter als enttäuschte Liebe – aber es ist eine Liebe, die sich nicht mehr als solche formulieren kann. Wirkliche Verachtung würde die Beziehung zum Vater abbrechen lassen – einfach so – würde nicht binden oder festhalten.

Erst durch die Überwindung ihres Hasses könnte der Vater bedeutungslos in ihrem Leben werden, als Mann gelten, der als Vater eben versagt hat (wie so viele Väter auf dieser Welt). Nur so könnte sich Hannah aus der Abhängigkeit, aus ihrem wütenden Tochter-Dasein befreien. Erst wenn Haß in Gleichgültigkeit übergeht, wenn die reale Bedeutungslosigkeit des lieblosen Vaters erkannt und gefühlt wird, kann das Gleichgewicht der Kräfte zugunsten der Tochter verschoben werden, können Töchter die eigenen seelischen Energien für sich selbst nutzen.

Während männlicher Haß den anderen zerstören will, ist weiblich-töchterlicher Haß autoaggressiv und selbstzerstörerisch, stellt sich auch dann noch zurück, schont den anderen, wenn es zu eigenen Lasten geht. Töchter können ihren Haß nicht für sich selbst nutzen, können ihre Wut nicht umformulieren in eine konstruktive Motivation für ihr eigenes Leben. Selbst da gehorchen sie noch den Geboten des Vaters, der da sagte: «Du sollst nicht wüten gegen andere – sondern dich selbst in Frage stellen. Das ist eine wirkliche Frau.»

Entsprechend werden wütende Frauen in unserer Gesellschaft beurteilt. Niemand fragt danach, ob die Wut zum Bespiel eine berechtigte Reaktion auf eine zugefügte Kränkung darstellt, vielmehr gelten wütende Frauen als unweiblich. Empörte Frauen, die in der berechtigten Anklage steckenbleiben, ohne dabei etwas für sich zu tun, gibt es viele.

Frauen, die wie Christine und Hannah gelernt haben, Aggressionen zu vermeiden und Wut zu unterdrücken, ahnen zumeist nicht, daß sie mit dieser Lebensform dem Vater immer noch recht geben.

Sie wollen und müssen gefallen – immer und zu jedem Preis. Und so verpflichten sie sich auf ihre Schwächeposition. So können sie nie werden, wer sie wirklich sind.

Und das sollen sie auch nicht – so will es die Männerkultur. Es ist nur allzu praktisch, wenn Frauen emotional kleine Mädchen bleiben. Am passendsten für eine patriarchale Kultur ist die Frau, die rational unabhängig ist und gefühlsmäßig abhängig vom Mann bleibt.

Dann kann man sie jederzeit auf ihren rationalen Anspruch verpflichten und sich gefühlsmäßig von ihr distanzieren. Dies entspricht dem von mir beschriebenen Sachverhalt in meinem Buch «*Funkstille in der Liebe*»: Bereits die Einladung zum Abendessen reicht heute aus, um eine selbständige Frau für eine Nacht zu gewinnen. Denn die rational unabhängige Frau kann sich ja heute frei entscheiden. Und wenn sie die Verantwortung für die Nacht übernimmt, so ist das ihre Sache. Das ist eine günstige Gelegenheit für Männer, Probleme Frauen zuzuweisen und selbst so zu bleiben, wie sie sind.

Die versöhnlichen und zornigen Töchter sind in ihrem kindlichen Traum von Liebe steckengeblieben. Sie träumen weiterhin vom großen, starken Mann, von ihrem Beschützer, und sollten sich doch in Wirklichkeit selbst beschützen können.

Die kindliche Liebe konnte nur Erfüllung finden mit dem ersten Mann im Leben, mit dem Vater – aber sie wurde nicht erfüllt.

Den Schmerz darüber zu verdrängen, bindet nur weiter an ungeklärte Strukturen der Kindheit. Verführt zu eben dem Verhalten, das die kleine Tochter einst von sich selbst entfremdete und sie in ein Versteck vor dieser Welt fliehen ließ.

Lieblingstöchter – oder nicht?

«J'adore ce qui me brûle»
Max Frisch

Die Illusion der Töchter, ihre Heimat, ist die Liebe des Vaters. Sie vermittelt ihnen das Zugehörigkeitsgefühl zur Welt, sie verleiht ihnen ihre Identität als Frau. Lieblingstöchter fügen dem Satz der versöhnlichen Töchter «Ich liebe meinen Vater» noch die Antwort «Er hat mich auch sehr geliebt» hinzu. Sie sind überzeugt von der Richtigkeit und Wichtigkeit dieser Aussage. Verständlicherweise, denn wer von uns wollte sich nicht als Lieblingstochter des Vaters betrachten? Wer erliegt nicht dem Zauber dieses heimatlichen Gefühls, der Liebling des Vaters zu sein? Es beruhigt unendlich, es erleichtert und gibt Geborgenheit auf dieser Welt.

Deshalb können viele Vater-Töchter von der Idee der Lieblingstochter nicht lassen und leugnen lieber die Realität. Nur: In einer patriarchalen Ordnung kann es keine geliebten Töchter geben, sondern nur Vorzeigetöchter, die den Wert des Vaters erhöhen. Auch in der Öffentlichkeit hat es sich bereits herumgesprochen, daß Lieblingstöchter nicht immer Lieblinge ihres Vaters gewesen sind. Die *Frankfurter Rundschau* (April 1990) über Lieblingstöchter:

«Der strahlende Mittelpunkt meines Lebens», «mein leuchtender Stern», «das Schönste, was es auf der Welt für mich gab» – mit diesen verklärenden Worten beschreiben viele Frauen die erste, große Liebe ihres Lebens: ihren Vater. Frauen, die sich ihren Vater zum Idol erkoren haben, dem väterlichen Vorbild nachgeeifert und ihm manchmal ein Leben lang treu geblieben sind. Sie waren längst nicht immer Papas kleine Lieblinge, wohl aber Frauen, die schon in der Kindheit entschlossen, oft auch verzweifelt, um die väterliche Anerkennung gerungen haben.

Also scheint der Wunsch jeder Tochter, «Papas Liebling zu sein», nur selten in Erfüllung zu gehen. Vielleicht überhaupt nie. Zwar behaupten viele Frauen von sich, der Liebling des Vaters gewesen zu sein, aber bei näherem Hinsehen erweist sich «Papas Liebe» oft als eine Ausbildungsförderung, eine Anleitung zu Leistungs- und Konkurrenzdenken – eben eine Annäherung an männliche Werte (vgl. Stephan 1989, S. 16). Eine fatale Mitgift, die Töchtern das Leben schwermacht und sie ins Niemandsland vertreibt. Denn aus Töchtern werden Frauen und keine Männer. Die scheinbare Liebe des Vaters, der sich mit den Leistungen der Töchter schmücken will, befähigt zwar Töchter oft zu erstaunlichen Taten, verbannt sie aber zugleich in die männliche Welt des Kampfes und der Konkurrenz. Im Glauben daran, seine Lieblingstochter zu sein, geben Töchter sich selbst auf und wollen so werden wie er. Die Wirklichkeit zeigt heute, daß besonders Lieblingstöchter in einem Niemandsland leben; aber Töchter verwenden jegliche seelische Energie darauf, dieses Niemandsland zu verleugnen und in ein Liebesland zu verwandeln.

Ingrid (Werbefotografin, 28 Jahre) beschreibt ihre geborgte Sicherheit, die Zweifel an ihrer Lieblingstochterposition. Sie ahnt die Täuschung und die Folgen, die diese Idee für sie hat. Sie ist eine Lieblingstochter, alle – Verwandte, Bekannte und ihre Mutter – hatten es ihr bestätigt, und sie hat es trotz ihres Zornes, ihrer Enttäuschung immer geglaubt: «Er liebt mich doch.» An dieser Überzeugung hat sie bis heute festgehalten und sich so an ihn, seine Art der Liebe, seinen Lebensstil, seine Beurteilung ihrer Person gebunden. Sich als Lieblingstochter zu fühlen, ist eine schreckliche – weil unwahre – Fixierung. Sie zerstört schon das kleine Mädchen im innersten Kern, denn von jetzt an muß sie sich selbst verleugnen. Sie tötet in sich selbst wichtige und lebendige Persönlichkeitsanteile, so daß immer nur ein Teil von ihr lebendig sein kann: das vom Vater gewünschte und geforderte kleine Mädchen.

«Als Lieblingstochter habe ich den Vater immer geschont. Schon ganz früh erfand ich verzeihende Ausreden für seine Anfälle und Ausfälle: Er hat es nicht so gemeint.» Ingrid schonte den Vater und sie schonte später jeden Mann. Sich selbst hat sie nie geschont. Sie hatte immer schuld, ihre Fehler waren immer offensichtlich: «An mir übte ich immer ungehindert Kritik – damit die Männer gut bleiben. Es hat mich immer wieder in männliche Arme getrieben, die vorgaben, mich väterlich zu unterstützen und es sogar auch taten. Solange bis ich eigene Wünsche und Meinungen anmeldete; dann war es regelmäßig vorbei mit der jovialen Unterstützung. Dann hieß es plötzlich: ‹Ach so eine bist du – undankbar und egoistisch – das habe ich immer gewußt.›»

Mit einem Ruck befand Ingrid sich in ihrer Kindheit, war die Tochter ihres Vaters, denn das hatte der Vater auch immer zu ihr gesagt. Natürlich nur, wenn er wütend war. Aber er hatte es gesagt, und sie hatte es schon fast vergessen: «Ich war doch die Lieblingstochter – oder nicht?»

Lieblingstöchter bleiben die Opfer ihrer Idee. Sie bleiben, was sie immer waren: die kleinen betrogenen Mädchen, die in ihrem Herzen weinen und nach außen lachen; die schwach sind und doch stark scheinen. Frauen, die alles verstehen und verzeihen, die den Mann auf Lebenszeit schonen und sich selbst früh zerstören. Es ist unglaublich schwer für Frauen, diese väterliche Beurteilung loszulassen, dem Käfig der Lieblingstochter zu entfliehen, sich selbst zu befreien.

Hinter der scheinbar gut funktionierenden Fassade spielt sich gerade bei Lieblingstöchtern ein dramatisches Gefühlsleben ab. Denn die Autorität des Vaters kann von ihnen nie in Frage gestellt werden, sie bleiben gefangen in der Ausstrahlung des Mannes. Trotz ihrer Fähigkeiten müssen sie kleiner bleiben als er. Er bleibt der Mann – der Lotse ihres Lebens – er verkörpert Stärke und Macht, ihm vertrauen sie sich fast reflexhaft an. So bleiben Lieblingstöchter als gute Vater-Töchter trotz ihrer Fähigkeit und Intelligenz – in ihrem Gefühl immer auf den Vater als Mann fixiert, ihm ordnen sie sich unter. Denn auch – und das ist erstaunlich – die so geliebten Töchter des Vaters ringen weiterhin um die Liebe des Mannes. Sie kämpfen, zäh darum bemüht, ihre Illusion Wahrheit werden zu lassen.

Eigentlich hätten sie in ihrer Position als Lieblingstöchter diesen Kampf nicht nötig. Aber eben – nur ‹eigentlich›. Sie wähnen sich lediglich im Besitz dieser Liebe, und deshalb drückt ihr Verhalten den erlebten Mangel aus. Die Idee der geliebten Tochter jedoch ist fest in ihrem Gemüt verankert, und es ist schwierig für sie, sich der Wahrheit zu nähern. Widerstände und Trotz, oft auch eine sehr intelligente Argumentation, schützen den Vater.

Dabei versteckt sich die Seele der Lieblingstochter in einem Schneckenhaus. Aber anders als bei der empfindsamen Schnecke dient ihr das Haus nicht zum Schutz. Für sie hat es einseitig durchlässige Wände: Es läßt die Verletzungen hinein, aber ihre Kränkungen nicht heraus. Insofern trifft das Bild zu, Lieblingstöchter sind Frauen mit einem semipermeablen Herzen. Es macht sie besonders fähig und potent als funktionierende Gehilfinnen des Mannes. Es ist das Korsett, das sie stützt, wenn eigentlich ihre Kraft schon versagt. Es liegt ein grausamer Glanz um diese Lieblingstöchter, die immer können müssen, auch wenn sie innerlich schon längst verzagt sind.

Ingrid beschreibt diesen Glanz, der sie innerlich mehr und mehr zerstörte, der sie letztlich doch an ihrer Lieblingstochter-Position zweifeln ließ.

«Bei mir wurde diese Fähigkeit immer als Stärke und Kraft gedeutet. Niemals hat ein männlicher Therapeut auch nur im entferntesten erfaßt und geahnt, welcher Mechanismus hier zum Tragen kommt. Es ist eine grausame Ironie des Schicksals, gerade das als Stärke interpretiert zu bekommen, was eigentlich doch nur etwas mit innerer Selbstzerstörung zu tun hat.»

Dieses Schneckenhaus um die Seele der Tochter ist in der Kindheit entstanden, zum Schutz des Vaters, nicht der Tochter.

Ja, sie durfte begabt sein, sie wurde in ihrer Ausbildung gefördert, aber nur zum Glanze des Vaters. Er wollte sich seiner Fähigkeit als Vater rühmen, um die Tochter dann um so brüsker von sich zu stoßen, wenn sie versagte. Der Dressurakt zur Lieblingstochter führt direkt in die Vaterfalle, in die Unterwerfung, zur weiblichen Frau im männlichen Sinn. Aus Unkenntnis der psychischen Vorgänge liegen diese Zusammenhänge im dunkeln, im Schonraum der beschönigenden Konstruktion ‹Lieblingstochter›. Denn die Vergangenheit von Lieblingstöchtern spricht nicht viel von Vaters Liebe – eher von der Fähigkeit der Tochter, zugefügte Schmerzen zu übersehen, sie nicht wahrzunehmen. Am Anfang einer Therapie schildern Lieblingstöchter ihren Vater eher als warmherzig und zugewandt. Sie betonen ihre besondere Position bei ihm. In intensiveren Gesprächen, wenn die Erinnerung aktiv wird, zerbröckelt dieses Bild, und zurück bleibt ein Vater, der von all dem nur wenig angeboten hat. Dann kommt das emotionale Niemandsland zutage, in dem sich Lieblingstöchter bewegen.

Zwischen ihren Vater-Bildern haben sich Lieblingstöchter ihr Leben eingerichtet: Sie bezeichnen sich als Lieblingstochter und fühlen sich doch als abgelehntes Kind, denn tief innerlich spüren sie, wie sie die Kindheit, die Realität des Vaters und damit auch ihre gegenwärtige Realität verdrängen und umdeuten.

Auch Ingrid hatte in Wirklichkeit keinen ‹guten› Vater. Sie war keine Lieblingstochter – sondern nur eine besonders bemühte Tochter. In ihrem ersten Rückblick beschreibt sie den Ideal-Vater:

«Mein Vater war ein warmherziger, kluger Mann. Er war strebsam und fleißig. Seine Familie liebte er über alles. Das Entscheidende aber war, mich vergötterte er. Ich war sein Liebling.»

Eine spätere Erinnerung geht tiefer, wird ehrlicher – zur Sprache kommt die entsetzliche Angst eines kleinen Mädchens:

«Mein Vater war ein streitsüchtiger Mann, der sich sehr mißtrauisch anderen gegenüber verhielt. Zu Hause hatte er meist schlechte Laune. Oft war er betrunken, dann jaulte er und drohte, er hätte ein Recht auf sein Kind. Ich hatte Angst vor ihm. Ich habe damals immer gebetet, der liebe Gott möge mich vor ihm beschützen.»

Lieblingstöchter nehmen die Worte des Vaters ernst und vertrauen ihnen, Angst und Wut verdrängen sie. Diese Gefühle können sie sich nicht leisten. Verfügbarkeit und Willigkeit – das hatte der Vater gern. Der ungelöste Widerspruch von Angst und Liebe begleitet Lieblingstöchter ihr ganzes Leben. Sie zwingen sich später, wie in ihrer Kindheit, Angst- und Furchtgefühle nicht wahrzunehmen, und deuten einfachheitshalber das Verhalten des Mannes, wenn es nur irgendwie möglich ist, um in einen Liebesbeweis.

‹Geliebte› Töchter sind besonders auf die Zustimmung und Anerkennung des Vaters ausgerichtet. Mit dem Ergebnis, daß sie als erwachsene Frauen ganz und gar auf die Zustimmung des Mannes fixiert bleiben.

Sie räumen bereitwillig ihrem Partner schon zu Beginn einer Liebesbeziehung ein weitgehendes Bestimmungsrecht über ihr Verhalten ein.

Da Männer dieses weibliche Verhalten im allgemeinen sehr schätzen, dürfte einem Glück nichts mehr im Wege stehen. Doch weit gefehlt. Genau an diesem Punkt zeigt sich, inwieweit die verdrängte Vaterbeziehung von Lieblingstöchtern in ihrem Liebesleben eine entscheidende Rolle spielt.

Nur scheinbar lassen sich Lieblingstöchter auf ein Liebesverhältnis ein, nur vordergründig passen sie sich den Bedingungen des Mannes an. Auch wenn sie sich als Erwachsene nicht mehr erinnern, haben sie die Enttäuschung ihrer Kindheit genauestens registriert – und sie nehmen auch später ganz genau die Verletzungen wahr, die ihnen ihr Partner zufügt. Insgeheim distanzieren sie sich von ihm und leben ein eigenes Leben, flüchten aus Angst vor der Wahrheit in Phantasiewelten.

Jede Lieblingstochter fühlt, daß Männer ihr weh tun, aber sie darf dieses Gefühl nicht zulassen. Denn jede ‹normale› Frau hat ein ‹normales› Liebesverhältnis. Das ist das oberste Gebot in unserer patriarchalen Welt und demzufolge spielt sie – so wie sie schon die Rolle der liebenden Tochter spielte – heute die liebende Frau. Dieses Selbstbild darf nicht zerstört werden. Damit es weiterfunktionieren kann, darf sie sich ihrem Kummer nicht zuwenden, sich nicht auf die Angst vor den Verletzungen durch die Männer einlassen.

Das ist ihre Wunde, die zunächst geheilt werden muß, bevor sie lieben kann. Es ist Realität – der Vater als erster Mann in ihrem Leben – hat sie verwundet. Das bleibt auch dann so, wenn sie es verleugnet. Es nützt ihr nichts, die Kränkungen des Mannes zu übersehen, sie durch noch höhere Anpassungsbereitschaft ungeschehen zu machen. Die einmal zugefügten Kränkungen lösen Wut und Zorn aus – und das ist auch richtig so. Nicht richtig ist, diese Kränkung zu übersehen und sich nicht zu wehren.

Aber Lieblingstöchter sind eben, weil sie Lieblingstöchter sind, nicht fähig, sich gegen Kränkungen zu wehren. Hilflos sind sie ihnen ausgeliefert. Die trügerische Gewißheit, vom Vater geliebt worden zu sein, ist ihr Schutz. Aber Ideen schützen nicht – sie richten nur aus. Ihr Instrumentarium ist die liebenswürdige Anpassung, und dies ist ein mangelhaftes Instrumentarium.

‹Geliebte› Töchter verwechseln gelegentliche Andeutungen des Mannes – wie bei ihrem Vater – mit definitiven Liebesbeweisen und sie wollen diese Liebe nicht enttäuschen. Selbst wenn ihr Gefühl schon eine ganz andere Sprache spricht, sie sich selbst längst von einem Mann entfernt haben, kämpfen sie noch um ‹seine› Liebe. Sie geben sich als Sieger und sind doch in Wirklichkeit die Verlierer. Der Preis für diesen Selbstbetrug ist hoch. Die beruhigende Illusion, ‹geliebt zu werden›, läßt sie immer am Rande ihrer Kraft leben. In intimen Beziehungen stehen sie unter dem Druck, Kränkungen in Liebe umzudeuten, sie verfügen über den sogenannten blinden Fleck, bleiben Opfer ihrer eigenen Idee und geben sich mit gelegentlichen Liebesbeweisen zufrieden.

Nur vereinzelte Wutanfälle – Explosionen der Seele – stören noch das harmonische Gesamtbild. Sie war doch immer so freundlich und charmant – und jetzt das? Niemand kann es sich so richtig erklären, was los ist mit dieser sonst so zugewandten Frau. Kaum jemand durchschaut eben den Mechanismus der Lieblingstochter-Konstruktion. Ihre Seele arbeitet nach dem Müllschluckerprinzip. Sie schluckt herunter, bis eines Tages der Eimer voll ist. Dann kippt sie ihn aus und beginnt, woanders zu schlucken ... so lange, bis sie den Mut hat, sich ihrer wirklichen ‹Vaterliebe› zu stellen. Von Liebe wird dann allerdings wenig zu hören sein, nur von der ungeheuren Anstrengung, die Verletzungen des Vaters zu verkraften. Denn mit der Idee der Lieblingstochter legt der Vater seiner Tochter Scheuklappen an. Sie soll eben nicht sehen. «Du bist meine Lieblingstochter» heißt vor allen Dingen: «Du sollst nicht merken.»

Der blinde Fleck

Lieblingstöchter lieben vorzugsweise den, der sie verletzt, und das genau dürfen sie nicht merken. Das haben sie in ihrer Kindheit trainiert, darin sind sie geübt. Sie stehen unter dem Zwang, die «Liebeskonstellation» ihrer Kindheit zu wiederholen. Diese vermeintliche Liebe bestand in Wirklichkeit aus einem Milieu von Kränkungen, in dem die Tochter auf den Vater fixiert wurde. Ihm zu gefallen, die Kränkung nicht wahrzunehmen und durch Selbstaufgabe seine Liebe zu gewinnen, ist zur Triebfeder ihres Handelns geworden. «Er meint es nicht so», das ist der Satz, den sie sich in ihrer Kindheit eingeprägt hat. Ihm vertraut sie blind. Aber er hatte sie blind für die Wahrheit gemacht. Diese Formel diente dazu, im Handumdrehen den Familienfrieden wiederherzustellen. Und das war für alle Beteiligten – allen voran für den Vater – gut so. Wer denkt schon an die mißlichen Folgen, die dieses für die Liebesbeziehungen der Tochter haben wird, in der sie Umdeutung und Realitätsverleugnung fortsetzen muß, so als hätte die erste große Täuschung nicht gereicht.

Der blinde Fleck in ihrer Seele verhindert bis heute, daß sich Frauen dieser Erkenntnis stellen. Er beläßt sie damit in der abhängigen Liebesposition und in ihrer Mißtrauensbereitschaft gegenüber dem Mann. Sie werden nicht wirklich stark. Ihre Liebe neigt dazu, nur eine «weinerliche Liebe» zu sein, die klagt, anklagt und fordert. Niemals kann sie so eine starke, gleichberechtigte Liebe sein, die immer bei sich selbst beginnt, Kraft und Stärke vermittelt und den anderen gleichberechtigt miteinbezieht.

Ingrid beschreibt ihre Liebesgeschichte. Als Lieblingstochter fühlt sie sich jetzt geliebt, als Lieblingsfrau. Und das, obwohl alles in ihrer Ehe dagegen spricht. Ihr ‹blinder Fleck› schützt Ingrid vor dieser Einsicht.

Sie liebte zehn Jahre einen Mann, der sie schlecht behandelte, sich wenig um sie kümmerte, sie allein ließ und kein Verständnis für sie aufbrachte. Er interessierte sich wenig für ihre Seele. Seine unerklärlichen Wutausbrüche und Beschimpfungen führte sie immer wieder auf ihr eigenes Verhalten zurück. Sie nörgelte zuviel, hatte ein schlechtes Männerbild, war zu mißtrauisch und hatte zu wenig Einfühlungsvermögen. Ihre feste Überzeugung lautete: ‹Er ist in Ordnung – ich bin kompliziert.› In jedem Ehekonflikt rettete sie sich mit ihrer Lieblings-Tochter-Idee: «Fände ich nur das Zauberwort, dann würde die Ehe gelingen.» Sie hatte sich ein gutes Konzept zurechtgelegt, um ihren Familienroman neu zu schreiben. In der unsinnigen Hoffnung, ihn diesmal besser und gelungener zu formulieren, übernahm sie die Rolle der Einsichtigen. Das tat ihrem Mann gut, er fühlte sich immer stärker und sicherer. Je schlechter und unverstandener ihr zumute war, desto beharrlicher glaubte sie, daß der Fehler bei ihr liege. Zum Schluß meinte sie sogar, daß sie seine Wutausbrüche veranlaßte. Die verheerenden Folgen ihres Verhaltens konnte Ingrid beim besten Willen nicht übersehen: «Seine Kritik an mir wurde immer umfassender. Er schrieb alle Geschichten um. Er hatte immer recht: Nicht er hatte einen Fehler gemacht, nein, ich war immer die Schuldige. Ich hatte ein schlechtes Menschenbild, ich war nicht freundlich genug, ich war streitsüchtig... Sollten alle Mittel nicht helfen, nicht überzeugen, tarnte er sein Verhalten mit bequemer Vergeßlichkeit. Er verdrehte die Tatsachen immer so, wie es ihm paßte, Situationen behandelte er wie Lehm, formbar und biegbar, so wie er es brauchte.»

Ingrid stand immer fassungslos vor dieser Wirklichkeit, traute ihrer eigenen Wahrnehmung nicht mehr und kam immer wieder zu dem Schluß «Es kann nicht so gemeint sein, nimm es nicht so übel, versuch es im Guten!»

Vordergründig stimmte so ihre Welt wieder: «Der Mann liebt mich und ich muß mich nur bemühen.» Erst spät – viel zu spät – begann sie zu ahnen, daß sie das alles schon einmal genau so erlebt hatte. Auch damals hatte sie sich pausenlos bemüht – leider mit wenig Erfolg. Wenn sie von ihrer Ehe spricht, hört man von Liebe wenig, nur von ihrer unsinnigen Anstrengung, Kränkungen nicht wahrzunehmen und so zu tun, als ob nichts gewesen sei. Sie muß die geliebte Frau bleiben – komme da, was wolle. Sie selbst, ihre Gefühle zählen nicht. Aber selbst Lieblingstöchter werden irgendwann mit der Wahrheit ihrer Kindheit, mit der verdrängten Wut und Enttäuschung konfrontiert. Dann explodieren sie, verlassen fluchtartig ihre heile Welt, in deren Aufbau sie alle Kraft investiert haben. «Männer tun ihr weh», das ist der Alptraum, der sich für Lieblingstöchter immer wieder bestätigt.

Der plötzliche Wutausbruch

Eine Lieblingstochter verliebt sich. Der Mann hat ihr mit seinen Augen sein Interesse signalisiert. Er lädt sie gelegentlich zum Kaffee ein. Gelegentlich berührt er ihre Wange, gelegentlich ruft er an, gelegentlich schenkt er ihr sein Interesse. Schon diese gelegentlichen Zeichen deutet diese Frau als Liebe. Sie ist sich sicher, jetzt muß sie nur noch alles richtig machen (sprich: sich anpassen) – dann wird alles gut.

Sie übersieht leider das Gelegentliche an dieser Liebesaffäre, aber sie erfühlt es genau und reagiert auf Beiläufiges bereits mit untergründiger Wut, die sie natürlich nicht wahrhaben will. Wie früher überzeugt sie sich bei jäh aufsteigendem Zweifel immer wieder selbst von seiner Liebe. In tiefgründigen Selbstgesprächen denkt sie sich in die Rolle des Partners hinein. Das Ergebnis ist immer «Aber er liebt mich doch». Es gelingt ihr wie früher, die Wirklichkeit zu verträumen, denn ihre Sehnsucht und Hoffnung sind so groß.

Ganz plötzlich – wenn keiner aus ihrer näheren Umgebung damit rechnet – explodiert sie wegen einer Kleinigkeit. Jetzt wird sie wütend, aber wie immer will sie ihre Wut nicht zeigen. Sie ist selbst erstaunt über die Heftigkeit ihres Ausbruches. Wo kam diese Wut nur her, heute morgen war sie doch noch so gut gelaunt?

Zumeist reagiert der Mann entsetzt über das ausfällige Verhalten seiner sonst so reizenden Partnerin. Er kann sich ihre Wut überhaupt nicht erklären: «Was hast du nur – es handelt sich doch um eine Bagatelle.» Er versucht, sie zu beruhigen, und – siehe da – der Affekt ist wie ein Spuk vorbei. Die Frau ist von einem Moment zum anderen wieder wie früher: freundlich und zugewandt. Aber dieser Spuk wiederholt sich, allmählich zeichnet sich die zugrundeliegende Struktur der Partnerschaft ab: Die Frau ist seltsam, der Mann gelassen.

Wie ist dieses Verhalten einer Frau wirklich zu verstehen? Sie selbst versteht sich nicht. Aufgrund ihrer Schuldgefühle neigt sie dazu, dem Mann in seiner Beurteilung recht zu geben. Ihr ist nicht bewußt, wie sehr ihr aktuelles Verhalten mit ihrer erfolgreich verdrängten Kindheit zusammenhängt. Sie leugnet ihre Gefühle als Tochter, indem sie sich versöhnlich als geliebt empfindet. Die Wut und die schmerzliche Enttäuschung darüber, es nicht gewesen zu sein, durfte sie damals und darf sie heute immer noch nicht zulassen. Ungeachtet dessen ist die Enttäuschung präsent. Sie rettet sich in eine Vorstellung – versichert sich der Liebe eines Mannes, indem sie seine Liebe als unumstößlich sicher setzt. Gelegentliche Zweifel redet sie sich aus. Ebenso hatte sie sich, statt sich dem wirklichen ablehnenden und enttäuschenden Vater zu stellen, den guten Vater zurechtgezimmert, mit ihm nahm sie Beziehung auf, von ihm fühlte sie sich geliebt und verstanden. Geflissentlich übersah sie sein schroffes Verhalten, Kränkungen und seine nur gelegentlichen Zuwendungen. Dasselbe passiert ihr als erwachsene Frau. Auch jetzt übersieht sie, wenn ihr Partner sich ihr nur beiläufig widmet, wenn seine Annäherung eher distanziert und kühl ist. Sie kann aufgrund ihrer geleugneten Vaterbeziehung wirkliches Interesse nicht von unechter Zuneigung unterscheiden. Sie erträumt sich den Partner, den sie in Wirklichkeit nicht hat. Dieses Spiel beginnt unter Umständen schon sehr früh im Verlauf einer Liebesgeschichte; immer dann, wenn sie das Gelegentliche nicht mehr ertragen kann, geht sie zu ihren Träumen über. Sie steigert sich geradezu in ihre Liebesgefühle hinein. Ja, es scheint sogar so zu sein, daß männliche Distanz Lieblingstöchter zu besonderen Leistungen in der Liebe anspornt. Es ist, als ob dies der auslösende Faktor ihrer Verliebtheitsidee sei.

Lieblingstöchter träumen zu lange, schlucken zu lange – entsprechend groß ist ihre Wut. Leider können sie sie nicht für sich nutzen, denn viel zu schnell verwandelt sich die Empörung in Schuldgefühle und Depressionen.

Die Geschichte von Anna und Karl verdeutlicht diesen psychischen Mechanismus eben gleich zu Beginn einer Beziehung; er läßt sich jedoch mit Leichtigkeit auf ein ganzes Leben ausweiten.

Anna und Karl

Anna ist mit Karl verabredet. Sie besuchen gemeinsam ein Konzert, danach entwickelt sich ein Streit darüber, welches das richtige Lokal ist. Nur weil in ‹seinem› Lokal kein Tisch mehr frei ist, landen sie schließlich in dem von ihr vorgeschlagenen Restaurant. Karl schaut sie kurz an, bevor sie bestellt, und sagt: «Ich lade dich selbstverständlich zu einer Kleinigkeit ein.» Gerührt und gleichzeitig beschämt sieht sie ihm in die blauen Augen und haucht ein ‹Danke›. Ihre Gedanken behält sie für sich. Es stört sie die «Kleinigkeit», und sie fühlt sich in ihrer Wahl eingeschränkt: ‹Nein, geizig ist er nicht, darf er nicht sein.›

Die «Kleinigkeit» wird gebracht, sie hat sich mit gemischten Gefühlen ein Glas Wein bestellt. Die Unterhaltung wird anregend, sie sprechen über jeweilige Lebenssituationen, tauschen Erfahrungen und Gefühle aus und versuchen, eine Verbindung von James Joyce zu Gertrude Stein herzustellen. ‹Ein interessantes Gespräch›, denkt Anna, ‹mit welchem Mann kann man sich schon so gut unterhalten?› Sie entdeckt bei sich ein aufkommendes Gefühl der Dankbarkeit diesem Mann gegenüber, und so spart sie auch nicht damit, ihn zu bestätigen und Komplimente zu machen, als er von einer beruflichen Veränderung berichtet. Dabei bestellt sie, ohne ihn zu fragen, noch ein Mineralwasser.

Sie bewegt sich ständig auf zwei Ebenen: Sie folgt dem realen Gespräch, bewegt sich zugleich aber in ihren Gedanken und Gefühlen. Angestrengt bemüht sie sich herauszufinden, was er nun eigentlich von ihr möchte.

Plötzlich sind James Joyce, Hemingway und Gertrude Stein vertrieben, und mit ernster und gesetzter Stimme fragt Karl: «Wieso ist es eigentlich so schwierig, ein Treffen mit dir zu vereinbaren? Da kann man ja schon von einer Terminplanung sprechen.» Gefühlsmäßig stimmt sie ihm zu (sie weiß, daß sie schwierig ist), verteidigend spricht sie von ihrer großen Arbeitsbelastung. «Aber, aber», er lehnt sich langsam zurück, «du willst doch wohl nicht sagen, daß du keine Zeit für ein Glas Wein mit einem netten Mann hast – das sagt doch alles.»

Hinter ihrem strahlendsten und unverfänglichsten Lächeln überlegt sie krampfhaft, was er wohl meint. Ist es eine Werbung oder nur Kritik? Daß er die Situation, die ihm offensichtlich nicht gefallen hat, direkt angesprochen hat, beeindruckt Anna. Nur vage nimmt sie noch wahr, daß in seiner Wortwahl, seiner Gestik und in der Bestimmtheit seiner Aussage etwas Erzieherisches liegt. Die Maßnahmen, die er anbietet, sind sparsam, aber gut. Sie überzeugen sie. Wahrscheinlich ist sie zu kompliziert, zu schwierig und macht bereits aus einer einfachen Verabredung zu einem Glas Wein eine Affäre. Die Schuld liegt bei ihr.

Dieses Hin- und Herspringen von der einen Ebene zur anderen – von ihrem freundlichen Verhalten zu ihren zwiespältigen Überlegungen hat Anna erschöpft, und sie möchte nach Hause.

Im Auto erklärt sie ihm – sie weiß auch nicht, warum – noch einmal die Vorteile des Alleinlebens und schildert ihre beruflichen Erfolge. Er rundet das Bild, das er sich von ihr gemacht hat, mit den Worten ab: «Gott ja, Anna, wenn du deine Arbeit so liebst, dann geh' doch darin auf.» Fast kann er sie nicht schnell genug vor ihrem Haus absetzen. Sie bedankt sich höflich, verabschiedet sich. Und sie sieht ihm nach...

Ihr Gefühl sagt ihr, dieser Mann hat kein Interesse an dir. Ihr Verstand läßt ihn in einem völlig anderen Licht erstrahlen. War er bis zu diesem Treffen gar nicht unbedingt ihr Typ, so macht sich jetzt richtig innige Verliebtheit breit. Er steht auf einer Spiegelfläche, alle Scheinwerfer auf ihn gerichtet, und erstrahlt für sie in einem neuen Glanz. Ihr Traum beginnt.

Am nächsten Tag erwacht Anna wie gerädert. Sie rafft sich aber auf und beginnt den Tag recht schwungvoll mit einem Einkaufsbummel; doch wird ihre Stimmung zunehmend gedämpfter. Im Laufe der nächsten Tage verschwindet langsam ihre Lebensperspektive, ihr geliebter Beruf tritt in den Hintergrund, und sie merkt, daß sie bei Verhandlungen mit Kunden nicht mehr das gewohnte Auftreten an den Tag legt.

Karl hat sich nicht wieder gemeldet. Das macht sie wütend, aber diese Wut darf sie nicht empfinden. Denn sie wünscht sich ja seinen Anruf, und Wunsch und Wut passen nicht zusammen. Die Verdrängung ihrer Wut ist der Grund für Annas depressive Verstimmung. Eine Woche hat sie untergründig gewartet und ist zu dem Ergebnis gelangt: «Bei mir stimmt etwas nicht, ich bin nicht normal; ich kann nur allein leben, weil ich so komisch bin und ein so katastrophales Verhältnis zu Männern habe.»

So wie bei ihrem Vater glaubt Anna auch heute, daß sie es nicht wert ist, geliebt zu werden. Die Bilder gleichen sich auf fatale Weise.

Anna trifft sich mit einem Mann, für den sie nicht einmal sonderlich viel empfindet, der nicht ‹ihr Typ› ist. Sein bestimmtes und kritisches Verhalten bringt sie in eine liebevolle Stimmung: «Vielleicht könnte er doch der Richtige sein.» Ihre Gefühle, die sehr wohl wahrnehmen, daß es sich hier nur um eine gelegentliche Begegnung handelt, übergeht sie und steigert sich in Liebesgefühle hinein. Dieses Muster muß sie gut geübt haben in ihrer Kindheit, denn sonst würde es ihr nicht so übergangslos gelingen.

Die kleine Anna hatte ihren Vater zu ihrer großen Liebe erklärt. War der Vater ausnahmsweise zu Hause, dann versuchte sie, durch konsequente Anpassung seine Aufmerksamkeit zu bekommen. Sie versuchte mit allen Mitteln, sich zu biegen und zu drehen, um ihn dazu zu bringen, sich ihr zuzuwenden. Schon ihm diente sie zur Unterhaltung, je nach seiner Lust und Laune. War er unwillig, konnte er sehr streng und scharf werden. Genauso wie er sich mit ihr vergnügte, konnte er sie auch wieder wegschieben – wie eine Puppe. Auch seine Liebe war bereits eine gelegentliche Liebe, die Anna jedoch zur Liebe ihres Lebens erklärt hat.

Dieser Irrtum erklärt und begründet, warum Anna bei diesem Treffen sich in Liebesgefühle hineinsteigern kann. Wie bei ihrem Vater übergeht sie alles, was ihr nicht gefällt. Zurück bleibt die Verklärung des Mannes, auf den sie dann warten kann. Damit rekonstruiert sie ihre Kindheit. Der große Mann und das kleine Mädchen, verkennt jedoch die Realität: Das kleine Mädchen ist wirklich, der große Mann eine Täuschung. So stagniert sie emotional in der Rolle eines wütenden kleinen Mädchens.

Ihre real existente Wut münzt sie um in Selbstanklagen und Vorwürfe, denn ihre Lebensphilosophie verbietet dermaßen negative Gefühle für Männer. Letztlich verbietet ihr die Bindung an ihren Vater, die Wahrheit zu fühlen, geschweige denn, sie auszusprechen.

Hier zeigt sich eine bittere Konsequenz der fatalen Vaterbindung: Statt jede Gelegenheit zu nutzen, den Mann besser kennenzulernen, ihn realistisch wahrzunehmen und entsprechend auf ihn zu reagieren, bleiben Lieblingstöchter in reizender Anpassung befangen und lieben damit direkt am Mann vorbei. Sie kämpfen um die Liebe, ohne zu wissen, daß dies ein aussichtsloser Kampf ist, der ihre Kräfte, ihren Selbstwert zerstört und den Mann in seinem Prestige hebt. Sie lassen Kränkungen zu und zeigen dabei ein lächelndes Gesicht. Sie müssen stark sein, obwohl sie sich schwach fühlen.

Das ist es, was die Idee der Lieblingstöchter tatsächlich anrichtet: die perfekte Leistung in der Liebe. Gekonnt verbergen sie die Kränkungen und zeigen ein lächelndes Gesicht. Das macht sie dann so fähig, den zu lieben, der sie kränkt. Sie wollen die tiefe Verletzung ihrer Kindheit nie wieder erleben, sie wollen sich vor ihrer Angst schützen. Und dieses gelingt ihnen mit der Konstruktion «Lieblingstochter». Lieber träumen sie von sich als einer geliebten Tochter, als sich der Wahrheit ihrer erlebten Kindheit zu stellen. Lieblingstöchter wehren sich beharrlich gegen diese Deutung. Am liebsten würden sie mit den Füßen aufstampfen und noch einmal darauf bestehen: «Aber er hat mich doch geliebt.» Leider können sie nie so ganz genau erzählen, wann und wo und wie diese Liebe stattgefunden hat. Zumeist war es ein Spaziergang am See, eine Tafel Schokolade oder sonst irgendeine Kleinigkeit. Lieblingstöchter haben es schwer, die Liebe des Vaters zu beweisen. Abgesehen davon beweist jedoch ihr späteres Liebesleben, daß es sich jeweils um eine magere Liebe gehandelt haben muß. Denn selten suchen sich Lieblingstöchter einen Mann, der sie wirklich liebt. Sie füttern ihre Liebe – wie früher – mit Illusion und merken ihr Verhungern zu spät. Ihre Kindheit hat ihnen ein perfektes Leistungstraining im Träumen beschert – eine Methode, die sie nur ungern aufgeben. Sie klammern sich verzweifelt an die Illusion der Lieblingstochter, die ihre Angst verringern soll. Ihnen ist nur selten bewußt, daß sie sich damit der Meinung des Vaters anschließen, dessen Lieblingstochter sie nur dann waren, wenn er gute Laune hatte.

«Ich hungere, weil ich deine Liebe nicht bekomme...»

Perfekte Leistungen, auf welchem Gebiet auch immer, kennzeichnen die Lieblingstöchter. Schon seit früher Kindheit sind sie auf Leistung gedrillt, stehen unter dem Druck, alles immer am besten zu machen. Nur besondere Erfolge zählen, machen aus der Tochter – in den Augen des Vaters – einen Menschen. Welche dramatischen Auswirkungen diese Zielrichtung im Leben von Lieblingstöchtern annehmen kann, zeigen manche Lebensgeschichten von magersüchtigen Frauen.

«Ich hungere, weil ich deine Liebe nicht bekomme und um sie zu bekommen», das ist der versteckte Liebestraum eines magersüchtigen Mädchens. Für diesen Traum setzt sie ihre Gesundheit, ihre Attraktivität und ihre Vitalität aufs Spiel. Für diesen Traum hungert sie sich durchs Leben. Auch sie fühlt sich als Liebling ihres Vaters, aber ihr Körper signalisiert ihr eine andere Wahrheit.

Die Magersucht hat im vergangenen Jahrzehnt enorme Ausmaße erreicht. Es gibt viele Erklärungsansätze für Entstehung, Ursachen und Entwicklung der Anorexia. Doch erst neuerdings wird die patriarchale Grundstruktur sogenannter anorektischer Familien mit in die Ursachenerklärung einbezogen. Neuere Untersuchungen betonen die Bedeutung des Vaters. So vertritt Kim Chernin die Auffassung, Magersucht sei Ausdruck für den Wunsch, ein kleines Mädchen zu werden, um dem Patriarchat, verkörpert durch den Vater, zu gefallen (vgl. Lawrence 1986). In welcher Enge, in welcher Zwangslage muß ein Mädchen leben, daß dieses selbstzerstörerische Prinzip ihre letzte Hoffnung ist?

«Ich hungere, weil ich deine Liebe nicht bekomme.» Das ist Teil der stillen Anklage eines magersüchtigen Mädchens an ihren Vater, dessen Lieblingstochter es einst war. Ganz plötzlich wurde sie aus diesem ‹Paradies› vertrieben. Ihr kam es vor wie ein unerwarteter Schicksalsschlag. Aber es war nicht Schicksal – sondern der böse väterliche Blick, sein unwirsches Verhalten, seine Ablehnung, seine geheime Frauenverachtung, die die Tochter spürt, wenn sie beginnt, erwachsen zu werden. Töchter können diesen Gefühlsumschwung ihres Vaters nicht begreifen. Erst waren sie so «süß» und wußten sich geliebt.

Mit ihren Magersuchtsymptomen will die Tochter auf ihr seelisches Verhungern hinweisen – auf ihren Mangelzustand. Wie viele Väter verstehen dieses Signal?

Ich kenne nur Väter von magersüchtigen Töchtern, die im Brustton der Überzeugung von ihrer Liebe zu ihren Töchtern sprechen und jegliche Fehler weit von sich weisen. Wenn schon jemand schuld hat, dann natürlich die dominante Mutter. Die Liste ihrer Fehler ist unendlich lang. Auf diese Art und Weise schleichen sich Väter aus ihrer Verantwortung: Sie bleiben unschuldig – auch wenn das Unglück ihrer Tochter gegen sie spricht. Zumeist gelingt es ihnen noch in ihrer Umgebung, Mitleid für sich zu erheischen, weil sie das Unglück trifft, eine Tochter mit ‹Symptomen› zu haben:

«Ich armer, geplagter Mann. Ich habe alles für meine Tochter getan – und jetzt hungert sie. Und zwar so, daß es allen auffällt und jeder mich auf meine ausgezehrte Tochter anspricht. Womit habe ich das verdient? Ich muß dann jedesmal irgendwelche Ausreden erfinden. Es ist mir peinlich, anderen Leuten erklären zu müssen, daß meine Tochter ganz normal ist, vor allen Dingen, daß wir eine ganz normale

Familie sind – und daß ich ein ganz normaler, soll heißen besonders guter Vater bin. Meine Tochter, beziehungsweise ihr dünnes, auffälliges Aussehen zwingen mich zu diesen Gesprächen, und das nehme ich ihr übel. Denn was habe ich mit den anderen Leuten zu tun? Sie interessieren mich nicht besonders, und es reicht mir völlig, wenn sie mich schätzen und mich wichtig nehmen. Arrogant? Arrogant bin ich nicht. Auch wenn viele Leute mich dafür halten. Meine Frau und meine Kinder lieben mich, und das ist das Wichtigste. Ich mache mir schon Sorgen um meine Tochter, aber ich denke, es ist ein Spleen von ihr, der sich mit den Jahren schon gibt.»

Aus der Sicht des kleinen Mädchens sieht das allerdings ganz anders aus:

Er ist ein großer, stattlicher Mann. Mit großen, bewundernden Augen schaut die kleine Tochter auf ihren Vater. Sie fühlt genau, in der Familie gilt, was er sagt. Er ist mächtig. Jeder denkt, was er denkt, jeder muß fühlen, was er fühlt. Oft hat sie Schwierigkeiten mit dieser Familiennorm. Sie empfindet etwas anderes – etwas Verbotenes. So spürt sie zum Beispiel die Arroganz des Vaters, seine überhebliche Art anderen Leuten gegenüber, die er als unwichtig abstempelt, nur um seine Wichtigkeit hervorzuheben. Seinen Witz und seine ironische Schärfe versteht sie richtig als menschenverachtendes Gehabe – aber sie darf das im Grunde nicht bemerken. Sie darf nicht wissen, was sie fühlt. Und so zieht sie sich heimlich in ihre eigene Welt zurück, verschweigt ihre Gefühle, um die Anerkennung des Vaters zu erreichen. Schließlich und endlich möchte sie auch so sein wie er.

Solange sie klein und niedlich war, war sie der Liebling des Vaters. Ihre blonden Zöpfe gefielen ihm, ihre Bewunderung gefiel ihm ganz besonders. Sie war still, und wenn sie etwas sagte, dann war es gut überlegt und gefiel dem Vater. Dafür lobte er sie. Das Mädchen gewöhnte sich daran, erst immer etwas zu sagen, wenn sie es sich genau überlegt hatte. Sie fühlte sich klug und intelligent – das sagte auch ihr Vater von ihr. Das sagt er solange, bis sie in die höhere Schule kommt und den Leistungsanforderungen nicht mehr entsprechen kann.

Jetzt ist sie plötzlich nicht mehr klug. Jetzt sagt der Vater, sie sei faul. Jetzt schauen seine Augen nicht mehr verliebt auf seine kleine

Tochter hinab. Jetzt blicken seine Augen drohend. Die Tochter ist verzweifelt. Eine Weile bemüht sie sich noch, bessere Leistungen zu erbringen. Aber ihre innere Anspannung ist bereits so groß geworden, daß sie sich auf das Lernen nicht mehr konzentrieren kann. Sie hält die ablehnende Verachtung in den Augen des Vaters nicht aus. Ihre Leistungen werden immer schlechter, und der Vater reagiert immer gereizter auf seine Tochter, die er doch nur für faul hält. Für ihn, wie für viele Väter, zählt nur Leistung, erst die besondere Leistung macht aus einem Menschen einen Menschen.

Dieses Lebenskonzept des Vaters durchschaut die Tochter zwar nicht, aber sie erfühlt es genau. Von ihrer Position als Vaters Liebling ist sie brutal verstoßen worden, und eigentlich versteht sie nicht, warum. Sie hängt noch immer an dem Vater der frühen Jahre, als sie selbst noch klein und niedlich und blond war und der Vater sie liebte. Ihr Blond ist nachgedunkelt und sie wird erwachsen. Als sie in die Pubertät kommt, sagt ihr der Vater ganz offen «Deine Oberschenkel sind zu dick – du mußt aufpassen.» Später, als sich die Magersucht seiner Tochter herausstellt, wird genau dieser Vater sagen «Es war doch nur ein unbedeutender Nebensatz; den habe ich nicht so gemeint.»

Die Tochter jedoch hat ihn genau verstanden. Sie hat verstanden, daß sie in ihrer weiblichen Körperlichkeit dem Vater nicht gefällt. Dieses Mal nimmt sie die Kampfansage des Vaters an: Jetzt will sie es ihm zeigen. Jetzt will sie ihm zeigen, daß sie Leistungen erbringen kann. Sie kann hungern, und zwar so lange, bis sie dem Vater gefällt. Das ist ihre Hoffnung, das ist ihr Ziel.

Diese Tochter ficht den Kampf mit dem Vater auf körperlicher Ebene aus, doch kann sie diesen Kampf bald nicht mehr kontrollieren. Sie kann nicht aufhören zu hungern, wenn sie es für gut befindet. Im Kampf um die Anerkennung des Vaters hat das Hungern Gewalt über die Tochter bekommen – jetzt ist sie dem Hungern statt dem Vater ausgeliefert. Sie hungert so lange, bis von ihr nicht mehr viel übrigbleibt.

Auch diese Tochter ist ein Opfer unmenschlicher Vaterbeziehung. Sie ist dressiert auf Leistung, und wenn sie diese nicht erbringen kann, fühlt sie sich als Nichts. Also ist ihr ein Leben vorprogrammiert, in dem Perfektion alles ist, Schwäche und Irrtum nicht zugelassen sind.

Sie glaubt, nicht so schwach wie andere normale Menschen zu sein, die essen müssen. Sie kann sich durch ihre außerordentliche Leistung der Nahrungszufuhr entziehen. Hier siegt sie, das kann sie, das schafft sie. Zumeist begreift sie nicht, daß diese Leistung zu ihren Lasten geht, daß sie selbst den Preis für diese Perfektion zu zahlen hat, daß der Vater diese Leistung nicht schätzt.

Diese magersüchtigen Töchter stehen vor dem trostlosen Ergebnis ihrer Leistungsperfektion: der Ablehnung des Vaters. Jetzt sind die Oberschenkel nicht mehr zu dick – jetzt sind sie zu dünn.

Ich habe den Eindruck, daß die Fixierung von magersüchtigen Mädchen auf ihre Väter zu wenig berücksichtigt wird. Die Magersucht als Signal der Hoffnungslosigkeit und Resignation wird zumeist und gern als ein von der Mutter verursachtes Problem betrachtet. Die autoritäre Machtstruktur der Väter von magersüchtigen Töchtern wird in unserer patriarchalen Gesellschaft schonend ausgeblendet. In konkreten Fällen verhält es sich oft so, daß die Väter vordergründig überaus bemüht wirken und mit argumentativen Rechtfertigungen überzeugen.

Doch ist die Beziehung von Vätern und ihren magersüchtigen Töchtern schon ganz früh geprägt von gefühlloser Leistungsdressur, die nichts anderes gelten läßt als Stärke und Macht. Die wenige Liebe und Anerkennung, die Väter in diesen Fällen zu geben bereit sind, ist gebunden an Leistungserfüllung und Perfektion. Solange den Töchtern nicht bewußt wird, daß sie mit ihrer Magersucht um die Anerkennung ihres Vaters ringen, gibt es für sie keinen Ausweg aus dem selbstgewählten Käfig.

Magersüchtige Töchter müssen sich mit der Realität auseinandersetzen, daß ihr Vater niemals bereit und fähig war, sie um ihrer selbst willen zu lieben, und daß jeder Versuch, ihn in diese Richtung zu deuten, eine hoffnungslose Angelegenheit ist und bleiben wird.

Dem väterlichen Verhalten ist oftmals eine Spur Ironie, ein herablassender Ton beigemischt, der die Tochter stets aufs neue in verzweifelte Anstrengung um seine Anerkennung verfallen läßt. In der

Therapie ist es von ausschlaggebender Bedeutung, diesen Mädchen oder Frauen eine Verhaltensalternative aufzuzeigen. Sie müssen verstehen, daß ihnen mehr geholfen wäre, wenn sie es wagten, der realen Lieblosigkeit des Vaters ins Auge zu sehen. Denn erst dann könnten sie aufhören zu hoffen und beginnen, sich selbst zu erkennen und schließlich von ihrem sinnlosen Perfektionsstreben, ‹dünn zu sein›, ablassen.

Die seelische Energie – über die magersüchtige Töchter in ganz enormem Ausmaß verfügen – wird dann frei verfügbar für die eigene Entwicklung, für selbstbestimmte Bedürfnisse und Wünsche. Doch genau das vermögen magersüchtige Töchter allein – ohne Hilfe – nicht. Sie können die Hoffnung nicht aufgeben. Sie bleiben die kleinen Mädchen mit dem Lachen und dem bewundernden Blick für den Vater.

Wie kann man sich die Liebesidee der magersüchtigen Tochter vorstellen? Mit welcher Liebe wird sie sich zufriedengeben?

Das ständige Ringen um die Anerkennung des Vaters hat sie im Laufe der magersüchtigen Zeit mürbe gemacht. Sie ahnt ihre Unfähigkeit als Tochter und Frau – obwohl sie alles dafür tut, diese Unfähigkeit vor sich und ihm zu verbergen. Sie sehnt sich nach Liebe und Fürsorge, sie will endlich das bekommen, was ihr der Vater ein Leben lang versagt hat.

Also wem wird sie sich zuwenden, wer wird ihr Wunschpartner sein?

Fast zwangsläufig sucht sie sich einen Mann, der intensiv um sie wirbt. Sie hat keine wirkliche Freiheit der Wahl. Wenn er nur nett ist, bereit, ihr das Gefühl der Zuverlässigkeit und der Geborgenheit zu vermitteln – dann verliebt sie sich. Ihre Ansprüche an die Liebe sind bescheiden – weil sie bereits aus ihrer Kindheit die Erfahrung kennt, sich nur mit einem geringen Raum für Selbstbestimmung zu begnügen.

Wahrscheinlich ist, daß magersüchtige Töchter in ihrer Partnerwahl die Beziehung mit dem Vater wiederholen. Die Liebe wird durch Leistung und Perfektion geprägt sein. Zumeist bleibt es nicht aus, daß diese Frauen früher oder später mit dem trostlosen Ergebnis ihres Liebeskonzeptes konfrontiert werden. Sie haben verständnislose Partner, die ihre Persönlichkeit nicht so akzeptieren, wie sie ist. Ihr tiefstes Bestreben, angenommen zu werden, wird wiederum enttäuscht.

Die verflixte Partnerwahl

Ein Traum, an dem Väter unbeirrbar festhalten, ist die gute Verheiratung der Tochter. Zwar haben sich im Laufe der Zeit Väter daran gewöhnt, daß nicht mehr alle Töchter zur Ehe bereit sind – aber ich glaube, ein Bedauern bleibt. Töchter spüren den Traum ihrer Väter sehr früh, und es braucht nur wenig Zeit, bis es ihr eigener Traum geworden ist. Bereits das kleine Mädchen träumt von sich als Ehefrau und Mutter, fühlt sich frühzeitig in diese Rolle hinein. Ihr großes Glück soll in der Ehe liegen. Danach richtet sie ihr Leben aus.

Welche Gründe letztlich auch immer eine Beziehung mit einem Mann verhindern mögen, welche Argumente auch immer herangezogen werden, der – ausgesprochene oder stillschweigende – Vorwurf des Vaters ‹Du hast keinen abgekriegt› läßt sich nur schwer beruhigen. Blitzschnell wird er zur Selbstbezichtigung «... weil ich nicht attraktiv genug bin» umformuliert. Daher ziehen es viele Frauen vor, geschieden anstatt alleinstehend zu sein. Beweist doch das Geschiedensein zumindest, daß sie es einmal geschafft haben, daß sie in der Lage waren, einen Mann zu gewinnen.

Doch sind alle Liebesverhältnisse zum Scheitern verurteilt, wenn sie nur die Träume des Vaters erfüllen sollen. Dann sind sie zwangsläufig die Fortsetzung der Kindheit, und ihre zugrundeliegenden Strukturen entsprechen den Tretmühlen der frühen Jahre. Sie verkörpern damalige Vor- und Nachteile – oft mit einem bitteren Schlußakkord. Der Vorteil ist die vertraute Idee des Beschütztseins durch den Vater, der Nachteil sind die engen Grenzen seiner Vorstellungen und Anforderungen: ein enger Raum, einer der schützt und zugleich gefangenhält.

Väter wollen also für ihre Töchter einen Mann. Nicht einen, der sie ersetzen soll, sondern einen, der ihrer Tochter Schutz bietet. Aber die Wahl der Tochter sollte nach dem Prinzip geschehen: ‹Du sollst keine

Götter haben neben mir.› Der Vater will der Erste bleiben in der Seele der Tochter. Und brave Töchter halten sich auch an dieses Gebot. Welchen Mann wählen also Vater-Töchter?

Die Partnerwahl ist ein heiß umstrittenes Thema in der psychologischen Literatur. Es gibt die neurotische, die gesunde, die kranke, die normale und die verflixte Partnerwahl. Niemand kann und will sich so recht festlegen – zu unterschiedlich sind die Meinungen und Gefühle zu dieser Frage. Was ist sie wirklich – diese Partnerwahl, die über ein ganzes Leben, zumindest aber über eine lange Zeit, bestimmen kann?

In meiner psychologischen Arbeit bin ich zu der Überzeugung gelangt: Es gibt nur eine Partnerwahl: die individuelle – und das ist auch gut so. Die Frage ist nur, was Frauen aus dieser ‹Wahl› machen. Ob sie blind den kindlichen Gesetzen folgen oder ob sie erwachsen Stellung nehmen zu ihrem ‹Wahl-Partner›. Die Wahl ist weder krank noch gesund. Sie ist, wie sie ist – sie ist die Fortsetzung der individuellen Kindheit, und diese bindet – solange sie verdrängt bleibt – Töchter an die Vater-Struktur. Das Neurotische, das Krankmachende daran kann nur das Nicht-Wissen, das Nicht merken-Wollen dieser Struktur sein und das Verharren in der Tochter-Rolle. Meine Partnerwahlanalysen kommen alle zu dem gleichen Ergebnis: Töchter wollen einen anderen Mann als den Vater – aber sie wählen einen, mit dem sie noch einmal die verlorene Kindheit beginnen und – wie sie hoffen – erfolgreicher zu Ende bringen können.

Nun ist es nicht einfach so, daß Töchter hingehen, sich den gleichen Mann wie den Vater suchen und glücklich sind. Die Sache ist komplizierter. Sie gehen auf die Suche nach dem Gegenstück zu ihrem Vater. Doch was sie finden, ist einer, der so ist wie er, und so finden sie sich bald in der gleichen so vertrauten Beziehungsstruktur wieder.

Es sind nicht die äußeren Merkmale, um die es bei der Partnerwahl geht. Es geht auch nicht um den Charakter und die Weltanschauung des Erwählten. Wie viele Frauen stehen nach endlosen Liebesjahren vor einem Charakterzug, der Weltanschauung ihres Mannes, die sie auch nicht im geringsten geahnt hätten. Man glaubt und hofft sich zu kennen. Die erschreckenden Scheidungsfolgen zeigen jedoch eine bittere Wahrheit auf, die am liebsten niemand bemerken will: Man kannte sich gar nicht! Und daran haben auch die Jahre nichts geändert, weil unbewußte Gefühlsblockaden das gegenseitige Erkennen verunmöglichten. Vater-Träume verhindern die Wahrnehmung der Wirklichkeit. Die Frage «Wer ist er (sie) wirklich?» wird in der Partnerwahl für viel zu leicht befunden, vernachlässigt und geht unter in der zweifelnd hoffnungsvollen Frage: «Liebt er mich?»

Vater-Töchtern geht es in der Partnerwahl um die Liebesfähigkeit des Mannes – beziehungsweise um seine Liebeswilligkeit. Es geht um den Punktwert auf der Zuwendungsskala von null bis zehn. Und dieser muß mit der Zuwendungsfähigkeit des Vaters übereinstimmen. Hier zeigt sich, inwiefern verdrängte Realität sich durchsetzt, daß sie wirksam bleibt, auch wenn sie vergessen wird. Denn bei ihrer Entscheidung für einen Partner lassen sich Vater-Töchter von ihrer Erfahrung leiten. Sie wählen etwas Vertrautes und Bekanntes, so als ob sie das ‹leiden mögen›. Nicht Träume und Illusionen bestimmen ihre Wahl, sondern die tatsächlich erfahrene Zuwendung des Vaters. Wie ausgeprägt oder mangelhaft die väterliche Zuwendung auch war, genau der Grad an Zuwendung muß es sein. Der Mann, den sie lieben, muß den gleichen Punktwert auf der Liebesskala anbieten wie ihr Vater. Nur das wissen Frauen nicht, sie täuschen sich über ihre Motive bei der Partnerwahl! Sie sind felsenfest davon überzeugt – auf jeden Fall am Anfang –, der Erwählte sei zärtlich, zugewandt und verständnisvoll. Ganz anders als der Vater. Zielsicher steuern Vater-Töchter auf diesen Mann zu. Er ist der Mann ihres Lebens – von ihm hat sie geträumt.

Wenn sie ihn bekommt, wenn sie Glück hat, beginnt sie jetzt, ihre Tochter-Geschichte neu zu schreiben. Sie hofft auf einen glücklicheren Verlauf: ‹Denn dieses Mal muß er mich lieben!› Dies ist ihr sehnlichster Wunsch. Leider ist das für Frauen ein dornenreicher Weg. Denn dieser gewählte Mann wird sie genauso lieben wie einst der Vater. Und er wird sie beurteilen, wie der Vater sie beurteilte, wird sie so ernst nehmen können wie er...

Manchmal braucht diese Erkenntnis ihre Zeit. In der Partnerschaft allerdings werden Frauen schnell vor die Folgen ihres Irrtums gestellt. Sie müssen erkennen, daß sie genauso wenig – oder genauso viel an Liebe und Zuwendung wie damals bekommen.

Schauen wir uns die Geschichte von Marianne an, die typisch für viele Vater-Töchter ist. Marianne kommt zu mir in die Beratung, als ihre Ehe nach zwanzig Jahren zu scheitern droht. Sie ist 45 Jahre und jetzt wieder in ihrem Beruf als Krankenschwester tätig. Sie will ihre Ehe retten. Wir beschäftigen uns in der Analyse mit ihrer früheren Partnerwahl, um den Konstruktionsfehler ihrer Ehe herauszufinden. Denn die nicht erkannte und nicht bewußte Partnerwahl führt zu diesen merkwürdigen Störungen in der Liebe, die sich später niemand so richtig erklären kann.

Verliebt – verlobt – verheiratet

Marianne hatte sich verliebt in einen Mann, der ganz anders war als ihr Vater. Daß sie mit dieser Ehe gleichzeitig den Traum ihres Vaters erfüllte, fühlte sie nicht. Für sie war es ihr eigener Traum geworden, den sie für sich verwirklichte, und zwar so, wie sie es vom Vater gelernt hatte. Sie war die liebesbereite und liebesfähige Frau, er war ihr Beschützer, eben der starke Mann. Sie konnte und wollte ihren Mann nicht sehen, wie er wirklich war, so wie sie auch bis heute der Realität des Vaters ausgewichen ist. Er war ein ähnlich karger und distanzierter Mann wie ihr Traummann, und bei beiden Männern bemühte sie sich unendlich, sich geliebt zu fühlen. Aber Marianne fühlt von all dem nichts – sie fühlte sich nur wie auf rosa Wolken. Störungen und störende Bemerkungen ihrer Freundinnen wie «Ist er nicht zu alt, er wirkt so gesetzt?» überging sie sorgfältig. Sie wiegelte sie ab. Die Mutter vermittelte ihr, daß sie dankbar sein müsse, und ihr Vater akzeptierte ihn. Das reichte ihr: «Er war mein Traumprinz, auf den ich in Tag- und Nachtträumen gewartet hatte...»

Sie war neugierig auf das Leben mit ihm. Sie hatte zu der Zeit noch viele andere Freunde, die sie mochten und schätzten. Aber Marianne hatte sich für diesen einen entschieden. Sie war dankbar, daß dieser kluge Mann sich für sie interessierte. Sie hing an seinen Lippen. Nur ihm wollte sie gefallen.

Verliebt – verlobt – verheiratet. Endlich war sie eine richtige Frau, alles, wie es sich gehörte. Sie träumte, sie erträumte sich alles, was sie sich wünschte: Liebe – Zuwendung – Zärtlichkeit. Sie merkte gar nicht, daß er nur über sich sprach, daß nur seine Belange wichtig waren. Oder merkte sie doch schon etwas? Seine Werbung war sehr sparsam, und in allem zeigte er eine große Zurückhaltung. Manchmal war sie traurig, doch ohne je zu wissen, warum. Sie hatte doch alles: einen netten Mann, zu dem sie aufschauen konnte, der großzügig war – oder nicht? Seine Ziele wurden allmählich auch ihre Ziele. Seine Ideen waren – so kam es ihr vor – selbstverständlich schon immer ihre gewesen. Seine Freunde waren ihre Freunde, frühere Freundschaften gab sie auf. Aber dafür hatte sie einen Mann. Warum sollte ihr etwas fehlen?

Allmählich veränderte sich ihre Lebensweise. Nie hatte sie ein Haushaltsbuch so wie jetzt geführt, in das sie jeden Groschen eintrug. Plötzlich begann sie, sich heimlich etwas zu kaufen. Röcke und Blusen, von denen sie die Preisschilder entfernte und im Notfall mit Ausverkaufspreisen hantierte, damit ihr Mann von ihren Geldausgaben nichts mitbekam. Über diese ‹Vorfälle› dachte sie lieber nicht weiter nach. Sie hielt es für weibliche Geschicklichkeit und Diplomatie. Diese Heimlichkeiten aber signalisierten schon früh die Angst vor ihrem Mann und ihr geringes Selbstwertgefühl.

Über viele Jahre wurde Marianne nicht richtig bewußt, wie sehr sie sich eingrenzte, wie wenig für sie übrigblieb. Für ihren Mann war das Beste gerade gut genug. Natürlich bekam auch sie etwas, gerade genug, um nicht zu registrieren, daß es wenig war. Aus der lebendigen und fröhlichen jungen Frau wurde in der Ehe eine ständig sich selbst quälende Frau. Sie wollte so gern glücklich sein, aber die Glücksgefühle wollten sich beim besten Willen nicht einstellen. Es begann Marianne immer schlechter zu gehen, irgendwie war sie unzufrieden. Es wurde ihr zunehmend unmöglich, sich das Glück einzureden. Die Fassaden-Familie funktionierte zwar perfekt nach außen, aber es war nur dünnes Eis, auf dem sie tanzte. Im Bewußtsein, alles zu haben, forderte sie nichts: Sie hatte einen Mann, das reichte ihr.

Sexualität ade…

Und die Liebe? Marianne war überzeugt: «Natürlich ‹liebten› wir uns. Wir waren immer einer Meinung – Streit? Was war das? Liebe war angesagt. Alles, was dazu nicht paßte, hatte in unserer glücklichen Ehe nichts zu suchen.» Doch unter der harmonischen Oberfläche fing es an zu brodeln. Die Anzeichen übersah sie, es war besser, nichts zu merken. Sie ging immer mehr über ihre Gefühle hinweg.

Zwischendurch war sie wieder das kleine Mädchen, allein, einsam, eingeengt, ungeliebt. Wohlvertraut! Was hatte da doch immer geholfen? Richtig, träumen und hoffen, warten und lieben. Also anstrengen, nur nicht aufgeben, es wird schon…

In der Ehe spielten Mann und Frau die üblichen Rollen. Sie hatte alle praktischen Arbeiten zu erledigen – er war für alles Intellektuelle zuständig; das hieß, sie machte alles und er dachte – für sie gleich mit. Sie lebten nach ihnen unbewußten Regeln, an die sie sich klammerten. Marianne lebte in der unantastbaren Gewißheit, daß der Mann an ihrer Seite stark war und sie liebte. Sie war genauso tüchtig, fröhlich und freundlich, wie ihr Mann es sich wünschte. Nur in der Sexualität war sie nicht so tüchtig, wie ihr Mann es sich wünschte. Sie wurde immer lustloser. Ihr Mann reagierte darauf wütend und drohte mit Scheidung.

In Marianne kroch die wohlvertraute Angst hoch, sie sagte sich: «Nur nichts riskieren, netter sein… lieber… nichts merken.» Diesen Mann, der mit der Trennung drohte, wollte sie nicht kennenlernen. Besser sie überging seine Wut.

Doch Marianne hatte trotz seiner Einschüchterungen immer weniger Lust auf die Liebe. Sie verweigerte sich mehr und mehr. Zuerst erfand sie entschuldigende Ausreden für ihre Unlust. Sie sei zu müde, die Kinder hätten genervt, und sie vertröstete ihren Mann auf einen gemeinsamen Urlaub. Dann würde sich die Lust schon einstellen… Aber sie kam nicht. Es ließ sich nicht länger leugnen, Marianne wollte nicht mehr mit ihrem Mann schlafen. Ihr Mann reagierte immer gereizter und wütender auf diese stumme Verweigerung. Immer mehr kam dieser andere Mann zum Vorschein, den Marianne nicht sehen wollte und doch sehen mußte. Das was sie sah, durfte nicht wahr sein:

«Er kränkte mich vor meinen Kindern und stellte mich bloß vor den Freunden. Er demütigte meine Kinder, mißachtete mich als Frau, wie man es schlimmer nicht tun kann. Und doch versuchte ich weiterhin, diesen Mann nicht zu sehen. Er war doch auch anders. Unverdrossen liebte ich weiter.»

Marianne flüchtete sich in die Haltung ihrer Kindheit: «Nur nichts fordern, nicht auffallen, sich kleinmachen.»

Dabei wurde sie immer starrer und unlebendiger. Aber etwas in ihr begann sich aufzulehnen: Angst und Wut kamen zum Vorschein.

Aus der lächelnden Frau wurde eine unzufriedene, nörgelnde Frau, die sich und ihre einstige Liebeswahl nicht mehr verstand. Wo hatte sie nur ihre Augen gehabt, als sie ihren Mann zum Traumprinzen erkor? Sie mußte blind gewesen sein. Ihre Wut richtete sich mehr und mehr auf ihren Mann, den sie für ihre Enttäuschung verantwortlich machte. Er konnte nicht halten, was sie sich von ihm versprochen... Wo war das anfängliche Glück geblieben? Fremd und doch so vertraut standen sich die Partner gegenüber.

Mariannes Traum war zerbrochen, mit ihm ihre Hoffnung auf die Heilung ihrer Mädchenzeit durch einen Ersatzvater, ihren Ehemann. Ihr Bemühen, endlich geliebt zu werden, sich als geliebte Frau zu fühlen, war gescheitert. Mit aller Gewalt wollte sie die nicht erinnerte, aber erlebte Wunde heilen.

Ihr war nicht bewußt, daß sie selbst in ihrer Ehe aktiv ihre Kindheit verlängerte, den Traum ihres Vaters träumte, das brave Töchterlein spielte, das an den Lippen des Mannes hängt. Und es ist schwer für sie, sich von diesem so lieb und vertraut gewordenen Traum zu verabschieden. Lange wird sie noch von dem kindlichen Gefühl verfolgt, schuld an dem Scheitern ihrer Ehe zu sein: ‹Ich hätte mich mehr bemühen müssen.› Hartnäckig blockiert die Vorstellung von einer Wiedergutmachung ihre Gefühle und ihr Denken.

Nur langsam und allmählich kann sie sich für die Wirklichkeit entscheiden: Ihr Mann war ihr Vater gewesen, und diesen hatte sie sich frei-willig gesucht. Sie hatte sich in einen Mann verliebt, der genauso karg und distanziert war, wie sie ihren Vater erlebt hatte. Zwar war ihr Mann intelligenter, attraktiver – niemals aber wäre sie auf die Idee gekommen, ihren Mann wie ihren Vater zu sehen: Sie waren ganz und gar verschieden. Doch die Art der Beziehung zu beiden war die gleiche. Beide Männer hatten von ihr dieselbe Meinung. Sie ist stark, unsensibel, trotzig und widerspenstig. Beide Männer forderten ihre Liebe, ohne selbst zu lieben. Darin bestand die Ähnlichkeit.

Mariannes Ehe hätte gelingen können, wenn sie ihren eigenen Gefühlen mehr gerecht geworden wäre und nicht Sicherheit in der Tochterposition gesucht hätte. Sie hätte die Kargheit ihres Mannes zum Thema gemacht und sich nicht ihm und seinem Urteil ausgeliefert. Die Tochterposition zwang sie in ein unterwürfiges Gerangel mit ihrem Mann «Aber er muß mich doch lieben» – und schob ihm dabei die Rolle des Vaters zu. Und dieser Rolle war er – selbst ein Sohn – nicht gewachsen. Er suchte eigentlich die Mutter, die starke Frau – die Marianne nur zeitweilig sein konnte. Ihre Ehe scheiterte auch an ihrem Kindheitstraum, einer Illusion, die sie beherrschte. Sie verlor sich in einem Gemisch von Anklagen und Selbstvorwürfen, konnte das eine nicht mehr vom anderen unterscheiden und bezahlte dieses Unvermögen mit dem Verlust ihres Selbstwertgefühls, das immer mehr töchterliche Züge annahm. Die erwachsene Frau wurde das kleine, an allem zweifelnde Mädchen.

So verpaßte Marianne ihre Chance, nahm nicht teil am Abenteuer Liebe. Sie verweigerte die Mitarbeit, indem sie nicht den gleichwertigen Mann anforderte und sich mit einem ‹Ersatzvater› zufriedengab.

Marianne ist ein Opfer dieser fatalen Partnerwahl. Sie wähnte sich frei, tatsächlich aber kehrte sie freiwillig in das töchterliche Gefängnis zurück. Sie suchte Sicherheit und Geborgenheit, die Erfüllung ihres Mädchentraums, nicht ihre Selbstverwirklichung. Das war der Konstruktionsfehler in ihrer Ehe.

Mütter als Störenfriede

Was geschieht nun, wenn Töchter, die ihre Beziehung zum Vater nicht bewältigt haben, Mütter werden? Im guten Glauben und in guter Absicht werden sie ihre eigene Erziehung, die sie vielleicht sehr gekränkt hat, die sie vielleicht nur zum Teil erinnern, an ihre Kinder weitergeben. Und zwar sowohl an die Töchter als auch an die Söhne. Insofern sie ihre Kindheit ‹vergessen› haben, sich nicht erinnern wollen, sich herausreden mit «der Vater war doch gut, er hat es nicht so gemeint – auch die Schläge nicht», insofern sind sie gezwungen, ihre Kindheit zu wiederholen. Sie ringen um die Anerkennung des Vaters und werden nur bemühte Mütter sein.

Frauen, die ihre Tochterrolle nicht abgelegt haben, fällt es überaus schwer, eine authentische Beziehung zu ihren Kindern aufzubauen, sie müssen ihre Gefühle wiederum verleugnen. Ihre ursprüngliche und intensive Liebe zu den Kindern tritt zurück hinter dem gesellschaftlichen Anspruch, den Vater zu schonen. Dies ist ihre erste Pflicht – so glauben sie als Mutter/Tochter – das ist das Erbe ihrer Kindheit.

Das Gebot ihrer Erziehung ‹Der Vater ist gut› übertragen sie auf die Väter ihrer Kinder, und jetzt fordern sie als Mütter die unbesehene und unüberprüfte Vaterliebe von ihren Kindern. Damit schließt sich die Kette in unserer patriarchalen Kultur. Mütter spielen dabei oft keine rühmenswerte Rolle. Sie versagen sich, werden zum Handlanger des Vaters, versagen als Mutter.

Gerade heute, wo die Rolle des Vaters in der Öffentlichkeit einer kritischen Diskussion unterzogen wird, sind es oft die Mütter, die die Tradition der Familie schützen, deren oberster Repräsentant nach wie vor der Vater ist. Die Absicht der Mütter ist es, gut zu verstehen. Den Kindern die Familie zu erhalten ist sicherlich ein ehrenvolles Anliegen. Aber auch hier gilt es, den Preis für die ‹heile Familie› einzuschätzen und auch den zu schützen, der den Preis zu zahlen hat. Da wo der Schutz nur gewährleistet ist, solange Frauen ‹nicht merken dürfen›, handelt es sich nicht mehr um Schutz, sondern um eine Sicherheitsmaßnahme.

Ganz drastisch belegt dies das Schicksal sexuell mißbrauchter Töchter, wo die Mütter nicht merken wollten, daß sie ihre Töchter im Stich ließen. Wir wissen heute, daß dies auch geschieht, wenn, nach Aussagen der Töchter, ‹die Mutter es hätte merken *können*, wenn sie es nur *gewollt* hätte› (vgl. Kavemann/Lohstöter 1984).

Aber Mütter, die im Grunde ihrer Seele die Töchter ihrer Väter geblieben sind, die immer noch um seine Anerkennung ringen, können die Realität nicht wahrnehmen. Ihre Sicht ist auf die Erziehungsvorstellung begrenzt, die sie bei ihren Vätern erlernt haben. Solche Mütter neigen dazu, für gut zu halten, was er für gut gehalten hat.

Ein Freundin von mir, die stets glaubte, eine gute Mutter zu sein, erinnerte sich plötzlich in einem unserer vielen Gespräche über väterliche Erziehungsvorstellungen an folgende Situation:

«Mein Sohn ist zwei Jahre alt. Wir sind am Strand, und ich versuche vergebens, ihm einen Sonnenhut aufzusetzen. Meine guten Gründe konnten ihn nicht überzeugen. Er weigerte sich strikt. Eigentlich war es zum Staunen, wie dieser kleine Kerl sich aufrichtete, mühsam auf seinen kleinen stämmigen Beinen stand und immer ‹Nein, nein, nein› schrie. Bis dahin hatte der Vater nur zugesehen, aber jetzt griff er ein. Zwei, drei laute Worte, in denen sich die ganze väterliche Autorität entlud – ‹Der Hut kommt auf den Kopf› –, reichten aus, und der Hut saß auf dem Kopf.

Mein kleiner Sohn wurde vor Zorn krebsrot, er schrie sich die Seele aus dem Leib. Aber der Vater setzte noch einmal nach – und der Hut blieb auf dem Kopf. Der kleine Kerl wurde stumm, wandte sich ab. Er schien sich zu schämen ob seiner Niederlage – fast sah er ein bißchen gebeugt aus.

Ich stand als gute Mutter die ganze Zeit dabei. Eigentlich fühlte ich mich selbst bedroht, hatte rasendes Herzklopfen, aber ich sagte nichts. Ich sah tatenlos zu, als meinem Sohn das Rückgrat gebrochen wurde. Ja, ich gab dem Vater sogar recht. ‹Kinder müssen eben – wenn nicht anders – mit Gewalt lernen, was gut für sie ist.›»

Als gute Mutter, als Tochter ihres Vaters, ließ sie ihren Sohn im Stich. Damals stieg in ihr nur eine ungefähre Ahnung von der Tragweite ihrer Haltung auf. Ihr war irgendwie nicht wohl, die Situation verfolgte sie noch Jahre. Doch wußte sie damals nicht, daß sie ihre eigene Kindheit mit ihrem Vater verdrängt hatte und jetzt sozusagen mithalf, daß ihrem Sohn das gleiche geschah.

Die eigene Verdrängung zeigt hier Konsequenzen für die nächste Generation, wie Alice Miller betont: Die eigenen Verletzungen werden unerkannt und verdrängt immerfort weitergegeben, sogar und hauptsächlich an die eigenen Kinder.

Erst wenn wir als Mütter unsere eigene Vatergeschichte in unser Denken und Fühlen miteinbeziehen können, sind wir von diesem Zwang befreit, müssen nicht die Fehler unserer Väter wiederholen, können unsere Kinder vor diesem ‹Rückgratsbruch› bewahren.

Meine Freundin wollte als gute besorgte Mutter ihren Sohn vor der Sonne schützen. Aber sie schützte ihn nicht vor dem Vater, vor den Auswirkungen einer patriarchalen Erziehung, bei der der Stärkere (Vater) siegt und recht hat, der Schwächere (das Kind) unterliegt und unrecht hat, sich fügen muß.

Indem sie tatenlos zusah, lieferte sie ihren Sohn diesem Prinzip aus. Mütter/Töchter, die sich im guten Glauben ähnlich verhalten, sind die feste Bastion, hinter der sich die patriarchale Gewalt unserer Gesellschaft versteckt.

Mütter führen die geforderte Verdrängungsarbeit aus, erzielen dabei Höchstwerte und werden dafür von der Männerwelt gelobt. Mütter müssen dafür einen hohen Preis zahlen: Sie verzichten auf die Liebe der Kinder und liefern sie gleichsam dem Vater aus. Sie flüchten damit vor ihrer eigenen mütterlichen Verantwortung.

Mütter, die als getreues Sprachrohr ihrer Väter handeln, unterstützen die patriarchale Erziehung, betonen Macht und Güte der Väter. Mit ihrer Vermittlerposition und versöhnlichen Worten wie ‹Er kann seine Liebe nicht so zeigen, er meint es nicht so› ebnen sie den Töchtern den Weg ihrer Verleugnung. So ist die Allianz Mutter-Tochter das wirkliche Fundament der traditionellen Weiblichkeitserziehung.

Die Mahnung der Mutter an ihre Tochter, eine weibliche Frau zu werden, verstärkt die Auflagen des Vaters und verhindert damit Emanzipation. Was eine wirkliche Frau nun ist, weiß niemand so recht. Fest steht nur, eine weibliche Frau gefällt den Männern. Damit sind den Möglichkeiten des Frauseins – wie bei der Mutter – enge Grenzen gesetzt. Zweifellos liegt hier der weibliche Anteil an der Fortschreibung der traditionellen Anpassung. Auf diese Art stützen Frauen eine maskuline Kultur, unter der sie selbst so leiden.

Heidi (Lehrerin, 44 Jahre) beginnt über ihre eigene Geschichte nachzudenken, als sie sich Sorgen um ihre kleine Tochter macht. Sie wollte nie so werden wie ihre Mutter, aber ihr kommen langsam Bedenken. Sie möchte ihre Tochter vor Schaden bewahren und fragt sich heute, inwieweit sie überhaupt dazu fähig ist. Ihre eigene Mutter hatte einst mitgeholfen, aus Heidi eine gefügige Tochter zu machen, indem sie die Solidarität mit ihr verweigerte und Heidi dem Vater auslieferte: «Kind, überspann den Bogen nicht» – das war die Leib-und-Magen-Medizin der Mutter für die kleine Heidi gewesen, immer dann, wenn sie die Spielregeln verletzte, aufsässig und trotzig war.

Und das alles – wie Heidi heute weiß – im Sinne und Auftrag des Vaters. Denn eigentlich hatte ihre Mutter nicht allzuviel zu sagen. In den wichtigen Dingen bestimmte der Vater, doch mit ihrer Stimmung, ihrer Leidensmiene hat sie die Gefühle der Tochter nachhaltig beeinflußt. Lange Zeit hatte auch Heidi den Einfluß ihres Vaters unterschätzt. So sehr war sie mit der Mutter beschäftigt, in ihr sah sie die Ursache all ihrer Probleme. Beide – Mutter und Tochter – schonten den Vater. Mit der Konsequenz, daß beide Frauen sich desselben Lebensstils befleißigten: Sie sagten nicht viel und behielten ihre Gedanken für sich.

Nur ihre Stimmen drückten jeweils noch aus, was sie wirklich fühlten, nur die Modulation ihrer Stimmen machte noch die Gefühle kenntlich, die sie eigentlich verbergen wollten. Mutter und Tochter hatten das ideale Instrument der Vaterschonung gefunden. Sie konnten ihre Gefühle ausdrücken, ohne zu ihnen stehen zu müssen. Sie hatten nie für irgend etwas die Verantwortung, und im Zweifelsfall galt ‹Ich habe doch nie etwas gesagt›. Und das hatten sie auch wirklich nicht.

Unbewußt hatte Heidi diese Methode von ihrer Mutter übernommen: Sie war ihr in Fleisch und Blut übergegangen. Sie war gefahrlos und bot ein Minimum an Ausdrucksmöglichkeit. Nur: Die Mutter hatte Heidi mit dieser Haltung dem Vater ausgeliefert, ihm und seiner Beurteilung. Und als kleines Mädchen hatte Heidi sehr darunter gelitten. Selbst wenn die Mutter eigentlich ihr recht gab, durfte sie es nur auf diese ‹milde Art› tun – ohne Heidi damit wirklich zu helfen. Die Mutter hatte selbst Angst vor dem Vater gehabt, sie durfte nicht zu ihrer Tochter stehen. Das hätte den Familienfrieden empfindlich gestört. Sie hatte es nicht gewagt, lieber schloß sie sich der Meinung des Vaters an. In ihrer Meinung über Heidi waren die Eltern dann einträchtig vereint. Aus Angst vor dem Vater hatte ihre Mutter sie verraten. Sie hatte ihr beigebracht, über den Vater nichts Negatives zu sagen und lieber mit der Mutter zu streiten. Er mußte immer und unter allen Umständen geschont werden.

Töchter, wie Heidi, von der Mutter auf den Vater verpflichtet, werden dann Mütter, die nicht mehr denken dürfen, was sie doch fühlen, die sich immer noch die Grenzüberschreitung verweigern.

Heidis Sorge um ihre Tochter gab ihr die Kraft, sich gegen dieses Gebot zu wehren. Nachdem sie den Zusammenhang zwischen ihrer Erfahrung als Tochter und ihrer Haltung als Mutter erkannt hatte, wollte sie unter keinen Umständen diese Tradition fortsetzen. Sie begann, ihre eigene Verdrängung schrittweise aufzulösen, und wagte den Konflikt mit sich, ihrer Vergangenheit und dem Vater ihrer Tochter.

Heidis Tochter lebte nach der Scheidung ihrer Eltern beim Vater. Im guten Glauben an die Versöhnungs- und Friedensbereitschaft ihres Mannes hatte Heidi es nicht übers Herz gebracht, ihre Tochter aus der gewohnten Umgebung herauszunehmen. Das getrennte Paar hatte sich das Unmögliche vorgenommen, auch nach der Scheidung die Tochter gemeinsam zu erziehen. Das Vorhaben scheiterte. Mehr und mehr stellte sich heraus, daß der Vater die Tochter gegen Heidi beeinflußte, daß die Tochter nicht glücklich war. Die Tochter besuchte Heidi regelmäßig. Mehr und mehr drängte sich Heidi ein entsetzlicher Verdacht auf, den sie zunächst immer wieder beiseite schob, zu verdrängen suchte. Schließlich ließ sich der Verdacht nicht mehr leugnen: Ihre Tochter wurde von ihrem Exmann sexuell mißbraucht. Endlich vertraute Heidi ihren Gefühlen. Sie trotzte allen richterlichen Anordnungen und Verfügungen und holte ihre Tochter zu sich.

Sie wurde zum Störenfried, ließ den Vatertraum hinter sich und rettete so ihre Tochter. Heidi fand eine Möglichkeit, ihre Tochter zu stärken – ohne die ohnehin geschwächte Tochter richterlichen Verhören und medizinischen Untersuchungen auszusetzen. Mütter in einer ähnlichen Situation sollten Heidis Geschichte sehr ernst nehmen und ihren Gefühlen um ihrer Töchter willen vertrauen.

Heidi konnte Schlimmeres von ihrer Tochter abwenden. Für Mütter in Heidis Situation ist es erste und wichtigste Voraussetzung, sich der eigenen Vater-Geschichte zu stellen und sich aus der verdrängten Vergangenheit zu lösen. Heidi ist diesen schwierigen Weg gegangen, die Hindernisse zu überwinden, die sie immer wieder zurückholen wollen:

Der Verdacht

«Ich bekomme feuchte Hände – der Verdacht läßt mich nicht los. Ich darf das doch nicht denken. Auch mein Rechtsanwalt wies dieses Thema weit von sich. ‹So etwas kann man nicht beweisen – da bekommen Sie nur eine Verleumdungsklage von ihrem Mann.›

Das war vor acht Wochen. Mühsam habe ich die Gedanken daran zurückgedrängt. Nur wenn ich gar nichts tue – was selten vorkommt –, starre ich in die Ferne, und mich verfolgen die dunklen Ränder unter den Augen meiner Tochter. Ich spüre ihren trostlosen, traurigen Blick, der stumm bleibt, wenn ich sie berühre, wenn ich versuche, sie in den Arm zu nehmen. Ich kann ihr Unglück nicht ertragen, und doch habe ich bis jetzt nichts getan.

Immer wieder diese Schuldgefühle, jemanden zu Unrecht zu verdächtigen. Das kann er doch nicht getan haben. Er kommt aus einer angesehenen Familie.

Nein, es ist nicht wahr. Stunden, Tage und manchmal Wochen vergehen, und ich unterdrücke mühsam den Gedanken daran. An Sexualität überhaupt. Im Umgang mit meiner Tochter werde ich sachlich und streng. Sie spürt es sofort und wird ganz still und leise. Sie spürt, ich bin mit ihrem aggressiven Verhalten nicht einverstanden. Aber sie kann sich nicht helfen. Sinnlos tobt und schreit sie ganz plötzlich, aus irgendeinem Anlaß. In ihrer Verzweiflung ist sie mir ganz nah, ihre Hilflosigkeit holt mich wieder aus meiner Verdrängungsarbeit zurück.

Und wenn es doch wahr ist...

Gemeinsam mit ihr leide ich. Ohnmächtig gebunden an meine Rolle als Mutter und Ehefrau. Und das, obwohl ich inzwischen selbst Schlimmes mit diesem Mann erlebt habe, von dem ich geschieden bin. Als ich die Familie verließ, war ich der festen Überzeugung, daß unsere Tochter bei ihm gut aufgehoben ist. Auf eine Art gab ich dem Vater recht: Er war der Gute, die Tochter liebte ihn – es ging ihr gut bei ihm.

Aus der Ferne beobachtete ich meine Tochter: Es ließ sich nicht verheimlichen, sie war unglücklich. Wenn sie mich am Wochenende besuchte, trat sie in die Tür, sie schaute mich an, schmal und mit den dunklen Schatten unter den Augen. Sie wirkte irgendwie verwahrlost, kroch auf meinen Schoß und weinte und weinte.

Es zerriß mir das Herz, aber es gab keinen Trost. Auf Fragen antwortete sie nicht oder nur mit ‹Ich weiß nicht›. Das ist mir schon ganz früh aufgefallen. Für ihr Unglück schien es keinen Trost zu geben. Das schien sie zu wissen, und das fühlte ich auch. Liebe, Wärme konnten nicht helfen.

Zwei Jahre hielt ich die Augen fest verschlossen. Ich wollte nicht sehen, was sich doch als Wahrheit geradezu aufdrängte. Aber meine Verdrängungsarbeit war schier grenzenlos.

Dabei bin ich als Lehrerin oft mit den Folgen von sexuellem Mißbrauch, einem Tatbestand, der unübersehbar, doch dem Täter so schwer nachzuweisen ist, konfrontiert. In meiner Freizeit arbeite ich mit Frauen, die langsam beginnen sich zu erinnern, die auch nicht in der Lage sind, das Unfaßbare zu denken; die sich in ihrem Leben vielleicht gerade deshalb nicht zurechtfinden können und eine Grenzsetzung nicht vornehmen können. Rational setze ich mich also schon sehr lange mit der Thematik des sexuellen Mißbrauchs auseinander.

Aber irgendwie blieben meine Gefühle stumm. Sie reagierten nicht. Aus der Ferne litt ich mit meiner Tochter, war immer in Sorge und Unruhe. Offensichtlich hatte mein Gefühl etwas registriert, was ich nicht wahrhaben wollte, denn ich habe die Erfahrung gemacht, daß ich nicht leide, wenn es meiner Tochter gutgeht. Meine Schuldgefühle wuchsen ins Unendliche, und mein Ex-Mann bestätigte diese auch: ‹Du hast deine Tochter verlassen, deshalb leidet sie jetzt, deshalb geht es ihr schlecht.›

Damit hatte ich eine Erklärung gefunden, die das Unfaßbare, das Undenkbare endgültig ins Nichtwissen verbannte. Aber dann gab es Situationen, die zerrissen brutal den Schleier meiner Verleugnung, zerstörten mein Bild und ließen für Sekunden die ganze Wahrheit aufblitzen. Ich erinnere mich heute noch daran: Ich saß im Auto auf dem Parkplatz vor der Schule meiner Tochter und vor meinen Augen sprühten Funken. Dann setzte ziemlich schnell Migräne ein, und segensreiches Vergessen senkte sich über mich. Ich war bei ihrer Klassenlehrerin gewesen, und die berichtete mir vom auffallenden sexuellen Verhalten meiner kleinen Tochter, ihrer vulgären Ausdrucksweise, wie sie sich Jungen und Männern anbot mit deutlich sexuellem Unterton. In der Klasse wurde sie wegen dieses Verhaltens bereits gemieden und als Außenseiterin betrachtet. Die Klassenlehrerin und ich fanden keine Erklärung für diese Auffälligkeit. Sie lebte doch bei ihrem Vater in guten und moralisch einwandfreien Verhältnissen. Es konnte doch nichts sein. Oder doch? Zweifel ließen sich nicht mehr ausschalten, aber dann setzte doch der Nebel ein.

Ich sprach mit ihrem Vater darüber. Dieser bekam einen hochroten Kopf und einen Wutanfall, er verbot mir den freien Zugang zu ihr.

Jetzt kamen die nächtlichen Anrufe. Ich habe noch heute die jämmerliche Stimme meiner Tochter im Ohr, ‹Mami, ich habe so Angst. Mami ich bin so allein›. Manchmal sprach sie auch ganz wirr, manchmal konnte ich ihr einige Worte entlocken – zumeist antwortete sie gar nicht auf meine Fragen. Durch den Hörer klang immer ihre entsetzliche innere Qual, auf die ich mich nicht beziehen konnte, weil ich sie nicht kannte. Aber ich fühlte sie und meine ohnmächtige Hilflosigkeit zerriß mich. Ich konnte nichts tun. Meine Tochter lebte beim Vater – per Gesetz durfte ich mich nicht einmischen. Das Recht war auf seiten des Vaters. Zwar hatten wir auf dem Papier das gemeinsame Sorgerecht, aber faktisch übte er es alleine aus.

Rational wußte ich damals schon: Hinter der Fassade eines gutbürgerlichen Männerlebens waren Kinder dem Vater total ausgeliefert. Er konnte tun und lassen, was er wollte. Niemand – kein

Richter dieser Welt – würde mir recht geben, würde den Gefühlen einer Mutter recht geben, wenn sie die Ordnung stört. Ich hatte Angst vor dieser Konfrontation und schloß weiterhin ganz fest die Augen. Auf jeden Fall bemühte ich mich darum.

Dann saß meine Tochter ganz traumverloren bei mir in der Wohnung und faßte sich zwischen die Beine. Oft merkte sie gar nicht, was sie tat. Wenn ich sie aufmerksam machte, zog sie die Hand weg. Aber immer wieder, wie unter Zwang, fanden sich ihre Hände genau dort wieder. Jedoch war es nicht Lust in ihren Augen, sondern purer Schmerz. Es war keine Selbstbefriedigung, sondern eher eine Geste des Schutzes, die sie dort vollzog.

Die sichtbaren Hinweise auf sexuellen Mißbrauch häuften sich. Ich konnte nicht länger wegsehen, mußte hinsehen. Meine Tochter wurde Bettnässerin, zeigte deutliche Magersuchtsymptome, sie log und stahl, sie war aggressiv und von einer ungeheuren Nervosität gepeinigt. Überall und immer fiel sie durch unangepaßtes und unkontrolliertes Verhalten auf.

Das verstärkte sich jeweils, wenn ein Mann in ihre Nähe kam, sie stritt und wütete dann. Dabei verlor sie völlig ihre Fassung und war – selbst wenn es um Kleinigkeiten ging – über Gebühr aufgeregt.

Es kam der Tag, wo ich zur Wohnung ihres Vaters fuhr, meine Tochter in mein Auto lud und mit zu mir nach Hause nahm. Ich hatte die Situation nicht mehr länger ausgehalten und das getan, was mein Gefühl mir vorschrieb: Meine Tochter zu retten und sie zu mir zu nehmen.

Kurze Zeit später hatte ich die einstweilige Verfügung meines Mannes, der auf Rückgabe der Tochter bestand, vor mir liegen. Er hatte einen sofortigen Termin beim Familienrichter erwirkt, was durchaus ungewöhnlich ist, denn es bestand keinerlei Veranlassung und keine Eilbedürftigkeit.

Gleich zu Beginn der Verhandlung betonte der Richter die Unrechtmäßigkeit meines Handelns. Es war offensichtlich, er tendierte dazu, dem Vater die Tochter zuzusprechen. Nur die richterliche Anhörung meiner Tochter, die ausdrücklich darauf bestand, bei mir bleiben zu wollen, veranlaßte den Richter, ein anderes Urteil zu fällen. Die Aussagen meiner Tochter wurden durch die Beeinflussung der

Mutter erklärt. Das wichtigste im Gerichtsurteil, in dem meine Tochter mir vorläufig zugesprochen wurde, war offensichtlich das Anliegen des Richters, dem Vater kein Unrecht zuzufügen. Doch durfte meine Tochter nach richterlichem Beschluß vorläufig bei mir leben. Keiner von uns wußte genau, wie lange dieser Zustand dauern würde.

Von richterlicher Seite wurde uns nun mitgeteilt, daß über meine Tochter und mich psychologische Gutachten erstellt würden und wir uns gemeinsam beim Jugendamt zu melden hätten. Zuerst unterhielt sich die Sozialarbeiterin mit mir über mich, meine Erziehungsvorstellungen und über meine Tochter. Im Laufe der mehrstündigen Gespräche stellte sie, wie nebenbei, die Frage, ob ich den Verdacht des sexuellen Mißbrauchs hätte. Auf der Stelle brach mir der Schweiß aus. Natürlich hatte ich mich die ganze Zeit damit beschäftigt. Ich hatte die gesamte Literatur zu diesem Thema gelesen und war zu dem Schluß gekommen, meine Tochter damit nicht belasten zu dürfen. Ich wollte erreichen, daß sie bei mir lebt, sich bei mir erholen kann und das Erlebte vergißt. Ohne mir genau bewußt zu sein, hatte ich den Entschluß gefaßt, alles zu vertuschen. Die Frage der Sozialarbeiterin weckte mich auf und stellte mich erneut vor meine Verantwortlichkeit als Mutter.

Aber ich hatte für meine Verschleierung gute Gründe – so dachte ich jedenfalls. Erstens war es nur ein Verdacht, und zweitens wollte und konnte ich meine Tochter nicht neuerlichen Verhören aussetzen.

Vielleicht hatte ich auch selber Angst vor dieser Wahrheit. Die Sozialarbeiterin hatte während der vielen Gespräche ganz beiläufig einen Satz gesagt, den ich zunächst überhören wollte, der mich dann aber doch nicht losließ: ‹Als Ehefrau und Mutter sind Sie ja auch die Betroffene.› Davon hielt ich spontan überhaupt nichts. Ich hatte mich von diesem Mann getrennt und sah mich nicht wirklich als persönlich Betroffene. Ich war nur über meine Tochter betroffen. Aber das stellte sich als Irrtum heraus. Ich war tatsächlich auch die Betroffene, denn wenn ein Vater, der seiner Tochter dieses Unrecht zufügt, die Grenzen ihrer kleinen Persönlichkeit nicht wahrt, um wieviel weniger konnte er dann meine Grenzen wahren und meine Persönlichkeit respektieren?

Die Sozialarbeiterin gab mir das Buch *Heimlich ist mir unheimlich* für meine Tochter mit. Ihre Reaktion auf dieses Buch würde erweisen, ob sie irgendwie mit sexueller Gewalt bekannt oder vertraut war. Ich steckte dieses Buch ein, legte es auf meinen Nachttisch, las die ersten Seiten... und legte es weg. Zunächst redete ich mir ein, daß ich keine Zeit hätte, die Ruhe nicht fände, später dazu kommen würde. Aber es fiel auf, ich wollte dieses Buch mit meiner Tochter nicht lesen. Offensichtlich hatte ich Angst vor diesem Test. Immer wieder verfiel ich auf meinen Lieblingsgedanken, daß man schlafende Hunde am besten nicht weckt.

Aber zwischen mir und meiner Tochter stand deutlich etwas. Sie liebte mich – und ich liebte sie – das stand fest. Und trotzdem gab es keine wirkliche Brücke zwischen uns. Es war, als wollte sie mich oft nicht verstehen, und es war auch so, als wollte sie nicht mit mir reden. Des öfteren log sie bei ganz geringfügigen Dingen, zerstörte mutwillig meine persönlichen Gegenstände. Irgendwie sandte sie unaufhörlich Signale, die zu verstehen mir schwerfiel. Es wurde deutlich, sie war nicht glücklich, und sie konnte nicht darüber sprechen.

Vierzehntägig besuchte sie ihren Vater für ein Wochenende. Am Samstag wurde sie abgeholt, am Freitag näßte sie ein. Die Hosen und das Bettzeug versteckte sie irgendwo in einem Winkel der Wohnung. Wenn ich sie fragte, ob sie gern zu ihrem Vater ginge, bejahte sie dies, gelegentlich sprach sie jedoch auch von Angst. Wovor sie Angst hatte, konnte sie nicht sagen. Jedesmal ließ ich sie gehen. Mein Rechtsanwalt hatte mich ausdrücklich darauf hingewiesen, daß ich mir das Sorgerecht verscherzen würde, wenn ich dem richterlichen Gebot nicht gehorchen und dem Vater sein Besuchsrecht verwehren würde. Auch die Sozialarbeiterin hatte mich darauf aufmerksam gemacht, daß es wichtig sei, daß der Vater seine Tochter regelmäßig sehen könne. Mit ihr gemeinsam hatte ich mich auch entschieden, keine Strafanzeige zu erstatten. Überhaupt hatte es sich im letzten gemeinsamen Gespräch so ergeben, daß wir beide den Verdacht immer mehr herunterspielten. Vielleicht hatten wir uns ja beide in etwas hineingesteigert?

Dann kam meine Tochter von einem Besuchsnachmittag bei ihrem Vater völlig verstört zurück. Die Ränder unter den Augen wirkten noch schwärzer, ihre Stimme war laut und schrill. Die ganze kleine Person wirkte desorientiert und unendlich einsam.

Ich brachte sie zu Bett, setzte mich zu ihr und begann ein Gespräch. Ich fragte, wie es denn gewesen sei. Sie antwortete sofort, wie aus der Pistole geschossen: ‹Gut, sehr gut.› ‹Was habt ihr denn gemacht?› Sie erzählte dies und das, und als ich sie fragte: ‹Aber dich bedrückt doch etwas›, schwammen ihre Augen in Tränen, während ihr Mund noch lächelte und ihre Stimme um Fassung rang.

Dann begann sie, von der Schule zu sprechen, wer ihr dort weh getan hatte. Ich war in einem Konflikt: Ich wußte, ihr Schmerz hing mit dem Vater zusammen, ich durfte sie aber nicht fragen, weil es mir wieder als Beeinflussung ausgelegt werden würde. Diesmal entschied ich mich für den Ungehorsam gegen den richterlichen Beschluß. Wer hatte das Recht, meine Tochter in diese Lage zu bringen, und wer hatte das Recht, mich in meiner Entscheidungsfreiheit zu beschneiden? Grenzenloser Zorn und eine unheimliche Wut überschlugen sich in mir. Ich hatte nur eine Verantwortung, dieses Kind – meine Tochter – von ihrem Unglück zu befreien. Und niemand würde mich abhalten können. Zum Teufel mit dem richterlichen Beschluß!

Jetzt fragte ich meine Tochter direkt: ‹Hat dein Vater dir weh getan?› Sie zögerte, dann brach sie in eine offene Tränenflut aus. Ohne Worte konnte sie mir ihren Kummer mitteilen, und das erste Mal konnte ich sie verstehen. Bisher hatte ich immer wegschauen müssen, ich konnte nicht hinschauen. Jetzt verstanden wir uns – und es war eine Erlösung für meine Tochter. Sie wußte, sie hatte einen Helfer gefunden, sie war nicht mehr allein. Das war der entscheidende Moment, und ihre Angst ließ allmählich nach.»

Heidi hatte lange mit sich gekämpft, bevor sie den Verdacht wahrnehmen wollte. Schließlich konnte sie diesen Schritt tun – und es befreite sie. Das Zutrauen zu ihren Gefühlen stärkte sie, und sie konnte sich auf die Seite ihrer Tochter stellen. Diese Mutter wagte es, zu einem Störenfried zu werden, der nur noch das Wohl ihrer Tochter im Auge hatte. Sie befreite sich vom Prinzip der blinden Vaterschonung. Langsam konnte sie sich zur Seele ihrer Tochter vortasten und sie allein dadurch aus ihrem Schweigen befreien. Es gelang ihr, Zutrauen zu ihren Gefühlen wiederzufinden, Gefühle als das zu sehen, was sie eigentlich sind: der Kompaß des Handelns. Das lehrte sie ihre Tochter. Heidi erlöste ihre Tochter von der Angst, beide wurden mutig und stark.

Erst Mütter, die ihre eigene Tochterposition reflektiert haben, sind zu dieser Einstellung fähig. Denn nur sie haben den Mut, auf ihre Gefühle zu hören und sich selbst zum Recht zu verhelfen. Töchter sind blind – und für jede Täuschung anfällig. Sie glauben an das Gute (den lieben Vater), selbst wenn der Teufel vor ihnen stünde. Das unbehagliche Gefühl dabei wird schnell beiseite geschoben und durch den guten Willen und die gute Tradition ‹Es war immer so› ersetzt. Dies, weil sie nicht wissen – und auch nicht wissen wollen –, was schon immer so war: ‹Der Vater – gottähnlich – hat recht. Komme, was da wolle.›

Frauen unterwerfen sich, besonders in ihrer Position als Mütter, nur allzu widerstandslos dem Gesetz der Vaterschonung. Zu viele Pflichten und Lasten sind ihnen auferlegt, wenigstens an dieser Front wollen sie verständlicherweise so lange Ruhe haben, wie es irgend geht. Frauen plagen und plagen sich, um ihren Gefühlen, ihrem Verdacht kein Gehör zu schenken. Sie sehen weg, statt hinzusehen, sie beruhigen sich, und sei es mit Tabletten – und können doch ihre Befürchtungen nicht gänzlich beschwichtigen.

Ich habe Zweifel an feministischen Plädoyers für die Raben-Mutterschaft, wie im Buch von Katja Leyrer «*Rabenmütter, na und?*» ausgeführt. Zunächst schienen diese Thesen Frauen zu erleichtern. Also, sie durften Rabenmütter sein, aber werden sie damit wirklich fertig? Immer wieder kommen Frauen auf ihr ursprüngliches und natürliches Gefühl zurück: Sorge und Verantwortung für ihre Kinder. Diese Gefühle lassen sie nie wirklich los, sie lassen sich nur mühsam verdrängen. In dieser Hinsicht ist der weiblichen Verdrängungsbereitschaft ausnahmsweise kein Erfolg beschieden. Jede Verdrängungsarbeit zugunsten des Mannes leisten sie anstandslos, jedoch wenn es um ihre Kinder geht, setzt diese Fähigkeit aus. Es ist, als ob sich hier ein Gefühl verselbständigt, das Frauen nicht mehr unter Kontrolle haben. Es ist der ‹Mutterinstinkt›, und wehe, sie gibt diesem Gefühl nicht nach. Ich habe solche unglücklichen Mütter kennengelernt, Mütter, die sich in ihrer unbewußten Tochterposition gegen ihre Kinder gestellt haben, sich ständig selbst belügen mußten, es nicht schafften und an sich selbst verzweifelten.

Gefühlsmäßig können Mütter ihre Kinder niemals aufgeben, und es ist ein natürliches Gesetz, dem sie folgen, indem sie sich auf die Seite ihrer Kinder stellen. Und wenn es denn sein muß, auch gegen den Vater.

Heidi, die Mutter, deren Geschichte hier dokumentiert ist, hatte Angst vor ihren Gefühlen und – vor ihrem Verdacht. Zunächst traute sie sich nicht, sich selbst zu glauben und aktiv zu werden. Aber ihre Beziehung zu ihrer Tochter gab ihr den Mut und den Trotz. Sie störte den Frieden einer ‹heilen Familie›, vertraute ihren Empfindungen und half ihrer Tochter aus ihrem Schweigen heraus. Diese innige Beziehung zwischen Mutter und Tochter verlieh beiden eine ganz eigene Stärke und Selbstwertgefühl. Niemand konnte ihre Beziehung stören, die allein auf Authentizität und Autonomie gründete, die nicht die leidige Vaterschonung als gemeinsamen Nenner zur Grundlage hatte, sondern Menschlichkeit und gegenseitige Hilfe.

Vater-Töchter in der Liebe

«Alles verstehen heißt alles verzeihen»

Frauen mit einer ungelösten Vaterbindung sind unsicher in der Liebe, weil sie auf ihre individuelle Beziehungsrealität mit dem Vater vertrauen. Die einst erlebte erste Liebe bietet das erfolglose Muster. Wie damals als kleine Mädchen verzeihen sie zwar viel, aber sie können sich und den Mann nicht verstehen. Das eigene Verhalten und noch mehr das des Mannes bleibt ihnen ein ungelöstes Rätsel. «Niemals finden sie ein ausgewogenes Gleichgewicht zwischen ihren eigenen Bedürfnissen und denen des Mannes. Sie pendeln wie Heimatlose von einem Ufer zum anderen. Und heimatlos sind sie in der Tat, denn sie können ihr eigenes Zentrum nicht finden» (Steinbrecher 1990a, S. 95).

Ihr Lebenszentrum ist der Vater geblieben. In jeder Liebesbeziehung suchen sie ihr mißglücktes Verhältnis mit ihm nachzubilden.

‹Liebevoll› vom Vater zugerichtet, sind sie geübt, die gewünschten Gefühle zu präsentieren – oft ohne es überhaupt zu bemerken. «Es wird nicht gehen, man kann nichts ändern, ich bin zu kompliziert» oder «Die Männer sind alle gleich, es ist egal, mit wem ich lebe», das sind Sätze von Frauen, die ihre Vaterwunde nicht geheilt haben, die ihr Tochtergefühl in das Erwachsenendasein mitgeschleppt haben und die ihr Heil doch immer wieder einem anderen überlassen.

In ihrer Orientierungslosigkeit wenden sie sich an den Mann, ausgerechnet bei ihm wollen sie Ruhe und Geborgenheit finden. Sie machen sich erneut abhängig statt selbständig und reduzieren sich – ganz unauffällig – zugunsten des Mannes.

Die töchterlichen Umwege zur Liebe sind kompliziert, und nur allzu oft erweisen sie sich als Irrwege – als Vaters Spuren, denen sie wiederum folgen.

Sie träumen von der bedingungslosen Liebe, verbiegen und verrenken sich, um sich ihren Traum doch noch zu erfüllen. Aber diese Verrenkungen schwächen Frauen, machen sie traurig und glücklos. Der Mann soll ihnen ein besseres Selbstwertgefühl vermitteln, durch seine Liebe wollen sie wachsen – ein hoffnungsloser Traum. Welcher Mann ist schon auf der Welt, um einer Frau ein besseres Selbstwertgefühl zu schenken?

Erneut versuchen Vater-Töchter es mit der Anpassung – und kommen dabei natürlich zu kurz. Sie werden gekränkt, verletzt und nicht ernstgenommen. Klagen und Weinen hilft dann nicht mehr allzuviel. Denn solange der Vater-Traum wirkt, können sie ihre Liebesbedingungen und die des Mannes nicht richtig einschätzen, und genau diese Unkenntnis führt zu den leidigen Verstrickungen in der Liebe.

Ein ebenso hoffnungsloser wie beliebter Ausweg aus diesem Dilemma ist Hingabe. Dieses Verhaltensmuster verleiht vordergründige Sicherheit, gibt scheinbar das Gefühl, ‹eine wahre Frau› zu sein – für eine kurze Weile.

Denn in Wirklichkeit stellen sich Frauen zur Verfügung, und die aktive Hingabe soll nur die passive Abhängigkeit verdecken, die Frauen in der Liebe wie ein Virus befällt. Aus Abhängigkeit sind Vater-Töchter so verständnisvoll, so sehr geneigt, alles zu verstehen und alles zu verzeihen. Es ist der Vater-Traum, der ihnen keine Ruhe läßt und sie süchtig nach einer Beziehung suchen läßt, die das Manko ihrer Kindheit ausgleichen soll.

Nur für diesen Traum ist ihre Hingabebereitschaft zwar oft unerschütterlich, aber trotzdem nur selten von Erfolg gekrönt. Denn der Kampf um die Liebe verhindert sie geradezu. Manche Vater-Töchter begnügen sich dann mit einem Single-Dasein. Sie ziehen aus ihren Erfahrungen den Schluß: ‹Mit Männern geht es nicht.› Andere hoffen auf einen neuen Mann, sie setzen auf eine neue Beziehung. Aber beim nächsten Mann ist keineswegs alles anders, wenn Frauen sich treu bleiben und ihre Tochterposition nicht aufgeben. Es dauert nicht lange – und alles ist so, wie es zuvor war.

Dieser anstrengende Leidensweg in der Liebe ist häufig von somatischen Beschwerden begleitet. Nur der Körper drückt dann noch aus, was die Seele verschweigen soll. Mit hilfloser Schwäche soll die Liebe erzwungen werden. Aber auch diese Mühe scheint umsonst. Denn sie führt unseligerweise zur Unlust in der Liebe, zu der frustrierten Lust – genau an den Ort, den keine Frau erreichen wollte.

Die unerschütterliche Hingabebereitschaft

Viele Frauen beklagen bereits ihr stetes Bemühen um die Liebe, ihre unerschütterliche Bereitschaft, es immer wieder dennoch versuchen zu wollen.

Es ist ein schier unausrottbares Gefühl und läßt Frauen viel zu lange an verkehrten Orten nach der Liebe suchen. Sie bleiben zu lange – sie warten zu lange – sie verstehen zuviel. Hingabebereitschaft, stete Liebesbeweise sollen die abhängige Schwäche der Tochter überdecken.

Frauen, die ihr Leben vorzüglich im Griff zu haben scheinen, durchleben Abgründe der Abhängigkeit. Sie kommen verzweifelt zur Therapie, wenn der Mann die Beziehung aufkündigt. Dann bricht ihre Welt zusammen, und das kleine hilflose Mädchen sitzt vor mir: enttäuscht, angstvoll, in trostloser Verzweiflung.

Die töchterliche Abhängigkeit, normalerweise schön verdeckt und verborgen, kommt in Trennungskrisen mit Macht zum Vorschein. Nur – sie war schon immer da! Solange es eben geht, versuchen Frauen ihr Angewiesensein zu leugnen. Oft werde ich gefragt: «Jede Liebe macht doch abhängig – sonst wäre es doch keine Liebe. Wie ist Abhängigkeit zu vermeiden?»

Natürlich gehört gegenseitige Abhängigkeit zur Liebe. Aber die Betonung liegt auf Gegenseitigkeit und nicht auf Abhängigkeit. Oft genug stellt es sich heraus, daß Frauen im Laufe der Beziehung ihre Abhängigkeit verstärken und nicht registrieren, wann der Mann sich zurückzieht oder abwendet. Von Gegenseitigkeit fehlt oft jede Spur.

Diese einsinnige Liebesbereitschaft ist begleitet von vielen Wartestunden, in denen Frauen, in sich versunken, träumen und hoffen ... und zwar immer auf einen Mann. Ohne zu ahnen, daß sich bereits hier der schleichende Beginn einer immer quälender werdenden Hingabe abzeichnet. In ihren Selbstgesprächen finden sie gute Gründe für das ausbleibende Läuten des Telefons, die Abwesenheit des Geliebten. «Er ist so beschäftigt; es gibt kein Telefon...» Selbst sonst im Leben sehr kluge und realistische Frauen glauben sich diese fadenscheinigen Begründungen. Warum?

Sie fürchten die Wahrheit – sie wollen der Kränkung (nicht geliebt zu werden), aber auch der Erkenntnis ihrer eigenen Abhängigkeit (ich brauche ihn so dringend) ausweichen. Sie fürchten um ihren Traum, den Vater-Traum, der – schon einmal verloren – sich jetzt auf jeden Fall als wahr erweisen soll. Sie fürchten den Schmerz ihrer Kindheit, sie wollen das kleine verlassene Mädchen in sich nicht kennenlernen. Lieber warten sie – täuschen sich über Tatsachen hinweg. Denn: Ein Mann, auf den man so warten muß, ist nicht so interessiert, wie man glaubte. Das weiß auch jede Frau, wenn sie nicht gerade ihren Vater-Traum träumt. Das kann jede Frau ihrer Freundin erzählen, ihr kann sie helfen, aber nicht sich selbst.

Würden Frauen die Wartestunden in ihrem Leben zusammenzählen, ergäbe es ein Extraleben. Ungenutzte Zeit, die sie damit verbracht haben, Rechtfertigungen für das uninteressierte und lieblose Verhalten eines Mannes zu finden – genau wie einst beim Vater.

Denn das Warten auf die Erfüllung des Vater-Traumes, auf den gütig versonnenen Blick hat seinen Reiz unvermindert behalten: Er läßt die trostlose Kindheit in neuem Glanz erstrahlen, läßt das Unglück vergessen, man erinnert sich nur noch der schönen Momente. Der alte Traum beruhigt, ohne daß man etwas verändern müßte, er entspannt und entführt mit leichter Hand in ein Leben voller Harmonie und Glück.

Nur ist er nicht wahr – das ist das einzig Störende an diesem Traum. Das zeigt sich spätestens, wenn Töchter erwachsen werden, die ersten Liebeserfahrungen hinter sich haben. Die Enttäuschung vertieft sich, wenn die Erfahrungen immer dichter werden und die große Liebe sich nicht einstellen will. Dann hinterläßt der alte Traum zornige oder duldsame Frauen. Die ersteren wüten gegen ihr Schicksal, bleiben bei ihrer Maxime «Alles oder nichts» und sind letztlich gezwungen, sich mit dem Nichts zufriedenzugeben. Die Geduldigen finden sich mit allem ab. Sie nehmen alles was da kommt und sind zu jeder Anpassung bereit. Für sie bleibt der Traum bestehen, auch wenn sie sich ein Leben lang selbst betrügen müssen.

Sowohl zornigen wie duldsamen Frauen bringt der Traum von der großen Liebe nicht allzuviel, außer ihrer nicht enden wollenden Hingabebereitschaft. Das Warten verlängert in gewisser Weise die Kindheit. Frauen finden sich wieder in der überfüllten Wartehalle für die große Liebe.

Im Zustand sinnloser Passivität überlassen sie anderen das Handeln und bleiben selber Zuschauer auf der Tribüne des Lebens. Sie setzen auf die Zeit und den Mann, der ihre nagenden Zweifel schon beruhigen wird und ihnen endlich die langersehnte Bestätigung gibt: «Ich bin eine liebenswerte Frau.» Und genau diese Hoffnung macht sie abhängig. Sie sind emotional permanent auf dem Sprung, jede noch so kleine männliche Geste zu ihren Gunsten umzudeuten.

Ein Traum, den alle Töchter träumen, ist der vom großen Vater, der liebevoll die Hände seiner kleinen Tochter wärmt. Das ist der Liebestraum, der später Erfüllung finden soll mit dem Partner. Auch bei emanzipierten Frauen sitzt dieser Traum ganz fest und ist Ziel ihres Lebens: den Kopf an die Schulter eines großen starken Mannes zu legen, getröstet und umsorgt zu werden. Dieser hoffnungsvolle Traum macht sie später so hoffnungslos abhängig. Und das alles nur, weil schon das kleine Mädchen zum Warten und Hoffen verurteilt wurde.

Die Mutter half ihr dabei, die Wartezeiten zu überbrücken, legte die Deutung zurecht «Der Vater liebt dich schon, aber er kann es nicht so zeigen. Das mußt du verstehen.» Und die kleine Tochter verstand auch wirklich, geduldig wartete sie auf die Liebe, die sich nicht einstellte. Die Grundlagen für den weiblichen Liebestraum «Männer können ihre Liebe nicht so zeigen, du mußt Geduld haben und warten» sind gelegt und haben auch dann ihre Wirkung, wenn Frauen es nicht wollen.

Oft spüren Frauen schon zu Beginn einer Bekanntschaft genau die distanzierte und uninteressierte Haltung des Mannes. Aber ihr Liebestraum verleitet sie zu Hoffnungen, läßt sie auf Hingabe setzen und geduldig warten. Sie haben gelernt, aus der Frustration des Wartens in die Konstruktion der Harmonie umzuspringen und geduldig auf den gütig versonnenen Blick zu warten. Aber sie warten vergebens auf die einst versprochene Liebe.

Nicht, daß es sie nicht gibt – bewahre. Aber es gibt sie auf jeden Fall nicht so, wie enttäuschte Vater-Töchter sich die Liebe vorstellen: ‹Sie kommt, macht glücklich und sie erlöst.›

Wenn man Glück hat, kommt die Liebe zwar, aber erlösen wird sie kaum. Sie kommt mit vielen überraschenden Konflikten und hält jedem Menschen den Spiegel seiner Vergangenheit vor Augen. In der Liebe hat jeder die Gelegenheit, sich wahrhaft kennenzulernen, und nicht jeder ist erfreut über das, was er dann sehen wird.

Es gibt also gute Gründe, die Liebe zu meiden, aber es gibt genauso gute Gründe, sie zu suchen. Sie kann von kindlichen Sichtweisen befreien und vom Vater-Traum erlösen – wenn die Liebe als eine Herausforderung und nicht als Balsam für kindliche Wunden begriffen wird. Die Idealisierung einer Beziehung zur großen Liebe verführt nur zu Blindheit. Die Träume gedeihen, die Realität der Liebe verkümmert.

Solange der Vater-Traum in den Liebesvorstellungen wirkt, liegt die Kindheit zu nahe. So wie Töchter früher den Vater nicht verstanden haben, verstehen sie als Erwachsene den Partner nicht. Sie wissen nicht wirklich, wer er ist, und sie betrachten dies auch nicht als ihre Aufgabe. Er ist ein Mann, er ist, wie er ist. Und ihre Aufgabe ist es, ihm zu gefallen. In der Wirklichkeit lebt es sich allerdings mit diesem Liebestraum nicht allzugut. Er verführt zur Abhängigkeit und zwingt die Frau zu einem Leben, von dem sie nicht träumte. Das kleine Mädchen wollte einst eine wahrhaft Liebende werden und findet sich später wieder als unzufriedene Frau, die all ihre Möglichkeiten sinnlos verschenkt.

Sie will Nähe – er will in Ruhe gelassen werden

Brigitte (Studentin, 29 Jahre) schildert die Realität ihres Liebestraumes, ihre leidige Hingabebereitschaft, die ihre Abhängigkeit nur mühsam überdeckt. Sie wartet geduldig, verständnisvoll und ausdauernd auf die Liebe. Sie möchte Nähe – er möchte in Ruhe gelassen werden. Ausdauernd kämpft sie um Nähe, die sich nicht einstellen will. Sie gibt alles, und sie gibt ihr Bestes für ihren großen Liebestraum, für die Hoffnung: ‹Eines Tages muß er mich doch lieben.›

Aber er tut es nicht – jedenfalls nicht so, wie sie es sich wünscht. Obwohl sie sogar die Wutanfälle ihres Mannes in Kauf nimmt, sie sich gelegentlich beschimpfen läßt, sie immer versteht und verzeiht, ändert sich in ihrer Beziehung nichts. «Er schimpft und tobt ja nur selten», ist ihre beruhigende Ausrede. Immer ist sie tief verletzt und schnell versöhnt, wenn er nur die Andeutung einer liebevollen Geste macht.

Eigentlich kann sie diesen zermürbenden Kleinkrieg in ihrer Ehe schon lange nicht mehr ertragen. Sie sieht müde und abgespannt aus, ihre Versöhnungsbereitschaft und der ständige Selbstbetrug scheinen sie sehr anzustrengen. Sie schildert ihre erfolglosen Annäherungsversuche und ihre beginnende Lustlosigkeit in der Sexualität:

«Beharrlich versuche ich, meinem Mann näherzukommen. Versuche, mit ihm zu reden. Manchmal denke ich, uns trennen Welten. Wir verstehen uns nicht. Dabei fühle ich genau, daß ich ihn brauche – ohne ihn bin ich nichts wert. Erst mache ich ihm Vorwürfe, dann entziehe ich mich. Immer in der Hoffnung, er möge mich doch endlich verstehen. Jetzt habe ich nur noch selten Lust, mit ihm zu schlafen.»

Aber Brigitte trennt sich nicht von ihrem Mann – sie harrt aus, erklärt ihren Standpunkt. Gleichzeitig signalisiert sie ihre ständige Bereitschaft, es noch einmal zu versuchen, wenn … Alle Energie verwendet sie darauf, ihm klarzumachen, daß er sie nicht genügend liebe und daß er sich verändern müsse. Vordergründig ist ihr Mann einsichtig, gibt zu, daß sie recht hat, aber – er verändert sich nicht. Er liebt seine Ruhe über alles. Deshalb besänftigt er sie jeweils, so gut es eben geht. Brigitte erkennt sein Täuschungsmanöver genau:

«Sobald er kann, entzieht er sich mir jedoch. Ich benötige dann Stunden, um ihm zu erklären, daß er sich mir mehr zuwenden soll. Meist ist er einsichtig, stimmt mir zu – trotzdem fühle ich, daß es nie ganz echt gemeint ist. Dann verdoppele ich meine Anstrengungen.»

Brigitte wird in diesem Kampf um Nähe immer hilfloser. Sie kann sich nicht verändern und auch nicht ihren Mann. Die Aussichtslosigkeit der Situation macht sie nervös und wütend. Sie fürchtet um ihren Liebestraum, den sie unter allen Umständen und um jeden Preis für sich retten will.

Am liebsten würde sie ihren Mann zur Nähe zwingen, und weil ihr das nicht gelingt, fühlt sie sich ihm mehr und mehr ausgeliefert. Tag für Tag zeigt sie ihm seine Fehler auf: Er kümmert sich nicht genug, läßt sie zu oft allein. Im Grunde ist sie nur damit beschäftigt, ihn zu einer Veränderung seines Verhaltens zu überreden. Sie kann dieses Nebeneinander schwer ertragen. Nur wenn er in ‹guten Stunden› auch von der Nähe spricht, die er möchte, dann fühlt sie sich geliebt und kann sich entspannen. Aber die Momente sind kurz und vorübergehend, sie tragen nicht. Dann verkrampft sich Brigitte wieder. Sie kann es nur schwer mit sich alleine aushalten, sie kann ihren eigenen Zweifel nicht ertragen. Den soll und muß der Partner beruhigen. Deshalb muß er da sein, wenn sie ihn braucht, deshalb kann sie nicht loslassen.

Und diese Abhängigkeit, ihr ständiges Bereit-Sein führt Brigitte zum Schluß in den Hafen ihrer Kindheit zurück, in die töchterliche Liebe und eben nicht in eine partnerschaftliche Beziehung. Für eine kurze Weile kann sie ihren Mann überzeugen, sich ihrer berechtigten Vorstellung von Liebe anzuschließen – aber mit welchem Aufwand?

Sie ist nur mit ihrer Partnerschaft beschäftigt, kreist von morgens bis abends um ihren Mann. Ihre Belange kommen dabei viel zu kurz, ihr Studium nimmt nur einen geringen Raum ein in ihrer Gedankenwelt. Gerade wenn sie sich in ihre Arbeit vertiefen will, entsteht der nächste Streit, und ihre abhängige Angst meldet sich zu Wort:

«Ich habe Angst, meinen Mann zu verlieren. Eigentlich führe ich ein Schattenleben neben ihm. Ich wirke im Hintergrund und spiele Schattenboxen – überflüssig und sinnlos. Mein Ziel erreiche ich nie.»

Aber ihr Ziel kann Brigitte nicht erreichen, weil sie den Zielort falsch bestimmt hat. Sie will ihren Mann erreichen: Er soll sich ändern. Dabei müßte sie sich von ihrer töchterlichen Hingabebereitschaft trennen, sich von ihrem Liebestraum verabschieden, der sie in diese hilflose Position bringt. Sie wartet zu lange, sie bleibt zu lange, und sie träumt zuviel.

Ihr ständiger Kampf um die Liebe läßt das Ausmaß der Verarmung erkennen, wo Anfang und Ende des Denkens und Fühlens ist, den Mann zu kontrollieren und zur Veränderung zu bewegen.

«Liebe ist ein Kind der Freiheit» – dies gilt für Männer und für Frauen. Davon hat sie zwar gehört, und davon hat sie sicherlich auch einst geträumt, aber dann hat sie der Strudel ihrer Hingabebereitschaft in die Kindheit getragen.

Heute ist sie verstrickt in einen Kampf um die Liebe, die doch so nicht zu haben ist. Der Gesichtsausdruck dieser Frau ist verkrampft. Auf ihren Lippen liegt die ewige Anklage des kleinen Mädchens ‹Der Mann ist schuld›. Sie mag damit nicht so unrecht haben, aber der von ihr beschrittene Weg führt sie immer mehr in die abhängige Sackgasse, und eben diese läßt den Mann so bleiben, wie er ist: distanziert.

Es bleibt bei der Ausgangssituation: Sie will – und er will nicht. Die Folgen der einseitigen Hingabebereitschaft in einer Beziehung sind tiefgreifend und unübersehbar: nie enden wollender Streit, unaufhörliche Mißverständnisse und ein Klima von Verachtung und Unversöhnlichkeit.

Während die abhängige Frau den Mann anklagt, ihm die Schuld für ihre kindlichen Gefühle gibt, fühlt sich der Partner bedrängt und bezwungen. Er versteht gar nicht. Er fühlt nur, daß er zur Veränderung genötigt werden soll – und dazu hat er keine Lust. Und seine abhängige Frau kann er nicht genügend ernst nehmen – sie wird für ihn nicht der Stein des Anstoßes sein.

Frauen fühlen dies auch sehr genau, aber sie können nicht aufgeben. Brigitte versucht sich zu retten, indem sie den Beweis ihrer Anklage gegen ihren Mann verstärkt. Sie verstrickt sich immer mehr in den Kampf um seine Veränderung. Schlußendlich entzieht sie ihrem Mann die Anerkennung, zieht sich zurück und ist nicht mehr ‹nett›. Sie hofft ihn damit zu erreichen, es ist ihr letztes Mittel. So finden auf den Mann angewiesene Frauen zielsicher einen zuverlässigen Zugang zur Männerseele. Sie reaktivieren kurzfristig das brachliegende

Schuldgefühl des Mannes, aber sie bringen ihn nur dazu nachzugeben. Doch funktioniert dieses Hilfsmittel nur für eine kurze Weile, denn so lieben Männer nicht. Vielmehr beruhigen die Herren der Schöpfung in solchen Situationen die eigenen Schuldgefühle und stellen sich als ‹gut und bemüht› hin. Sie behaupten: «Ich tue alles, was meine Frau sagt» – und bleiben ansonsten abwesend.

Weil Frauen ihre Männer verändern wollen, hoffen sie erst geduldig, verständnisvoll hingegeben, später üben sie leisen Zwang aus. Sie können Freiheit als Liebesprinzip nicht gelten lassen, da sie Angst davor haben, nichts zu bekommen. Tatsächlich bleiben sie gerade durch ihre Abhängigkeit von ihrem Liebestraum von der Liebe ausgeschlossen – und darüber beklagen sie sich auch zu Recht, manchmal ein Leben lang. Man kann niemanden zu seinem Glück zwingen, auch und besonders Männer nicht. Das ist, was Vater-Töchter nicht glauben wollen, ihr mangelndes Selbstwertgefühl trübt ihren Blick.

Keine Frau kann den Widerstand des Mannes überwinden. Es ist ein sinnloses Unterfangen, in dem sich die Frau in abhängige und verzweifelte Strategien verwickelt, mit dem trostlosen Ergebnis: ‹Ich bin nicht die richtige Frau.› Der Versuch lohnt die Mühe nicht. Nur der Mann selbst kann seinen Widerstand gegen die Frau überwinden, nur er selbst kann die Ferne in Nähe verwandeln. Frauen sollten sich vielmehr ihrer eigenen Entwicklung, ihren persönlichen Stärken und Schwächen zuwenden. Insbesondere sollten sie lernen, den Hang – oder gar die Sucht – zum Weibchendasein zu überwinden, um dem Mann eine gleichwertige Partnerin sein zu können (vgl. Steinbrecher 1990b). Nur ihre An- und Aufforderung in der Liebe, ihre Bereitschaft zur Konsequenz bewegen Männer zu einer Veränderung. Es ist nicht so, wie Vater-Töchter so gerne glauben möchten, daß geduldige und verstehende Hingabe, die, wenn sie ohne Echo verhallt, sich nur allzuleicht in Kritik umformuliert, zum gewünschten Ergebnis führt.

Die Freiheit der Wahl verbleibt in der Verantwortung des Mannes. Und Frauen sollten diese Freiheit in aller Ruhe dem Mann übergeben und ihm die Verantwortung für sein Verhalten nicht abnehmen. Viele Auseinandersetzungen entstehen gerade aus dem zwanghaften Bedürfnis von Frauen: ‹Aber er muß sich doch ändern ...›

Abhängigkeit ist es, die Frauen ihren Zielort falsch bestimmen läßt:

Sie wollen den Mann verändern und nicht sich selbst. Dieser Erkenntnis weichen Vater-Töchter gerne aus, weil sie mit ihrem Vater ein anderes Liebesmodell trainierten. So auch Brigitte: Bereits bei ihrem Vater konnte sie mit ihrer demütigen Bewunderung, der Bereitschaft stets für ihn dazusein, Aufmerksamkeit erreichen – natürlich nur, wenn er anwesend war. Seine kurzzeitigen Verwöhnungsgesten und seine vordergründige Gutwilligkeit hatten sie nicht endgültig von seiner Liebe überzeugt, sondern in ihr das Mißtrauen erweckt. Nur mit ihrer kindlichen Abhängigkeit konnte sie seinen Blick auf sich lenken. Schon ihre Kindheit war ein ewiger Kampf. Das Verhalten ihres Vaters hatte sie gelehrt: ‹Männer muß man zur Liebe nötigen, indem man sich abhängig macht. Dann bekommt man wenigstens etwas – wenn auch nicht genug.›

Vielen Frauen geht es so wie Brigitte. Mit der Abhängigkeit ist es wie mit der Luft zum Atmen. Man spürt sie nicht unmittelbar, aber man braucht sie zum Leben. Vater-Töchter haben häufig den Zugang zu ihren Gefühlen verloren, und sie wissen auch nicht mehr, daß diese Gefühle in ihrem Inneren eine entscheidende Rolle spielen. Solange sie sich an einen starken Mann anlehnen können, scheint ihr Lebenskonzept zu funktionieren.

Doch welcher Mann liebt eine abhängige Frau? Der Vater liebte seine kleine abhängige Tochter nur dann, wenn sie ihm seine Väterlichkeit bestätigte. Und Männer? Zunächst fühlen sie sich geschmeichelt, fühlen sich groß und stark durch deren Abhängigkeit. Aber diese Attraktion läßt vollständig nach, wenn sich die Abhängigkeit in bloßer Hingabe erschöpft. Dann geht ihm die zuerst so begehrte Anhänglichkeit seiner Frau auf die Nerven, und er sucht die Ferne.

Für abhängige Frauen ist die Erschütterung und Zerstörung total, wenn der Mann geht. Ihre aktive Hingabe und Liebesbereitschaft hat ihren Adressaten verloren, und das läßt Vater-Töchter verzweifeln. Dann zeigt sich, wer sie wirklich sind: kleine Mädchen, die sich selbst nicht genug lieben und deren Seele von Wut aus Enttäuschung erfüllt ist.

Die Befriedigung ihrer Anhänglichkeit konnte diese seelische Realität vorübergehend unsichtbar machen, verändern konnte sie sie nicht. Frauen, denen die zugrundeliegenden psychischen Mechanismen nicht bewußt sind, zerbrechen fast an ihrem Liebesleid. Sie glauben, zu sehr geliebt zu haben. Die Vermutung drängt sich jedoch auf, daß man es hier eher mit einer Abhängigkeitserscheinung zu tun hat, einem längst vergessenen Geist aus der Kindheit, als mit der Fähigkeit zu lieben. Denn nichterfüllte Liebe kann zwar schmerzen, nicht aber zerstören.

Eine intakte Persönlichkeit, das solide Selbstwertgefühl einer Frau, kann niemals dadurch zerstört werden, daß irgendein Mann ihre Liebe nicht erwidert. Wenn das Leid in der Liebe bewußt in einen Zusammenhang mit der Abhängigkeit vom Vater-Traum gebracht wird, kann sich das Leid an der zerbrochenen Liebe auflösen. Frauen sind dann auf ihre Kindheit, ihre Erfahrungen mit dem Vater verwiesen. Und hier liegt die Chance zur Veränderung. Denn der Vater irrte sich doch in seiner Beurteilung – oder nicht?

Beim nächsten Mann – bleibt alles beim alten

Nach einer gescheiterten Liebe ist die große Hoffnung jeder Frau: Mit dem nächsten Mann wird alles ganz anders – liebevoller, aufregender...

Wir suchen, wir finden – und manchmal geht es gut. Aber auf eine geheimnisvolle Weise wiederholen sich die Geschichten, ähneln sie sich zumindest. Die Frage ist: Finden wir denselben Typ, oder machen wir dieselben Fehler, oder beides?

Viele Frauen beschreiben ihre Enttäuschung und auch ihre Wut, wenn sie nach jahrelangen Bemühungen in der neuen Partnerschaft ähnlich ‹festsitzen› wie in einer früheren. Alles beginnt so voller Hoffnung, die Verliebtheit ist groß, die Beziehung besonders intensiv, das Dunkel lichtet sich. Dann schleicht sich, manchmal schon nach wenigen Monaten, die alte Klage ein: ‹Er hört mir nicht zu, er läßt sich nicht ein – die Ferne zwischen uns ist unendlich.›

Warum das so ist, welche Kindheitsträume dabei eine entscheidende Rolle spielen können, beschreibt die Geschichte von Karen (Heilgymnastin, 33 Jahre).

Es ist die Geschichte einer Frau, die ihr Liebesbuch immer wieder neu schreiben möchte. Sie zeigt, wie die Vaterfalle funktioniert. Die Erfahrungen aus der Kindheit werden nicht erinnert oder falsch gedeutet, es bleibt: die töchterliche Enttäuschung.

Karen versucht die Liebe immer aufs neue. Sie kannte viele attraktive Männer, die alle in ihr die Sehnsucht auslösten: Mit ihm könnte es endlich gelingen. Mutig beginnt sie jede Beziehung – resigniert zieht sie sich immer wieder zurück. Nach jeder Erfahrung begräbt sie ein Stück Hoffnung, jedes Ende bedeutet für sie einen ‹kleinen Tod›. Sie bemüht sich, tapfer zu sein, aber sie kann der Erkenntnis nicht länger ausweichen: Sie erlebt mit jedem Mann das gleiche. Die Männer sind unterschiedlich, jede Liebe kennt eine andere Melodie, und dennoch: Die Abschiede ähneln einander auf fatale Weise.

Die Distanz läßt sich nicht mehr überbrücken. Jedesmal fühlt sie: Sie hat das alles schon einmal erlebt – diese Distanz; Liebe, die nicht mehr erreicht.

Karen beschreibt ihr stetes Ringen um den großen Liebestraum, den sie für wahre Liebe hält und der sich – als Traum – eben nicht erfüllt. Was sie nicht ahnt, was sich jedoch in ihrer Liebesgeschichte andeutet, ist, daß sie den Reiz der Liebe in der Überwindung des männlichen Widerstandes erlebt.

Vater-Töchter mit ihrer unerfüllten Sehnsucht und der verdrängten Hoffnung lieben vorzugsweise den, der sich verweigert. Befriedigung ziehen sie aus der Eroberung, Stärke aus der vollbrachten Tat. Vordergründig werben sie mit leichter Liebenswürdigkeit um den Mann, in Wirklichkeit ringen sie zäh um ihren Sieg. Jedes Gefühl ist dieser Vater-Tochter recht, wenn es ihr nur den Sieg bringt: Sie ist himmelhoch jauchzend oder zu Tode betrübt.

In ihrer Konzentration auf die Eroberung vergißt sie sich selbst. Oft kann sie nicht mehr unterscheiden, wofür sie dies eigentlich tut. Ob ihr der Mann wirklich so gefällt oder ob sie nur von der Idee der Eroberung verzaubert ist. Wie dem auch immer sein mag – sie gibt ihr Ganzes.

Hilfreich für dieses Ziel ist die Fähigkeit von Vater-Töchtern, ‹nichts zu merken›. Eine Blindheit in der emotionalen Wahrnehmung zieht sich wie ein roter Faden durch den Lebens- und Liebesstil. Erst sind es nur Geringfügigkeiten, kleine liebenswerte Charakterunebenheiten des Partners, die zwar gespürt, aber als unwichtig übersehen werden. «Er wird sich schon ändern, ich werde es schaffen» ist die irrtümliche Überzeugung. Später stellen sich aber genau jene ‹Kleinigkeiten› als schwerwiegende Fehler heraus.

Vater-Töchter beweisen auch hier ihr unübertroffenes Können, Dinge wahr-, aber nicht ernst zu nehmen. Sie müssen träumen, das heißt, sie müssen sich den Mann wie schon den Vater idealisieren, so daß er in ihren Traum hineinpaßt.

Nach langer Odyssee fand Karen endlich ihren Idealmann: «Wir lernten uns am Arbeitsplatz kennen, und er wirkte zunächst abweisend, langweilig und eigenbrötlerisch, aber auch nicht uninteressant. Er interessierte mich. Also ignorierte ich einfach sein Verhalten und versuchte, ihn durch Charme, Fröhlichkeit und Lebendigkeit zu entwaffnen, was mir auch gelang.»

Karen hatte Glück. Sie konnte den Mann auftauen, sie konnte seine Aufmerksamkeit auf sich lenken. Er lud sie zum Essen ein, und sie lernten sich näher kennen. Karen war wie ausgewechselt – lebhaft und voller Schwung. So einen Mann hatte sie sich vorgestellt. Er war der Richtige. Ihre Gespräche faszinierten sie. Er wußte soviel, und er blieb immer bei seiner Meinung – ruhig, freundlich, standhaft. Er sagte wenig, aber eben was er sagte, war gut. Sein Schweigen überbrückte sie mit ihrem Reden. Aber das war auch richtig so: Sie war temperamentvoll, und als Ausgleich dazu brauchte sie einen ruhigen, überlegenen Mann – das hatte sie schon bei ihrem Vater begriffen.

Karen verliebte sich in einen Mann, dessen Unerreichbarkeit sie genau registrierte, diese Charaktereigenschaft feuerte sie geradezu an. Er paßte genau in Cinderellas Vorstellung von ihrem Prinzen. Für sie war er ein gefühlvoller und zärtlicher Mann, der genau wußte, was er wollte. Lange hatte sie genau diesen Mann gesucht. Sie beschloß ziemlich bald, diese Beziehung sollte ewig halten. Aus dem Stand heraus kultivierte Karen ungeahnte Verleugnungskünste:

«So ein toller Mann, sollte er sich wirklich auch noch in mich verlieben? Das hatte es bisher noch nicht gegeben. Bisher war entweder nur ich oder nur er verliebt, oder er war verheiratet. Jedenfalls hatte sich noch nie ein von mir ausgewählter, ungebundener Mann ernsthaft für mich interessiert. Ich hatte es schon fast aufgegeben und wollte mich mit einem zweitklassigen Mann zufriedengeben – man kann eben nicht alles im Leben haben – und jetzt das, ich träumte schon vom Himmel auf Erden.»

Sie trafen sich immer häufiger, und die Beziehung begann Gestalt anzunehmen. Jeder tastete sich langsam an den anderen heran. Karen fühlte sich schon ganz nah, vor jedem Treffen war sie unerhört aufgeregt. Sie deutete sich dieses Gefühl als besonders intensive Verliebtheit:

«Beim Picknick im Stadtpark redeten wir vorsichtig um den ‹heißen Brei› herum, bis wir uns einander erklärten und danach verstummten – vor Glück, wie ich meinte. Wir hatten uns plötzlich einfach nichts mehr zu sagen. Unversehens war aus dem ganzen Spiel und meinen Träumereien Ernst geworden, und ich wußte, daß ich mit so einem Mann nicht spielen konnte. Angekuschelt in seinem Arm verließ ich selig, aber völlig sprachlos den Park. Ich war ein kleines Mädchen geworden, das endlich der Erfüllung seiner Träume entgegenschwebte.»

Die Aufregung und ihre Fassungslosigkeit, genauer, ihre Dankbarkeit, hätten Karen signalisieren können, daß etwas mit ihrem Gefühl nicht stimmte. Sie hätte ihre Angst bemerken können, die sich viel zu früh ausbreitete. Sie kannte diesen Mann noch gar nicht und wollte ihn schon erobern. Ihre Gefühle hätten sie an ihre erste gescheiterte Eroberung erinnern können, an ihren Vater. Aber der Gedanke lag ihr ganz fern, im Gegenteil, sie faßte den Entschluß: Sie würde alle Schwierigkeiten überwinden. Sie wollte nur noch eines: diesen Mann. Dafür wollte sie alles einsetzen, das schwor sie sich.

Sie verbrachten das Wochenende zusammen. Eigentlich war es ihr zu früh, sie wollte sich Zeit nehmen für diese Liebe. Doch wollte sie auch als freie, emanzipierte Frau erscheinen, die nicht zimperlich ist und weiß, was sie will. Deshalb stimmte sie zu. Gefühlsmäßig setzte sie einfach alles auf eine Karte. Ihre Enttäuschung darüber, daß er im

Bett versagte, deutete sie blitzschnell um in ein außergewöhnliches Einfühlungsvermögen des Mannes. Sie erzählte ihm als Ausgleich für sein Versagen und um ihn zu trösten sofort alles über ihre sexuellen Probleme, ihre Preisgabe war total:

«Gott sei Dank, endlich mal ein Mann, der nicht sofort und immer potent war. Erleichtert und vertrauensselig erzählte ich diesem fremden Mann auch gleich von meinen Schwierigkeiten in der Sexualität. Er sollte ja mein bester Freund werden, dem ich immer alles erzählen wollte, Distanz sollte es zwischen uns nie geben. Er überschüttete mich mit Zärtlichkeiten, die ich aufsog wie ein ausgetrockneter Schwamm.»

Karen war überwältigt. Plötzlich war die Sexualität kein Problem mehr für sie. War sie in anderen Beziehungen eher frigid und kühl gewesen, so war sie jetzt voller Leidenschaft. Sie erklärte sich ihre Erotisierung damit, daß sie diesmal einen besonders zärtlichen und einfühlsamen Mann kennengelernt hatte.

In Wahrheit erotisierte sie gleich zu Beginn der Beziehung seine Distanz, die sie in einen atemlosen Eroberungseifer versetzte. Sie probierten alles aus, was ihm in den Sinn kam. Schon ein Blick in seine Augen genügte, um sie für die Lust empfänglich zu machen. Dazu kamen Sätze wie «Wenn das so weitergeht, heirate ich dich» und «Mit dir könnte ich mir sogar vorstellen, Kinder zu haben». Sie konnte es kaum glauben. Endlich schien die Sehnsucht des kleinen Mädchens erfüllt zu werden. Dieser Mann wollte sie heiraten, und dafür war sie ihm dankbar. Deshalb wollte sie ihm in jeder Hinsicht gefallen.

Trotzdem schlichen sich leise Mißtöne in die Beziehung ein. Karen war öfter enttäuscht, als ihr lieb war. Um so mehr strengte sie sich an, an seine Einzigartigkeit zu glauben. Über alles andere versuchte sie, einfach nicht nachzudenken. Er hatte jedoch eine sehr subtile Art, an ihr herumzunörgeln, ihr Dinge, die ihr wichtig waren, madig zu machen und sich selbst dabei immer in ein gutes Licht zu setzen. Sie fühlte seine Kritik, deutete sie jedoch in Freundschaft um: «Er kritisiert mich doch nur, weil er mir helfen will, weil er mich liebt.»

Nach einem Jahr waren die Konflikte zwischen ihnen nicht mehr zu klären. Eigentlich standen sie vor der Trennung. Karen geriet in Panik, diesen Mann wollte sie nicht verlieren. Wenn es vorher noch Meinungsverschiedenheiten gegeben hatte, gelegentlich Streit angesagt war – jetzt war es vorbei damit. Sie gab in allem nach. Vordergründig waren damit die Konflikte beseitigt, die Oberfläche stimmte. Sie heirateten, und Karen hatte ihr Ziel erreicht – aber nicht den Mann.

Die kleinen sympathischen Fehler ihres Partners – liebenswerte Schwächen – hatte sie nicht verändern können. Ganz im Gegenteil: Sie bestimmten mehr und mehr ihre Beziehung. Aber das wurde ihr erst viel später klar, später, als es zu spät war. Als sie zum Standesamt fuhren, fühlte sie sich ganz klein und ganz glücklich.

Ihre Gefühle hatten wenig mit dem Mann, der neben ihr saß, zu tun. Den hatte sie nämlich immer noch nicht kennengelernt. Es hatte gereicht, daß er in ihr Idealbild vom Mann hineinpaßte – mehr wollte sie nicht. Sie war im Begriff, einen Mann zu heiraten, der sie ihre Persönlichkeit kostete, der nicht gut für sie war, der sie nicht liebte. Aber das wußte sie noch nicht, ihr Eroberungseifer machte sie blind.

Alles, was früher ihr Leben ausgemacht hatte, ihr Freundeskreis, ihre Ausbildung, ihre Musik, ihre Reisen, ihre Ideen und Perspektiven, all das hatte sie mit der Zeit aufgegeben. Jetzt wollte sie Kinder bekommen. Dafür vergaß sie ihre unguten Gefühle.

Leider fühlte sie sich zunehmend wie unter einem Zwang, den sie nicht abschütteln konnte. Sie mußte sich anpassen. Aus der charmanten und lebendigen Frau war eine Puppe geworden. Sie war immer noch schön, aber das Leben war aus ihr gewichen. Sie hatte die weibliche Unart übernommen, die Welt mit den Augen ihres Mannes zu sehen – und damit langweilte sie ihren Mann.

Die Ehe endete mit einer Scheidung. Alles war wie immer. Damit hatte die Hoffnung von Karen ‹Mit dem nächsten Mann wird alles anders› ein jähes Ende genommen. Aus lauter Siegeswillen und Begeisterung hatte sie sich selber aufgegeben, war unlebendig und rigide geworden.

Jede ihrer Beziehungen hatte dieses Ende genommen. Aufgeregt und begeistert begann sie die Liebe – schwebte kurzfristig im siebten Himmel – und landete dann mit einem harten Ruck auf der Erde. Eigentlich wußte sie nie, warum.

Was geschah mit ihr, wenn sie sich verliebte? Von ihrer Liebesfähigkeit war sie im Grunde überzeugt. Kein Zweifel trübte ihren Glauben an die eigene Fähigkeit zur Liebe, sie fühlte sich dazu geboren.

Zu Beginn einer Liebe sind ihre Gefühle heftig und ungebrochen: Sie liebt und möchte wiedergeliebt werden. Was Karen nicht weiß, ist, daß sie sich in die Erfüllung ihrer Liebessehnsucht verliebt hat, die bei Beginn jeder Liebe in greifbare Nähe gerückt ist. Nur die Verwechslung von Liebessehnsucht mit Liebesfähigkeit verleitete sie zu der Gewißheit, eine wahrhaft Liebende zu sein.

Karen hat sich nicht in den Mann verliebt, der vor ihr steht. Diesen kennt sie nur ungenau, diesen kann sie nur unscharf wahrnehmen. Denn jetzt ist der Moment gekommen, wo sie in ihre Kindheit zurückfällt.

Die Tochter in ihr übernimmt die Regie und führt sie ohne Zögern direkt in die altvertraute Atmosphäre ihrer Kinderstube. Und hier herrschen die rigiden Gesetze des Vaters, hier bestimmt seine Lust und Laune buchstäblich über Sein oder Nichtsein. Und Karen unterliegt diesem Zauber des ihr so Vertrauten, gibt ihr doch dieses Wiederfinden das Gefühl von Heimat, die sie so lange entbehren mußte. Für kurze Zeit wähnt sie sich glücklich – das Langersehnte ist endlich in Sicht.

Aber es stellt sich nicht ein – nicht nur zum großen Leidwesen von Karen, sondern vieler Vater-Töchter. Es drängt sich ihnen die Frage auf: «Aber wieso, es hat doch alles so gut angefangen?»

In Wirklichkeit hat nichts angefangen. Karen zum Beispiel hat nur etwas Vertrautes wiedergefunden: ihre Kindheit und den Wunsch, unbedingt etwas zu haben, was für sie schon einmal nicht zu haben war – die Vaterliebe.

Es ist, als ob sie einen neuen Anlauf nimmt. Denn mit einem distanzierten Mann befindet sie sich in der gleichen Ausgangsposition wie in ihrer Kindheit. Wieder gilt es, einen Mann zu erobern und für sich zu gewinnen. Eroberungen laufen auf Gefallen-Müssen hinaus. Und dieses Muß erzwingt Anpassung. Selbstaufgabe in der töchterlichen Anpassung scheint zunächst einfacher, soll Liebe möglich machen, ist aber eine Notlösung. Verhindert wird die notwendige Auseinandersetzung und der produktive Konflikt mit dem Partner – eben das ‹Sich-Erkennen›.

Das einzige, was Karen gelingen kann, ist, zeitweilig Anerkennung als ‹gute Frau›, als ‹liebenswürdige Gespielin› zu bekommen – eben als gute Tochter. Niemals erhält sie die Anerkennung als gleichwertige Frau. Ebenbürtigkeit hat sie nicht eingefordert, so etwas kommt ihr als guter Tochter nicht in den Sinn.

Karen weiß offensichtlich nicht, wie eine so tiefe Anerkennung aussehen könnte. Sie kämpft zwar um die Liebe, aber sie tut dies zu Lasten ihrer Würde und Achtung als Frau. Offensichtlich glaubt sie innerlich nicht einmal, daß ihr diese zusteht. Nach und nach gibt sie eigene Ideen und Vorstellungen auf, läßt sich und vor allem ihren Kinderwunsch kritisieren. Damit geht es Karen wie vielen anderen Vater-Töchtern auch: In der Liebe hört die Emanzipation auf. In der Liebe lassen sich Frauen beleidigen, kränken, ignorieren und betrügen – und das alles in der Vorstellung, dafür geliebt zu werden.

Sie verzeihen – noch ehe sie die Kränkung verstanden haben, sie sind zur Nachsicht bereit, so wie der Mann es wünscht. Sie verhalten sich wie die kleine Tochter, die einst ohnmächtig vor dem großen Vater stand, ihn nicht verstehen konnte, aber auch sich selbst nicht. Vor Schreck floh sie schon damals in die Distanz, und in dieses bewährte Muster verfällt sie noch heute. Ihre eigene Distanz hat Karen bisher übersehen. Sie fühlt sich als Liebende, aber hinter ihrem Eroberungseifer und ihrer Anpassung steht unerkannt die eigene Distanz – die Angst vor der Liebe.

Wie hypnotisiert sucht sie nach Liebe – um sich dann doch vor ihr und den Konflikten zu schützen. Die enttäuschende Kindheit hat Karen die Harmonie aufgezwungen, eine Welt, in der Gefühle und Konflikte verboten waren. In dieser Vorstellung harmonischer Liebe hilft ihr nur die Distanz. Sie bietet den Schonraum, in dem ihre wahren Gefühle zwar vorkommen, aber unter Verschluß ein allzu kümmerliches Leben führen.

Da wo ihre Liebesfähigkeit sich entwickeln sollte, da wo die weiche Kinderseele noch formbar war, da haben sie herbe Enttäuschungen wie ein Sturm getroffen und alle Möglichkeiten verdorren lassen. Für sie war die Distanz der einzige Ausweg, ihre Überlebensmöglichkeit: der Rückzug in die Traumwelt, in der auch der Vater ein Traum ist.

Als Kind erlebte sie die väterliche Liebe als Enttäuschung. Der Vater erweckte nicht den Wunsch nach Vertrauen und Hingabe, im Gegenteil: Die erste Liebe hat sie gelehrt, daß man zwar immer und zu jeder Zeit gefallen muß, daß man sich aber nicht hingeben darf, daß man nichts sagen darf, was stören könnte. Konflikte und Auseinandersetzungen sind untersagt. Man darf nicht zeigen, wie man wirklich ist: Nur mit träumender Distanz kann man sich schützen.

Was geblieben ist, ist die Sehnsucht nach Liebe, die sich für Karen heute nicht erfüllt. Die innere Distanz, der Rückzug von der Welt verunmöglicht es ihr, die Wirklichkeit zu erleben, den Mann zu erkennen und sich gleichberechtigt neben ihn zu stellen. Auch sie ist ein Opfer ihrer Vater-Idee.

Mit ihrem Vater hatte Karen das Siegesmodell trainiert, in seinen Augen galt nur die Eroberung: Nur das, was man nicht haben konnte, hatte einen besonderen Wert. Und so bekam ihr Idealmann allein dadurch seinen Wert, daß sie ihn nie wirklich haben konnte. Sie verzichtete auf sich, weil sie siegen wollte – und hielt das für Liebe.

Nur allzuoft endet die anfängliche Eroberung eines Mannes für Vater-Töchter in der totalen Unterwerfung. Was als männliche Aktivität begann, scheitert im weiblichen Opferstatus. Denn Töchter wollen, indem sie einen distanzierten Mann lieben, lieber erobern statt lieben: Sie weichen der Liebe aus – sie können ihr nicht begegnen.

Aber aus der Distanz zu sich selbst läßt sich schwerlich lieben. Solange Frauen mit dem töchterlichen Modell die Liebe suchen, suchen sie zwar hartnäckig, aber nur halbherzig.

Denn gleich zu Beginn jeder Eroberung fügen sie der Distanz des Mannes mit ihrer Anpassung ihre eigene hinzu. Distanzen addieren sich zu einer trügerischen Harmonie. Wie kann sich Liebe einstellen, wenn nur um Harmonie gekämpft, jedem Konflikt ausgewichen wird?

Die Frage also, ob wir immer wieder denselben Typ finden oder die gleichen Fehler machen, läßt sich nur so beantworten: Wir bleiben unserer Kindheit verhaftet, sie ist in uns, ohne daß wir es wüßten. In unserem Gefühl unterscheiden wir nicht zwischen Vergangenheit und Gegenwart. Denn das Gefühl ist nicht mit uns mitgewachsen. Wir erfahren uns und den Mann heute in der Erfahrung von damals.

Wir vergessen unsere töchterliche Überlebensstrategie. Wir kümmern uns zu wenig um die eigenen Gefühle, die wir noch nicht aus kindlichen Mustern befreit haben. Wir geben den einstigen Schutz vor dem Vater nicht auf, übertragen ihn auf den Mann. Vater-Bilder, die uns vor der Liebe schützen, solange wir uns nicht erinnern können...

Unsere Achillesferse ist die verlorene Kindheit und die mit ihr verlorenen Erfahrungen. Würden wir sie kennen, könnte es zwar sein, daß wir immer noch einen bestimmten Mann wählen würden, doch wir wären dann nicht gezwungen, uns zu verstecken. Wir hätten den Mut, ihn und uns in der Liebe kennenzulernen.

Lieber allein – als gemeinsam einsam

So manche Vater-Tochter entscheidet sich nach vielen mißlichen Erfahrungen schließlich für das Alleinleben. Die leidige Hingabebereitschaft hatte nicht den ersehnten Erfolg gebracht, und auch die Suche nach einem neuen Mann hatte nur bereits bekannte Erfahrungen bestärkt. Das Single-Dasein soll sie nun von ihren Problemen befreien, soll sie stärken und nicht schwächen.

Oft stellt sich auch diese Lösung als eine Notlösung heraus, denn der Vater begleitet Frauen leider auch in ihr Single-Leben. Sie hat zwar nun keine Konflikte mehr mit uneinsichtigen Männern, dafür um so mehr mit sich selbst. Oft traut sie sich, Männer zu verachten, macht aus ihrer Meinung keinen Hehl, fühlt sich ihnen überlegen und ahnt nicht, daß die Ähnlichkeit mit dem Vater sie zur Abkehr von der Liebe und den Männern zwingt, daß ihre Einstellung nur eine väterliche Norm ist, die sie als brave Tochter erfüllt.

Wie werden Töchter ihrem Vater so ähnlich, wer oder was zwingt sie dazu, ein Verhalten nachzuahmen, daß sie doch im tiefsten ablehnen müßten?

Töchter, die ihrem Vater später ähnlich sind, waren bereits in ihrer Kindheit in einem großen Konflikt, lebten in ständigem Streit mit dem Vater. In ihrem Drang, ‹so zu werden wie er›, haben sie vieles von ihm abgeschaut und übernommen. Aber wenn sie genauso waren wie er – dann traf sie sein strafender Blick. Als Tochter sollte sie zwar ähnlich sein – aber es gab doch Grenzen: eben die töchterlichen Grenzen. Der Vater erkannte in der Tochter die eigenen männlichen Eigenschaften und protestierte aufs schärfste, wenn sie ihn damit konfrontierte. Die Ansprüche, die sie stellte, waren Forderungen an ihn, und Anforderungen mag ein Vater nicht. Er wollte eine Tochter, die ihn bewundert – kein Duplikat von sich selbst. Er ist der Größte und einzige – Doppelgänger darf es nicht geben, denn damit verlöre er seine Einzigartigkeit.

Dieser Streit mit dem Vater verleitet Töchter zu der irrigen Annahme, sie hätten den Vater-Abschied eingeleitet, ihre Distanz sei garantiert. Fehlanzeige. Der Streit beweist genau das Gegenteil: nämlich die Abhängigkeit der Tochter, ihr unaufhörliches Ringen um seine Gunst. Denn man streitet nur mit dem, der einem etwas bedeutet – ansonsten lohnt die Mühe nicht.

Die Ähnlichkeit der Töchter mit dem Vater korreliert direkt mit ihrem Ringen um die Gunst des Vaters. Je abgelehnter sie sich fühlen, um so mehr verhalten sie sich wie er, um seine Gunst dennoch zu erringen. Ihr tiefstes Bestreben und ihr großer Irrtum ist: «Ich werde wie mein Vater, weil ich ihn liebe, weil ich von ihm die Liebe, die Anerkennung haben will.» Das Ringen um die Liebe des Vaters läßt Töchter so ähnlich werden wie er. Und je abgelehnter sie sich fühlen, um so mehr bemühen sie sich.

Denn Ablehnung ist nur schwer zu ertragen, und das kleine Mädchen versucht sofort, dem Vater nachzueifern, ihm zu gefallen und die Welt und die Menschen genauso zu beurteilen, wie der Vater es wünscht. Töchter fühlen sich stark und allwissend, wenn ihnen dies gelingt, noch ehe der Vater es ausspricht. Sie sind stolz darauf, seine Meinung und sein Gefühl so schnell zu erfassen.

Aber wehe, das kleine Mädchen verfehlt die väterliche Laune, dann wird es gnadenlos ins Reich des Nicht-Geltens verbannt. Alle Töchter haben geradezu seismographische Antennen für die launenhafte Willkür des Vaters entwickelt. Töchter wissen, was Väter wollen, und nur selten wagen sie es, dagegen zu verstoßen. Tun sie es dennoch, bestrafen sie sich selbst mit Schuldgefühlen. Sie beurteilen sich selbst aus väterlicher Sicht, fühlen sich mutig und diszipliniert – wenn er es sagt. Eine Vater-Tochter erinnert sich:

«Mein Vater hat mir beigebracht, mich in allen Lebenslagen in Disziplin und Härte an seine Werte zu halten und den Mut zu haben, sie in jeder Situation trotzdem anzuwenden, auch wenn alle dagegensprechen.»

Manchmal fügte der Vater dieser Frau seiner Ermahnung noch die Worte: «Belüge niemals mich, belüge lieber andere» hinzu, mit dem Ergebnis, daß sie ihn nicht belügt, dafür um so mehr sich selbst. Die eigene Schwäche wird verleugnet, um seinen Wünschen zu entsprechen. Aber nur wenn sie sich ähnlich verhalten wie er, trifft sie sein Lob, sein warmer Blick.

Wer erinnert sich nicht an die seltenen Erlebnisse mit dem Vater, wenn man es geschafft hatte, genauso ‹mutig› zu sein und so wie er über den Dingen zu stehen? Dann war er endlich zufrieden, und das kleine Mädchen sonnte sich in diesem Glück. Nach und nach vergaß sie alle anderen Gefühle, eben die Gefühle, die der Vater so ablehnte. Seine Wegweiser: «Sei nicht so ängstlich, nicht so zimperlich! Stell dich nicht so an! Das macht doch gar nichts! Bist du aber empfindlich!» wurden für die Entfaltung ihrer kleinen Persönlichkeit oberstes Prinzip. Wann immer es ging, verleugnete sie diese empfindlichen Gefühle, gab sich unbeeindruckt und unverletzbar.

Später glaubt sie selbst an ihre Unempfindsamkeit, ihre Kühle und verachtet – genau wie der Vater – die schwächlichen Gefühle ihrer Kindheit. So trifft man nicht selten Frauen, die die Macht verteidigen, sich eines harschen Umgangstons befleißigen, Kühle und Distanz ausstrahlen. Sie verleugnen ihre Weiblichkeit, lehnen sich als Frau ab, weil sie nur so die Anerkennung des Vaters wenigstens manchmal erreichen konnten. Aber trotz aller Anstrengung bleibt es bei den Töchtern bei der Nachahmung männlichen Gehabes, die niemanden wirklich überzeugt. Noch in ihrer Wirkung liegt das Ringen um die Gunst des Vaters, des Mannes, und in ihrem Ausdruck schleicht Hoffnungslosigkeit umher. Dementsprechend wirken männliche Frauen oft hölzern und verkrampft. Sie haben ihr Lachen verloren.

Gar nicht selten vertreten sie frauenverachtende Positionen. Sie halten nichts von ihren Geschlechtsgenossinnen – aber auch nichts von sich. Dies wollen männliche Frauen unbedingt vor sich und anderen verbergen: Sie dürfen nicht Frau sein und müssen dennoch die Rolle der Frau spielen. Aber auch sie sehnen sich nach einem Mann, mit dem sie dann aber nicht leben können, weil sie ihre weiblichen Gefühle verleugnen müssen. Sie verachten die Affinität anderer Frauen zur weiblichen Rolle, die sie mit Schwäche gleichsetzen. Solche ‹männlichen› Frauen können ihren Liebeskonflikt nicht auflösen. Und oft genug leben sie nach vielen gescheiterten Beziehungen nach dem Prinzip: Männer stören nur – nur allein kann eine Frau glücklich sein, die wahre Emanzipation der Frau ist nur im Single-Dasein zu verwirklichen.

Verbittert erinnert sich Jennifer (Sekretärin, 34 Jahre) heute an die väterlichen Wegweiser: «Du hast mich streng und mit aller Macht in die hohe Schule der Dressur auf deine Werte eingewiesen, die beinhalten: Menschenverachtung, Mißtrauen, Mißgunst, Scheinheiligkeit, Gehorsam und Ergebenheit bis zur Lust und Blindheit gegenüber Autoritäten. Absolute Härte und Disziplin gegen sich selbst und gegen andere, verborgen hinter einer Maske von Freundlichkeit und Zugewandtheit.»

Ihre Ähnlichkeit mit dem Vater sollte einst ein Geschenk an den Vater sein. Mit ihrer Ähnlichkeit wollte sie seine Liebe erzwingen. Heute leidet sie unter diesen übernommenen Verhaltensweisen. Und das um so mehr, als sie erkennen muß, daß es ein ungebetenes Geschenk ist. Eines, das der Vater weder will noch schätzen kann.

Nach ihrer Scheidung lebt Jennifer jetzt allein in einer Luxuszelle, wie sie ihre Wohnung bezeichnet. Sie fühlt sich nicht wohl und hadert mit ihrem Schicksal. Einerseits bezieht sie aus den väterlichen Werten nach wie vor Überlegenheit und Stärke für sich – andererseits kommt sie mit Männern nicht mehr zurecht. Die väterlichen Werte stören die Liebe. Beziehungen gelingen ihr immer nur mit Mühe und für kurze Zeit, denn ihre Wut auf Männer ist im Laufe der Zeit immer größer geworden. Zeitweilig kann sie sich in einen Männerhaß richtiggehend hineinsteigern. Sie möchte die Männer zwingen, sie anzuerkennen und zu bewundern, und sich letztlich an allen Männern dieser Welt rächen. Sie weiß nicht mehr, ob sie Männer überhaupt mag. Ihre Phantasie ist es, viele Männer um sich zu haben und sie nach ihrer Pfeife tanzen zu lassen – es würde ihr Bedürfnis nach Rache zutiefst befriedigen. Zumindest glaubt Jennifer das.

Wahrscheinlich ist, daß sie diese Wut erst loswerden kann, wenn sie sich von ihrem Vater gelöst hat. Von ihm fühlt sie sich bis heute so unendlich gekränkt. Auf ihn bezieht sich ihr Haß, der heute zum Ausdruck kommt, wenn sie andere Männer trifft. Es ist die verleugnete Wut auf den Vater, die sie heute auf andere Männer projiziert.

Jennifer fühlt selbst, daß mit ihrem Haß irgend etwas nicht stimmt, sie ahnt, er soll ein Schutz sein: «Mit meinem Männerhaß versuche ich meine Verletzlichkeit, meine Angst und meine große Sehnsucht nach Anerkennung und Liebe zu verheimlichen.»

In Wirklichkeit will sie sich selbst verbergen, ihre Verletzbarkeit und ihre Kleinmädchenseele. Das kleine Mädchen, das sie war, bleibt dabei im Keller verbannt. Sie will es nicht kennenlernen. Sie kann und will seine Hilferufe nicht hören. Sie ist taub geworden dafür. In einem nicht abgesandten Brief an den Vater schreibt sie:

«Wenn ich es (das kleine Mädchen) heraushole und mir von ihm erzählen lasse, wie es mit Dir wirklich war, welche Gefühle es hatte, wie es Dich bewundert hat und wie es von Dir verachtet wurde, könnten meine Sehnsucht und mein Verlangen nicht mehr Deinen Namen tragen und würden ihren Sinn verlieren. Ich würde Dich hassen – aber genau das kann ich heute noch nicht. Erst wenn das kleine Mädchen ausgepackt haben wird, wenn ich ihm erlaube, die Wahrheit zu sagen, wird sich Dein wahres Gesicht zeigen – und das wird das Ende meines Kindertraumes sein.»

Jennifer ahnt heute zwar die unglückselige Beziehung mit dem Vater, aber sie kann die Wahrheit noch nicht zulassen. Ihre Bindung in der Ähnlichkeit ist zu stark – sie hält nach wie vor an ihrem Geschenk fest. Einmal muß er es doch anerkennen und würdigen...

Jennifer verhält sich in der Liebe wie ihr Vater: Sie gibt vor zu lieben, aber sie darf es nicht. Immer dann, wenn echte Gefühle gefragt sind, muß sie sich hinter Härte und Disziplin verbergen. Sie darf nicht zeigen, was sie fühlt – und wer sie ist. Ihre Selbstverleugnung ist vollkommen. Wenn sie liebt – liebt sie total oder besser: erbarmungslos. Sie sperrt sich und den Mann sofort in einen Käfig ein, der ihr

Schutz und ewige Sicherheit garantieren soll. Rücksichten darf man nicht nehmen – schon gar nicht auf die eigenen Gefühle. Wo käme man da hin?

Heute ist sie allein, fühlt sich isoliert und denkt meistens, die anderen seien schuld an ihrem Unglück. «Männer beachten und umwerben mich nicht genug. Frauen ziehen sich von mir zurück, und ich finde sie unfreundschaftlich oder eifersüchtig; Kinder sagen mir, ich sei zu streng, und ich finde sie frech.»

Aber Jennifer beginnt zu ahnen, daß all das mit zum väterlichen Konzept gehörte, daß sie Vaters Tochter geblieben ist, daß sie mit ihrem gesamten Leben seine Werte bestätigt:

«Früher war es aussichtslos, hinter Deinen Mauern ein eigener Mensch zu werden. Der Schmerz dieses Gefühls hat mich gelehrt, es auf andere Menschen umzudeuten und zum Opfergefühl zu kultivieren. Keiner hat mich wirklich lieb – keiner versteht mich – keiner denkt an mich... Hinter Mauern lernt man Distanz und Distanzlosigkeit nicht zu unterscheiden – alles ist gleich nah und fern. Heute beginne ich zu ahnen, daß die Aussicht auf ein freies Leben erst außerhalb Deiner/meiner Mauern möglich wäre. Jedoch hat die Marionette ihre Fäden noch nicht durchgeschnitten.»

Was Töchter solcher Väter in der Regel vergessen und auch vergessen wollen, ist das Gefühl von Enttäuschung, von Wut aus Enttäuschung. Und diese Wut stört und zerstört ihre Liebesbeziehungen. Projektionen reichen nicht aus, es nützt wenig, die geleugnete Wut auf den Vater später auf andere Männer und Menschen zu richten – es macht nur einsam.

In einer Welt voller Vater-Töchter ist es dann auch nicht zu verwundern, daß es nur wenig Solidarität unter Frauen gibt, daß Frauen von Frauen nichts halten, sondern daß Frauen, genauso wie Männer, Frauen als Lückenbüßer benutzen. Frauenfreundschaften zerbrechen von einem Tag auf den anderen, wenn die Liebe ausbricht.

Und das alles nur, weil das kleine Mädchen die Wunschfrau des Vaters werden soll. Einerseits soll sie ihm ähnlich sein, männliche Werte verteidigen, andererseits muß sie jederzeit ihre Bereitschaft signalisieren, den Vater zu rühmen. Eine Tochter zu haben ist für den

Vater die Chance, eine Frau zu erziehen, von der er träumt und die er nicht gefunden hat. Die Tochter soll die Bürde der unerfüllten Sehnsüchte des Vaters tragen, und jede Tochter spürt diese Verantwortung sehr früh.

Das Dilemma für die Tochter ist unfaßbar und unlösbar. Einerseits muß sie wie der Vater sein – andererseits soll sie ihn bewundern. Noch erwachsene Frauen schleppen diese Bürde oft mit sich herum, ohne zu wissen, daß sie dieses Dilemma von ihrem Vater zugeschrieben bekamen, und ohne zu ahnen, daß sie heute die einzigen sind, die sich von dieser Bürde befreien können.

Was können schließlich Töchter für die unerfüllten Sehnsüchte des Vaters? Eigentlich hätte der Vater der Tochter helfen sollen, eine freie und selbständige Persönlichkeit zu werden und sie gerade nicht auf den einen männlichen Konflikt zu verpflichten. Das zentrale Versäumnis der Väter hat für die Töchter schwerwiegende Folgen, denn solange sie sich nicht aus dieser ihnen auferlegten Verpflichtung lösen können, leben sie mit einem inneren Konflikt, dessen Ursache sie nicht kennen und der sie in ein Liebeschaos führt.

‹Du bist wie dein Vater› sagen Mütter häufig zu ihren Töchtern. Was meinen sie damit? Ist es Kritik oder Lob? Töchter fassen es im allgemeinen als Lob auf, später sind sie sich da nicht mehr so sicher. Neben der Fähigkeit, mutig zu sein wie der Vater, den eigenen Kopf durchzusetzen, meinen Mütter im allgemeinen aber auch die Fähigkeit der Töchter, sich über andere Menschen kalt hinwegsetzen zu können. Ihre Beurteilung ‹Du bist wie dein Vater› meint immer auch seine Rücksichtslosigkeit, die sie vor sich selbst und vor ihm verleugnet, dem Vater ab- und der Tochter zuspricht: Die Schonung des Vaters zeigt sich in seinem Abbild. Der Vater wird geschont, die Tochter verurteilt. In dieser Beurteilung sind sich Vater und Mutter zumeist einig.

‹Wo bin ich wirklich wie er?› fragen sich viele Töchter heute. Damit stehen sie vor dem Dilemma, es nicht einschätzen zu können, nicht zu wissen, wer sie sind. Töchter können oft den Grad ihrer von der Mutter bescheinigten Gefühllosigkeit nicht einschätzen, aber auch nicht das Ausmaß ihrer Anpassungsbereitschaft.

Erst das Erkennen des Vaters ermöglicht eine Einschätzung der eigenen Wirklichkeit. Deshalb sollten die Beurteilungen – von wem auch immer – ‹Du bist wie dein Vater› von Töchtern mit Vorsicht behandelt werden. Töchter sind in ihrem Innersten eben gerade nicht so wie ihre Väter, denn sonst hätten sie bereits in ihrer Kindheit das Unmögliche gewagt und sich gegen den Vater gewehrt. Da jede Tochter weiß, daß das den Ausschluß aus der Familie bedeutet hätte, riskieren Töchter nur den vordergründigen Versuch einer Auflehnung. Im tiefsten Innern jedoch bleiben Vater-Töchter den männlichen Normen und Werten verhaftet. Das ist der Preis für den Platz in der Familie und auch für die Eingliederung in diese Gesellschaft, der von Töchtern verlangt und bezahlt wird.

Solange Töchter an die Liebe des Vaters glauben, sind sie es zufrieden: Sie werden männliche Frauen und verraten sich selbst und ihre Gefühle. Mit männlichen Verhaltensweisen wollen sie ihre weiche Kleinmädchenseele schützen und verlieren sich nicht selten in Kampfesposen. Sie schützen damit den Vater und die Gesellschaft – nur nicht sich selbst. Im Notfall vertrauen sie dann auf die Hilfe des Vaters, die natürlich ausbleibt, was von den Töchtern gutwillig entschuldigt wird.

Väter bestehen natürlicherweise auf ihrer Liebe zu den Töchtern und überzeugen damit nicht selten: ‹Was auch immer ich getan habe, so habe ich es doch aus Liebe getan›, ist die fadenscheinige Ausrede von Vätern. Liebe als Alibi für Lieblosigkeit. Denn: Was ich aus Liebe tue, ist wohlgetan und entzieht sich jeglicher Beurteilung. Mit diesem Argument, das fast jede Frau schon einmal gehört hat, wird die Realität der Vater-Tochter-Beziehung verschleiert. Männliche Frauen haben sich diesem Argument angeschlossen: Sie geben da vor zu lieben, wo sie sich doch nur schützen. Aus Liebe kontrollieren sie sich und ihre Partner. Mit Liebe begründen sie auch zwanghafte Verhaltensweisen.

Damit schließt sich der Kreis: Die Vater-Tochter-Ähnlichkeit ist zementiert. Töchter garantieren die Lebenswerte ihrer Väter und schließen sich selbst von der Liebe aus.

Dieser Kreis ist nur solange fest geschlossen, wie sie es wollen. Denn die sichtbare Ähnlichkeit mit dem Vater ist eine scheinbare und oberflächliche, die etwa dann in sich zusammenfällt, wenn Frauen in ihrer Liebe scheitern, sich ihre Lebenskonzepte nicht bewähren. Dann beginnen auch sie, die zunächst männlich-offensiv um die Liebe kämpften, um Liebe zu betteln. Dann zeigen sie das kleine Mädchen in sich, das schon der Liebe des Vaters nachlief, sie nicht erhielt und schließlich den unmöglichen und hoffnungslosen Ausweg wählte: ‹Ich werde so wie er – dann muß er mich lieben.›

Diese töchterliche Überlebensstrategie, zum eigenen Schutz und zur Ehre des Vaters entworfen, endet nicht selten in einem einsamen Dasein. Die Situation der erwachsenen Frau erinnert an die Verlassenheit der ungeliebten Tochter. Die Hoffnung ‹Lieber einsam allein als gemeinsam einsam› ist trügerisch und mit großen psychischen Entbehrungen verbunden.

Der Körper drückt aus, was die Seele verschweigt

Begleitet ist der Weg von Vater-Töchtern oft von vierlei körperlichen Symptomen. Sie leiden an Blasen-, Herz-, Lungenkrankheiten, an gräßlichen Kopfschmerzen.

Frauen, die in ihrer Kindheit um die Liebe ihres Vaters betrogen wurden, sehnen sich beständig danach. Sie verlangen verzweifelt nach einer symbiotischen Verschmelzung mit einem Mann, die aus ihnen ein ‹Ganzes› machen soll. Sie fühlen sich ihr Leben lang als ‹Hälfte›, die erst noch ganz werden muß. Das ist die Ursache dafür, daß viele Frauen geradezu selbstquälerisch immerzu mit sich beschäftigt sind, verzweifelt nach einer neuen Leitidee für ihr Leben suchen. Sie können niemals zufrieden mit sich sein, können sich nicht in Ruhe lassen.

In ihrer Kindheit hat man ihnen nicht erlaubt, zu fühlen und zu empfinden, daß sie einen Wert haben. Sondern ihre Erfahrungen mit einem lieblosen Vater haben sie gezwungen, immerzu und überall nach ihrem Wert zu suchen. Und um den zu finden, suchen sie einen Mann, der sie von ihrer Qual befreit, bei dem sie sich endlich ausruhen können. Diese Idee mutet fast absurd an, was sich auch in dem gequälten Verhalten von Frauen in der Liebe widerspiegelt.

Sie suchen ihren Selbstwert, aber sie können nicht angstfrei lieben. Letztlich können sie sich gar nicht geliebt fühlen. Aus den einst abgelehnten Töchtern werden ängstliche Frauen, die intensiven Empfindungen mit Vorsicht begegnen. Sie mißtrauen der Liebe, fürchten die Enttäuschungen. Ihre Liebe ist immer auch mit Angst verbunden, der Angst zu verlieren, sich zu verlieren, den Partner zu verlieren.

Weil der Vater sie nicht liebte, er es ihr nicht zeigte, der kleinen Tochter kein Vorbild in der Liebe war, konnte das Mädchen sich selbst nicht wahrnehmen als eine liebenswerte kleine Person. Dieser Mangel verfolgt sie.

Laura (Lehrerin, 36 Jahre) schildert in einem Workshop ihr Problem:

«Eigentlich möchte ich bedingungslos geliebt werden, aber ich muß immer Bedingungen erfüllen. Es ist für mich ein ganz tiefer Wunsch: einfach einmal etwas geschenkt zu bekommen, einfach weil ich da bin, und nichts weiter.

Wenn ich jedoch aufhöre, Bedingungen zu erfüllen, wenn ich aufhöre mich wohlzuverhalten in meiner Familie, dann habe ich große Angst, daß ich alles verliere. Ich habe dann die Phantasie, daß ich verlassen werde. Wahrscheinlich glaube ich gar nicht, daß es das wirklich gibt, daß man einfach geliebt wird. Deshalb erfülle ich immer wieder die Bedingungen meines Mannes und verzichte auf meine Gefühle.»

Dieser Verzicht auf die eigenen Gefühle ist für Laura mit einer großen Distanz verbunden, der Distanz zu sich selbst. Sie kann nicht daran glauben, daß sie einfach so geliebt werden kann – sie fühlt sich nicht liebenswert.

Und weil Töchter sich nicht selbst lieben können, sind sie in der Liebe so hilflos. Das Gefühl, ‹nicht liebenswert› zu sein, begleitet all ihre Entscheidungen. Oft sind sie nicht einmal in der Lage, über ihren Kummer zu sprechen – sie verbergen ihn wie ein Geheimnis in ihrer Seele. Nur ihr Körper drückt dann noch aus, was die Seele verschweigt. Und so sind Vater-Töchter oft von psychosomatischen Leiden geplagt, verbringen ihre Zeit in den Wartezimmern von Ärzten. Ihre Beschwerden sind kaum diagnostizierbar, zumindest finden sie bei Medizinern keine Hilfe.

Ihre Schmerzen sind real: Die Enttäuschung aus der Kindheit äußert sich in – oft chronischen – somatischen Beschwerden. Frauen beziehen ihren Körper in das Ringen um die Anerkennung ein und fügen sich damit großen Schaden zu. Sie weichen dem inneren Konflikt mit ihrer Krankheit aus, weil es sich herausstellen könnte, daß sie tatsächlich nicht geliebt werden – so wie sie es als kleine Tochter erfahren haben. Sie fürchten zwar, es könne so sein, aber sie wollen es nicht wissen. Lieber verlagern sie den Schauplatz des Kampfes in sich selbst, als den Partner anzusprechen. Sie erfinden alle möglichen Ausreden, nur um ihre somatischen Beschwerden nicht mit dem Partner in Verbindung zu bringen. Wie dieser innere Kampf sich anfühlt, welche verschlungenen Pfade die Seele einschlägt, um sich dem Konflikt mit dem Partner nicht stellen zu müssen, zeigt das kurze therapeutische Gespräch mit Laura:

Laura: Ich bin schon ziemlich lange krank. Ich liege ständig mit der Wärmflasche auf der Couch. Ich habe Magenkrämpfe. Aber ich mag nicht sehen, daß ich krank werde, um geliebt zu werden.

Therapeutin: Warum sind Sie so krank? Was glauben Sie?

Laura: Ich erkenne allmählich die Beziehung zwischen meinem Vater und mir. Ich kann heute sehen, daß ich nur wenig Liebe von ihm bekommen habe. Ich glaube, deshalb geht es mir so schlecht. Mit meinem Partner hat das wenig zu tun. Ich wiederhole ja ganz aktiv meine Kindheit. Ich bringe ihn ja erst in diese Situation, daß er mir etwas widerspiegelt, was ich kenne und was mir vertraut ist.

Therapeutin: Deshalb muß man sich ja den ‹Richtigen› genau aussuchen, denn nicht jeder spiegelt die Kindheit so ‹nett› wider. Sie haben sich also in den Richtigen verliebt?

Laura: Ja – das schon. Aber ich möchte mehr Liebe. Ich will keine Zuwendung wie zu einer Kranken. Momentan bin ich zwar in dieser Rolle. Mein Mann hat wirklich eine ganz kranke Frau. Ich erreiche ihn einfach nicht. Ich kann nicht von ihm loslassen. Und nun muß es doch einmal endlich ... Deshalb werde ich krank.»

Es wird deutlich, um was es Laura geht: Sie möchte mehr Liebe, und zwar von ihrem Partner, wahrscheinlich berechtigterweise. Der Vater dient ihr nur als Vorwand, um jetzt den Mann zu schonen und – wie in der Kindheit – Auseinandersetzungen auszuweichen.

Schon als Kind war Laura häufig krank. Nur dann bekam sie den sorgenden Blick ihres Vaters. Immer dann, wenn sie besonders angewiesen war auf Liebe und Fürsorge, wenn sie sich hilflos und schwach fühlte, wurde sie krank. So überdeckte sie bereits damals die gefühlte Vernachlässigung durch den Vater, verschwieg ihren Kummer. Jetzt ist sie wieder krank – häufig krank in ihrer Ehe. Sie vermutet schon, daß sie eine erlernte Verhaltensweise anstrebt, aber sie weiß nicht, daß sie mit ihrer Krankheit wiederum dem Konflikt ausweichen möchte – heute dem mit ihrem Mann. Nach wie vor gehorcht sie den väterlichen Weisungen, die da sagten: ‹Mich darf man nicht kritisieren.› Heute bezieht sie diese auf ihren Mann und wird lieber krank, als sich der Vernachlässigung zu stellen.

Wiederum – jetzt in ihrer Ehe – fühlt sie sich nicht wahrgenommen, nicht gehört. Alles ist wie früher, doch das darf sie nicht aussprechen. Sie fürchtet die Wut ihres Mannes, wie sie früher den Vater fürchtete. Sie ist überzeugt, ihr Mann würde ihr nicht recht geben, sie abwimmeln, sich gegen ihre Empfindung verwahren. Sie glaubt nicht daran, daß ihr Mann, den sie aus Liebe wählte, mit ihrer Einschätzung übereinstimmen könnte. Sie glaubt nicht, daß er sie liebt.

Doch ihr Mann ist nicht ihr Vater. Sie verwechselt beide, kann sie nicht auseinanderhalten. Die Bilder verwischen sich. Erst die Unterscheidung könnte ihr diese Verwechslung aufzeigen, könnte sie überzeugen – aber noch traut sie sich nicht. Deshalb lassen ihre Magenschmerzen nicht nach. Der Körper drückt aus, was die Seele verschweigt.

Leidend versuchen Töchter, die Enttäuschung mit dem Vater zu überwinden, leidend versuchen sie, die Liebe des Mannes zu erhalten. Aber in ihrem Leiden bestätigen sie nur das Urteil des Vaters: Sie bleiben die kleine Tochter, die nur hilflos und weinend ihre Bedürfnisse anmelden darf. Nur wenn sie leidet und sich klein macht, hat der Vater ein mitfühlendes Ohr für sie. Heute gibt sie damit ihrem Mann Recht in seiner Version ‹Meine Frau ist so schwach›. Diesen Zusammenhang vergessen Frauen. Es ist Frauen ein unangenehmer Gedanke, daß ihre Krankheiten mit ihrem Wunsch nach Liebe zu tun haben könnten. Sie mögen nicht sehen, daß sie krank sind, um geliebt zu werden.

Es ist eine Sackgasse, die Schuld nur weiterzureichen. Töchter sind zwar die unschuldigen Opfer ihrer Väter, doch müssen sie sich heute um sich selbst kümmern. Es ist hoffnungslos, den Partner zwingen zu wollen, Aufmerksamkeit zu geben.

Doch nur aus emotionaler Not greifen erwachsene Frauen zu den Mitteln ihrer Kindheit. So wie damals als kleines Mädchen schaffen sie sich mit ihrer Krankheit eine angst- und druckfreie Zone, in der man sie nicht angreifen kann. Ihre Krankheit soll sie schützen. Die Krankheit schützt sie. Die Frage ist nur, wovor? Vielleicht vor der Erinnerung – aber ganz sicher vor der Liebe.

Denn wer würde es schon wagen, eine ständig leidende Frau zu fordern, belasten, sie ernsthaft in das Miteinander einzubeziehen? Wer würde es wagen, sie zu kritisieren? Sie wird von jedermann geschont, verschont – aber auch nicht ernstgenommen.

Nicht selten versteckt sich hinter der leidenden Frau das trotzige Mädchen, das unbedingt die Liebe haben muß, koste es, was es wolle. Die kleinen Krankheiten sind immer dann parat, wenn es darum geht, den Konflikten auszuweichen und den Streit zu vermeiden. Diese trotzigen kleinen Mädchen herrschen durch Schwäche – ohne daß es von ihrer Umgebung bemerkt wird. Es ist eine intelligente Methode, in der Frauen nie zeigen müssen, wer sie wirklich sind, sie brauchen ihre Wünsche nicht zu formulieren. Sie liegen gequält auf der Couch, wollen eigentlich gar nichts haben, sind nur allzu glücklich, wenn der Schmerz nur nachlassen würde..., der leider dann doch länger anhält. Wie von selbst erfüllen sich dann ihre kleinen Wünsche und Bedürfnisse, der Partner kocht den Kamillentee, fragt nach dem Wohlbefinden. Nur Liebe stellt sich nicht ein, denn diese ist der Mann auch dann (oder gerade deshalb) nicht bereit zu geben.

Es ist eine fatale Verkennung der Wirklichkeit, die Frauen sich als Opfer fühlen läßt und nicht stark und selbstbewußt.

Die Wirklichkeit ist anders, als sie Töchtern in der Kindheit vermittelt wurde. Der Vater deutete zwar an «Ich werde dich lieben, wenn du schwach bist und leidest», er legte diese fast unzerbrechliche Hoffnung in die Seele seiner Tochter – aber er erfüllte sie nie.

Liebe ist nicht einklagbar – und es hilft wenig, sich als Opfer zu fühlen. Es schwächt die Frauen nur unnötig und läßt sie manchmal geradezu im Selbstmitleid versinken.

Was erhalten leidende Frauen denn wirklich für ihren Kummer und ihre Schmerzen?

Sie sind krank – sie quälen sich – und das alles für ein Minimum an Zuwendung. Sie geben sich mit einem relativ geringen Spielraum zufrieden, wagen nicht, ihre Wünsche und Meinungen zu formulieren. Deshalb drückt der Körper aus, was ihre Seele meint. Und er tut es schmerzend, quälend und immer beharrlicher. Aber niemand versteht die Sprache des Körpers, nicht einmal die Frau selbst. Sie fühlt sich gefangen in ihrem schmerzenden Körper, ihr gesamtes Interesse wird nach und nach auf sein Befinden ausgerichtet. Damit distanziert sie sich von ihrer Umwelt.

Die Krankheit ist ihre Sicherheit vor jedem Konflikt, dem sie sich nicht gewachsen fühlt. Der Zwang, den sie so auf ihre Umgebung ausübt, soll Enttäuschung kompensieren, ihre Resignation etwas ausgleichen. Aber das gelingt, wenn überhaupt, nur für kurze Momente. Der Nachgeschmack bleibt schal. Denn leidende Frauen überzeugen nicht wirklich, und die ersehnte Anerkennung bleibt ihnen verwehrt.

Der gesunde und stärkende Weg für Frauen liegt in der Erkenntnis der eigenen Mittäterschaft, in der Erkenntnis, daß Frauentöchter zwar lieben wollen – aber nicht wissen, wie.

Frauen, die in ihrer Seele die kleinen Mädchen geblieben sind, gehen das Risiko der Liebe nicht ein. Sie haben nicht genügend Mut. Psychosomatische Beschwerden können somit als eine Verweigerung gesehen werden, die sich oft übergangslos an die Verweigerung des Vaters in der Kindheit anschließt. Töchter drücken auf diesem Weg ihre erlebte Enttäuschung aus, geben sie weiter an ihren Körper, um sich selbst von der Enttäuschung zu befreien.

Es reicht nicht aus, die seelischen Konflikte auf den Körper zu verlagern, denn dieser hat wenig Möglichkeiten, sie zu lösen. Es ist eine Form der Verdrängung, die dem Körper zugemutet wird und gegen die er sich mit Krankheit oder Nicht-Funktionieren wehrt. Für Frauen mit somatischen Erkrankungen ist es oft mühsam, die wirkliche Verursachung ihrer Konflikte zu erkennen, die weit in der Kindheit liegen und der Erinnerung schwer zugänglich sind. Ein überstrenger und rigider Vater hat die Tochter schon früh mit seiner Härte und Kälte in die Krankheit getrieben. Schon damals versuchte sie, sich einen Schonraum zu erkämpfen, um die Härte des Vaters zu mildern. Ich habe den Eindruck, daß viele Frauen mit massiven psychosomatischen Symptomen den Überlebenskampf gegen die Väter früh und endgültig verloren haben. Resigniert bauen sie nur noch auf die schützende Krankenpflege, die sie dann in Liebe umdeuten.

Sich selbst zu lieben, sich selbst zu verstehen, das kleine Mädchen in sich einzubeziehen macht aus den Hälften ein Ganzes, befreit die Frau von ihrer Sucht nach Symbiose. Aber wie kann man sich lieben lernen, wenn man doch gerade eine Kindheit hinter sich gebracht hat, die nicht von Liebe bestimmt war?

Wohltuend und ein erster Schritt in diese Richtung ist die Loslösung von der Tochterrolle. Erwachsene Frauen haben erwachsene Rechte – keine kindlichen und töchterlichen. Dazu ist der Abschied vom Vater erforderlich. Er läßt aufatmen und öffnet den Blick für die eigenen Möglichkeiten. Betont werden muß hier jedoch: Der oberflächliche Abschied reicht nicht aus; vorschnelles Vergessen und Verdrängen verlängern nur die Bindung und lassen keine Freiheit zu. Der Prozeß des Abschieds führt zunächst immer wieder in die Kindheit hinein, sucht die Wahrheit und damit auch den Schmerz. Erst dieses Gefühl, das Verstehen und das Verständnis für das kleine Mädchen in jeder Frau ermöglicht einen gültigen Abschied, gibt ihr den Mut zu Konflikten. Denn jeder Konflikt ist eine Aufgabe, eine Herausforderung an den Menschen. Er sagt: «Schau her, ich bin da und ich will gelöst werden.»

Frauen, die von psychosomatischen Leiden geplagt sind, sollten versuchen, in sich hineinzuhorchen und die Sprache ihres Körpers verstehen zu lernen. Und was noch wichtiger ist: sie ernst nehmen.

Der Körper hat ein Mitspracherecht – er ist der Spiegel des ungelösten Lebensproblems. Und wenn er eine Störung signalisiert, dann liegt auch eine Störung vor. Es kann sein, wie bei Laura, daß die Störung im töchterlichen Lebenskonzept gründet: Die erwachsene Laura träumt noch heute von der bedingungslosen Liebe, die es in Wirklichkeit nicht gibt, und die man sich schon gar nicht durch Wohlverhalten erkaufen kann. Ihre Suche nach der bedingungslosen Liebe ist ein Ableger ihres Kindheitstraumes, der gerade weil er keine Erfüllung fand, als er berechtigt war, seine Wirkung unverändert behält. Später ist er nicht mehr berechtigt: Denn wer von uns liebt schon bedingungslos? Aber im Vater-Traum befangen kann Laura ihre Suche nicht aufgeben, sie kann nur resignieren. Und so gibt sie sich grollend und enttäuscht mit einer Tasse Kamillentee zufrieden, mit dem sorgenden Blick ihres Mannes für seine kranke Frau. Doch dafür lohnt sich die Suche nicht. Selbstwert kann sich auf diesem Weg nicht einstellen. Er kann nicht gegeben werden. Er ist kein Geschenk des Mannes an seine Frau. Man muß ihn sich unerlaubt nehmen, und zwar vom Vater, und ihn dann verteidigen gegen jedermann.

Sexualität und Lüge – die frustrierte Lust

Nirgendwo sonst wird so geschwiegen, geträumt, betrogen und gelogen wie in der Sexualität. Man wagt es sich kaum auszumalen. Dort wo Liebe sich zeigen und spiegeln könnte, breitet sich Schweigen aus. Vater-Töchter sind in der Liebe frustriert. Sie verbergen diesen Frust in der Lust, so gut es eben geht. Aber es geht nicht allzu gut – und am Ende steht auch hier die Vater-Wirklichkeit.

Der sexuelle Konflikt gehört zu den Konflikten, die zwingend nach einer Antwort verlangen, wenn die Liebe gelingen soll.

Aber wer traut sie sich zu? Wer wagt es, zu seinen frustrierten Gefühlen zu stehen, sie sich einzugestehen und sich der Frage nach dem «Warum» zu stellen? Gerade nachdem die Frauenbewegung das weibliche Begehren ganz aktuell ins Gespräch gebracht hat. Die Emanzipation hat der Frau die sexuelle Freiheit wie ein Geschenk beschert, eigentlich sollte das ein Beitrag zu ihrer Gleichwertigkeit sein. Einem geschenkten Gaul aber schaut man bekanntermaßen nicht ins Maul, und so haben sich Frauen, dankbar für dieses Geschenk, tapfer um sexuelle Lust bemüht.

Eine neue unhinterfragte Norm entstand: die lustbetonte Frau. Eine heute als weiblich geltende Frau lebt lustbetont und ist vom grenzenlosen Begehren befallen. Die zunächst ersehnte sexuelle Freiheit verkehrte sich schnell in sexuellen Zwang, verpflichtete Frauen zur Lust und nicht auf ihre Möglichkeiten. Frauen dürfen und sollen heute ihre Wünsche äußern, sie sollen und dürfen einen Orgasmus erleben. Man hört es schon: Ein Sollen schwingt immer mit.

Was Frauen wirklich erleben in der Sexualität, weiß niemand mehr so genau. Auch die Wahrheit hat sich der Norm unterworfen. Im allgemeinen schweigen Frauen und leugnen ihre wahren Gefühle. Das Problem soll gelöst werden, indem man nicht darüber spricht. Aber sexuelle Probleme lösen sich nicht durch Schweigen. Im Gegenteil, sie vertiefen sich und lassen jegliche Lust ersterben.

Ich habe in allen meinen Analysen das wahre weibliche Begehren nur selten gefunden. Was ich fand, war Lüge, Selbstbetrug und die in Sexualität umgedeutete weibliche Begierde, unbedingt von einem Mann geliebt zu werden.

Es ist in Mode gekommen, Gefühle einfach zu verwechseln, um dem Zeitgeist zu entsprechen. Dies gelingt um so leichter, je größer die Fremdheit zu den eigenen Gefühlen ist.

Denn wer versteht schon die Sprache seiner Gefühle? Wer ahnt, daß Gefühle Orientierung bieten könnten, daß sie die Wegekarte sind im weiten Land der Sexualität? Und es ist schwierig, sich in diesem Land zurechtzufinden. Jede Frau kann ein Lied davon singen: «Erst ist sie schön, dann wird es leer – dann ist sie weg.» Wer kümmert sich um die Gefühle, die eindringlich warnen, Lust und Unbehagen signalisieren – wer versteht die Sprache seiner Gefühle in der Sexualität?

Frauen schützen sich vor dieser Erkenntnis, indem sie ihre Gefühle beschreiben, aber nicht nach den Gründen fragen. Sie haben regelrechte Denkblockaden entwickelt, die ihre Sinne trüben und sie ‹nichts merken› lassen:

«Ich bin nach der Liebe immer so traurig, ich habe keinen Zugang zu meinen Gefühlen, ich weine viel, aber ich will Lust haben, vielleicht mache ich etwas falsch, wahrscheinlich bin ich frigide, ich bin nicht weiblich genug, ich bin nicht zärtlich genug, nicht genügend anschmiegsam und weich. Ich kann nicht werben, ich habe zu wenig Lust oder zuviel, irgend etwas ist immer verkehrt.»

All dies sind Zustandsbeschreibungen, die wie eine abgebrochene Ouvertüre klingen, die Frauen vor den Türen der Liebe stehen läßt.

Es sind Aussagen, die ich in vielen nuancierten Formen immer wieder höre. Sie zeigen die Grenze: bis hierhin und nicht weiter. Vielleicht wird gerade noch der Aspekt des eigenen Unbehagens und Ungenügens erfaßt und auch beschrieben, aber die Analyse des Problems – das Finale – fehlt. Die Stellungnahme zum Miteinander bleibt aus – diese trauen sich Frauen nicht zu.

Der ungebetene Gast

Frauen wollen mit diesen Denkblockaden der Auseinandersetzung mit ihrer Vergangenheit und dem Partner ausweichen. Sie möchten lieber nicht sehen, was hinter ihren resignativen Empfindungen steckt. Denn hinter dem ‹Ich bin traurig, ich genüge nicht, ich bin nicht zärtlich genug› steht das kleine Mädchen, das hoffnungsvoll auf den Vater schaut, damit er ihre Probleme löse.

Das Liebeslager verwandelt sich in eine töchterliche Spielwiese, auf der sich viele Leute tummeln. Es sind beim Sex neben der erwachsenen Frau auch immer Tochter und Vater dabei; ja, gelegentlich gesellt sich sogar die Mutter dazu. Zählt man den familiären Hintergrund des Mannes noch hinzu, so sind an jedem Liebesspiel eine stattliche Anzahl von Leuten beisammen. Die Eltern sind immer dabei. Wenn man sie hörte, würde man den Grund für die eigenen Zweifel erkennen. Denn ihre Stimmen sagen, wer man selber ist, wozu man taugt, ob man gut ist im Bett, verklemmt oder gehemmt, zu weich oder zu hart – und wer der Partner ist. Ja, wenn man sie hören könnte...

Aber wir hören sie nicht mehr. Nichtsdestotrotz sind ihre Stimmen in uns und bestimmen unsere Gefühlswelt. Die Intimität in der Liebe erfährt durch dieses Gerangel von Leuten im Bett eine höchst unerfreuliche Störung.

Statt die Leute zu verleugnen (was heute im allgemeinen geschieht), wäre es für Mann und Frau besser, eine klare Abgrenzung herzustellen: zu wissen, wer wer ist, welche Meinung zu wem gehört und vor allen Dingen, wer man selbst ist. Erst dann sind Intimität und Zweisamkeit überhaupt möglich.

Solange diese Fragen nur ungenau geklärt sind, bleibt sexuelle Freiheit ohne Konsequenzen. Sie ist nur in der Einsicht vorhanden und erreicht das Gefühl nicht.

So hat sich in der Sexualität bisher auch nur der Schein geändert. Die Realität ist so geblieben, wie sie immer war. Frauen geben sich lustvoll – und Männer nehmen das hin, werden jedoch zunehmend lustloser. Eine neue Variante des alten Spiels.

Vater-Töchter geben sich lustvoll und emanzipiert, auch dann, wenn sie es nicht sind, übergehen ihre Gefühle und spielen so die Wunschfrau des Mannes. Doch sie haben die Rechnung ohne den Wirt gemacht, denn ihr Körper läßt sich nur scheinbar und vorübergehend betrügen. Auf die Dauer legt er unmißverständlich ein Veto ein und hindert Frauen daran, den Selbstbetrug fortzusetzen. Auch dann, wenn die Frau selbst nicht bemerkt, wie sie sich selbst betrügt, wenn sie die Wahrheit nicht sehen, hören und fühlen will. Doch der Selbstbetrug, die Lüge, spiegelt sich in gereizten, angestrengten und so merkwürdig unpassenden Gefühlen wider. Signale, die im allgemeinen ungehört bleiben.

Begleiten wir Eva auf einer Reise durch die unbekannte Innenwelt ihrer Sexualität. Sie will die Sprache ihrer Gefühle verstehen lernen. Bis jetzt fühlt sie nur eine unbestimmte Anstrengung. Es ist nichts Leichtes und Fröhliches mehr in ihrem sexuellen Verhalten. Sie muß immer Lust haben, aber sie ist müde. Zu lange und zu oft hat sie dieses Spiel gespielt. Jetzt mag sie nicht mehr:

«Wenn ich ehrlich bin, besteht meine Lust nur darin, daß ich mir in meiner Weiblichkeit mehr gefalle, wenn sich mir ein Mann zuwendet. Wenn er mit mir schläft. Sexuelle Lust kann ich selten oder gar nicht empfinden. Das sage ich natürlich niemandem, und ich selbst habe mich auch lange darüber hinweggetäuscht. Denn in meinem Gefühl hätte meine sexuelle Unempfindlichkeit meinen Wert als Frau noch mehr reduziert, und mein Vater hätte noch mehr recht bekommen.

Also habe ich mich lieber geschont und mich lange Zeit selbst belogen. Aber immer blieb da dieses unbehagliche Gefühl...»

Eva weiß um ihren Betrug, aber sie kann dieses Wissen nicht für sich verwerten. Was soll sie tun? Einfach keine Lust mehr haben – einfach ehrlich sein? Sie fürchtet um ihr weibliches Ansehen. Sie ist eine junge selbstsichere Frau von 32 Jahren, aufgeschlossen und emanzipiert. In ihrem Beruf als Fotografin ist sie sehr erfolgreich. Sie hatte ihr Leben der Zuversicht und der Selbstsicherheit gewidmet, was lange Zeit mit gutem Erfolg klappte. Aber jetzt bekommt diese glatte Oberfläche allmählich Risse. Sie kann sich ihre angestrengten und gereizten Gefühle nicht erklären, sie kann sie nicht für sich deuten.

Sie lebt heute allein in einer schönen großen Wohnung, und zum erstenmal in ihrem Leben hat sie etwas ganz für sich allein. Als Kind hatte sie sich so sehr nach einem Ort gesehnt, an dem sie sich verstekken konnte. Jetzt als erwachsene Frau hätte sie alle Freiheiten, die sie sich wünscht, aber sie kann sie nicht nutzen. Denn sie ist nicht so allein, wie sie glaubte: Ihr Vater ist immer dabei. Eva beschreibt diesen ungebetenen Gast in ihrem Leben:

«Selbst hier sitzt er – mein Vater – ständig an meiner Seite. Er beurteilt mich mit strengem Maßstab. Er ißt mit mir, er denkt mit mir, und manchmal glaube ich sogar, er schläft mit mir. Obwohl das natürlich Unsinn ist. Ich sehe meinen Körper mit seinen Augen, er ist wieder ein magerer Mädchenkörper, der nur durch Sexualität mit einem Mann seine Existenzberechtigung, seine Weiblichkeit erhält.»

Seine Beurteilung klingt ihr in den Ohren: ‹Dein Busen ist zu klein, zu wenig entwickelt. Schau dir deine Mutter an. Sie hat große volle Brüste – und du? Du bist viel zu mager, an dir ist überhaupt nichts dran.› Und sie gibt seinen Worten recht. Sie ist von ihrem Vater dazu erzogen worden, ihren Körper für Männer verfügbar zu machen, und das in einem Alter, in dem sie ganz und gar abhängig war von ihrem Vater, als sie nicht wissen konnte, was sie lernte:

«Mein Vater ging an meinen Körper, an mein erstes kleines Taschengeld, er ging an meine Seele. Wie ein Parasit nistete er sich ganz früh in mir ein. Er hat nie gezahlt und sich für irgend etwas verantwortlich gefühlt, und heute lebt er eingenistet in meinem Leben, in meiner Wohnung. Ich bekomme ihn nicht aus dem Kopf, aus meinem Gefühl und aus meinem Bauch. Von ihm wußte ich von Anfang an, daß ich häßlich war, nichts taugte und mit meinen ungewaschenen Fingern ihn nicht anfassen durfte.»

Heute muß sie ihren Körper anbieten, muß sich präsentieren, um sich ihren Wert als Frau zu ‹erkaufen›. Dieses tut sie unbewußt in Anlehnung an ihre Kindheit, als sie ihren Mädchenkörper dem Vater zur Verfügung stellte, in der Hoffnung, ein schönes und hübsches Mädchen zu sein:

«Immer wenn ich mich verliebe, habe ich diesen einzigen Wert, den ich besitze, sofort und unmißverständlich in den Vordergrund gerückt. Der Mann konnte dann den Zeitpunkt bestimmen, und ich empfand es jedes Mal als Erlösung, wenn er mich wollte. Das wertvollste, was ich besitze, biete ich noch heute wie eine Selbstverständlichkeit sofort an. Und ich halte das sogar für emanzipiert. Frauen sollen ja heute Lust haben.»

Eva hat sich als gute Tochter ihres Vaters dem Betrug, der Selbsttäuschung verschrieben. Heute hat sie Angst vor der Wirklichkeit ihrer Gefühle. Sie fürchtet, wenn sie keine Lust bekundet, keine weibliche Frau für den Mann zu sein. Aber Papas ‹Einführung in das Leben› war falsch und irreführend. Er lehrte, daß man Männer in dieser Hinsicht an der Nase herumführen kann und muß. Vielleicht nur, weil er es gerne hatte. Eva hat daraus ihre sexuelle Orientierung abgeleitet – und das ist der Fehler. Als brave lustvolle Frau glaubt sie heute, dem Mann körperlich und seelisch gehören zu müssen. Auch wenn sie genau das nicht will.

Sobald ein Mann in ihrer Nähe ist, der signalisiert, daß er körperlich etwas möchte, entfernt sie sich von sich selbst. Und zwar ohne daß sie es will und möchte. Es passiert einfach mit ihr. Verzweifelt versucht sie dann noch, ihre Seele zu schützen. Diese verwandelt sich dann in die Seele der kleinen Tochter, die dem Vater unbedingt gefallen will und sich dem Mann ausliefert. Die körperliche Nähe zu einem Mann versetzt sie in höchste Alarmbereitschaft. Sie fürchtet, die Kontrolle zu verlieren, dabei verliert sie sich und empfindet sich selbst ‹wie ferngesteuert›. Sie wird zu einem kleinen ängstlichen Mädchen, in das der Vater das Programm eingegeben hat: ‹Wenn du mich liebst, dann bist du brav und willst mir gefallen.›

Diese Programmierung steuert nicht nur ihr gesamtes Lebensgefühl, sondern es erfährt darüber hinaus eine kontinuierliche Bestätigung und steuert sich zunehmend selbst. Vom Vater programmiert, wird es auch von Männern genutzt. Wenn Eva eine Beziehung zu einem Mann eingeht, funktioniert das Schema: «Wenn ich will, daß ein Mann mich liebt, muß ich mich lustvoll zeigen.»

Mit anderen Worten: Um einen Mann zu bekommen, muß sie brav und anpassungsfähig sein, Lust zeigen, selbst wenn sie keine hat. Sollte Eva einmal vergessen, auf die Programmierung zu achten, dann gibt es Störungen, und es gibt auch Entstörungstechniken: «Sei nicht so egoistisch. Sei nicht so kalt. Bist du etwa frigide?» Diese Ermahnungen heben jede lästige Störung auf, und Eva weiß wieder, was sie zu fühlen hat: Lust.

Frauen sollten ihre Gefühle, ihre Stellungnahmen zur Sexualität, ihre Gedanken über sich selbst und ihren Körper auf solche Fernsteuerungen hin überprüfen. Frauen, die diese Mühe auf sich nehmen, kommen dabei häufig zu dem Ergebnis, daß sie lediglich Meinungen, Gedanken und vor allen Dingen Vorurteilen ihres Vaters, seinem Frauenbild – manchmal leicht variiert – zu neuem Glanz verhelfen. Und das, obwohl sie sich nicht selten als emanzipiert und selbstbewußt empfinden.

Eva betrügt sich selbst, sie verwechselt sexuelle Lustgefühle mit ihrem Wunsch, geliebt zu werden, kann das eine nicht mehr vom anderen unterscheiden und bringt sich so um Lust und Leichtigkeit in der Sexualität. Wieder und wieder muß sie dem Mann und sich eine Lust vorspielen, die sie nicht fühlt – eine wahrhaft anstrengende Angelegenheit. Und das um so mehr, als Eva irrtümlicherweise den Vater als Maßstab dafür nimmt, wie Männer es gerne hätten. Sie gibt sich lustvoll, zeigt ihre Bereitschaft. Der Mann soll ihr dann die sexuelle Ausstrahlung, ihre Fähigkeit auf diesem Gebiet bestätigen. Damit macht sie sich abhängig von seiner Lust und seinem Begehren – und kann sich selbst, ihre eigene Lust nicht fühlen.

Eva gehört zu den Frauen, die in ihrer Kindheit kein Gefühl für ihre Weiblichkeit entwickeln konnten. Der Vater sorgte dafür, daß sie sich mager, irgendwie unvollkommen fühlte. Denn nach wie vor hängt das Vertrauen von Frauen in ihre Weiblichkeit weitgehend davon ab, ob und inwieweit sie als Kind die Anerkennung des Vaters bekommen haben.

Der Vater bestimmt wesentlich das sexuelle und überhaupt das körperliche Selbstbild der Tochter. «Das von der patriarchalischen Gesellschaft erzeugte und aufrechterhaltene Image, wonach die Frau sanft, rezeptiv, warm und verständnisvoll, gefällig und hilfreich ist, wird von unseren Vätern geschaffen» (Wakerman 1988, S. 31).

Was geschieht mit Töchtern, wenn sie trotz ihrer Anpassungsbemühungen ihre Weiblichkeit nicht bestätigt bekommen? Sie können später kein ‹sicheres Gefühl› in bezug auf ihre Erotik ausstrahlen. Sie wollen, sie müssen sich ihre Weiblichkeit von einem Mann bestätigen lassen. Der Liebespartner soll die töchterliche Wunde heilen, er soll aus der unwerten Tochter die geliebte Frau machen. Wieder ein Traum, der sich nur selten erfüllt.

Eva leidet, weil für gemeinsame sexuelle Lust weibliche Anpassung nicht genug ist. Indem sie sich betrügt, verhindert sie ihre eigene Lust; mehr noch, ihr Körper entwickelt im Laufe der Zeit gegen diese ungewollte ‹Lustbezeugung› eine Aversion und damit gegen sexuelle Berührung überhaupt. Die eigene Lust ist gerade bei von ihren Vätern nicht oder nicht ausreichend geliebten Töchtern ein zartes Pflänzchen – es muß gehegt und gepflegt werden. Eva müßte die Sprache ihrer Gefühle jenseits ihrer Anpassungsbereitschaft verstehen und nicht übergehen. Wenn sie keine Lust verspürt, sollte sie den Warnungen ihres Körpers folgen und ihn nicht in eine sexuelle Intimität hineinzwingen – nur um einem Mann zu gefallen.

Körper und Seele können erst vom Zwang befreit zusammenklingen und das Lied der Lust spielen... Denn auf dem Gebiet der Sexualität spielt sich der gleiche Kampf ab wie im gesamten Seelenleben. «Manchmal können die Lippen lügen, oder der Kopf will nicht verstehen, aber die körperlichen Funktionen sprechen immer die Wahrheit. Wenn die Funktionen zu wünschen übriglassen, folgt daraus, daß zwischen den beiden Menschen kein Einvernehmen mehr besteht» (Adler 1985, S. 219).

Dieses Einvernehmen kann es nicht geben, solange Männer um die Macht kämpfen und Frauen nicht im Einklang mit sich selber leben können. Den Einklang mit sich selbst hat schon der Vater bei der kleinen Tochter gestört, indem er sie frühzeitig darauf vorbereitete, daß sie nur dem Mann zu gefallen habe.

Wollen Töchter sich von dieser Hypothek befreien, gilt es, dieses Programm nachhaltig zu stören. Um zu Evas Problem zurückzukehren: Sie unterliegt dem töchterlichen Irrtum, daß ihre vorgespielte Lust Männern gefällt. Dem ist nicht so: Männer spüren den Schein ‹irgendwie› und reagieren mit innerer Emigration darauf. Eva versteht ihre Gefühlssignale nicht. Sie versteht ihre angestrengten Gefühle nicht, die ihr Einhalt gebieten wollen. Sie sagen ihr: «Tu's nicht – du fügst uns großen Schaden zu.» Aber Eva kann noch nicht hören. Sie überhört die Warnungen ihrer Seele.

Viele Psychologen glauben bis heute, Frauen mit sexuellen Problemen sei zu helfen, wenn sie sich mit der weiblichen Rolle aussöhnen würden. Woher sie diesen Glauben nehmen, ist ungewiß, denn die Aussöhnung mit der traditionellen Frauenrolle hat immer auch den Geruch von Anpassung an sich, an der Frauen ihr ganzes Leben leiden.

Auch wenn Frauen seit Jahrzehnten eifrig versuchen, sich zu emanzipieren, scheint bis heute dieses Bemühen nur das berufliche Umfeld erreicht zu haben. In Liebe und Sexualität zeigen sich weiterhin uralte Strukturen.

Ich glaube, das kann sich nur ändern, wenn Frauen sich mit sich selbst aussöhnen. Dafür ist eine unabdingbare Voraussetzung die Aufarbeitung der Vaterproblematik, das genaue Wissen darüber, wer man ist, woher man kommt, wohin man geht.

Andere Vorstellungen von Aussöhnung mit der traditionellen Frauenrolle resultieren in angepaßten und willigen Persönlichkeiten, die sich selbst zur Verfügung stellen. Nicht umsonst beschreibt Kate

Millet Frauen als das «verkaufte Geschlecht». Sie hält Sexualität für einen Spiegel und ein Instrument der Unterdrückung von Frauen. «Hier sind Erniedrigung, Scham und Unterwerfung von Frauen verankert. Dies ist das Fundament männlicher Macht und weiblicher Ohnmacht ... Zerrspiegel und Endprodukt einer Sexualität, in der es nicht um Liebe geht, sondern um Macht» (Millet 1983, S. 8).

Für Frauen ist es ein sehr unangenehmer Gedanke, sich selbst und ihren Körper in der Nähe von Verfügbarkeit zu sehen. Für den Augenblick sind Verleugnung und Verdrängung einfacher, die Liebe erscheint zumindest für einen kurzen Moment schön. Aber der Moment ist kürzer, als man denkt.

Wenn sich auch vieles im Verhältnis der Geschlechter geändert hat, ist es doch bei der in der Sexualität verfügbaren Frau gelieben. Aber eines Tages geht es dann nicht mehr, dann können Frauen ihren Körper nicht länger bezwingen; er verweigert die Mitarbeit.

Der undankbare Lohn

Auch Gudrun (Musikstudentin, 28 Jahre) ist ein Opfer der falsch verstandenen weiblichen Emanzipation. Sie hat sich mit Denkblockaden erfolgreich vor dieser Erkenntnis geschützt. Sie gehört zu den Frauen, die alles wissen, die aber nicht fühlen können, was sie denken. Ihre Erfahrungen in der Liebe zeigen diese Spaltung deutlich. Sie ahnt schon sehr früh, daß mit ihr etwas nicht stimmt; doch sie kann sich in ihren Handlungen nicht auf dieses ungute Gefühl beziehen. Geradezu verzweifelt kämpft sie um die Liebe eines Mannes, die sie aber doch nicht gewinnt. Sie gibt alles, was sie zu geben hat, vor allen Dingen ihren Körper. Und dieser ist ihr zunächst ein guter Partner, ein williger Gefährte. Sie glaubt zu wissen, wie eine gute Frau zu sein hat, was Männer von Frauen wollen. Sie erfüllt dem Mann die Wünsche – alle und total. Sie spielt die Lust, verheimlicht vor sich und dem Mann ihre wirkliche Sehnsucht, gibt ihren Körper – aber sie bekommt nichts. Und das Abschiedsgeschenk ihrer Liebe ist eine schwere Schädigung ihres Selbstwertgefühls. Das ist der undankbare Lohn, den Frauen sich erlieben, wenn sie in der Liebe heucheln. Mit diesem Anpassungswerk zugunsten des Mannes, ‹damit er sein Vergnügen hat›, bestätigt Gudrun ihr töchterliches Gefühl. Jetzt bestätigt sich, was sie schon wußte: Sie ist es nicht wert, geliebt zu werden – auch wenn sie sich noch so sehr anstrengt. Alle ‹Überliebensstrategien› helfen ihr nicht, sie gibt alles – aber sie bekommt nur den Abschied. Sie bleibt allein mit ihrem Kummer zurück, der sie wiederum in tiefe Selbstzweifel stürzt.

Als die Liebe zu Ende ist, bleibt ein kleines, einsames und verwirrtes Mädchen zurück, das selbst nicht mehr weiß, was es von all dem zu halten hat:

Gudrun studierte mit Leib und Seele Musik, als sie Lothar kennenlernt. Ihre Begeisterung für ihr Studium erlahmt mehr und mehr, sie ist abgelenkt. Sie träumt von der großen Liebe und fühlt sich auch als wahrhaft Liebende. Eilig werden von ihr die alten Vorurteile von der spröden, gehemmten Frau in der Liebe niedergerissen, eilig stellt sie sich dem Mann als freie Frau zur Verfügung. Sie gibt ihre künstlerische Ausbildung auf, wird ganz und gar zu einer richtigen Frau für den Mann. Sie glaubt, ihr Ziel erreicht zu haben.

«Die Sexualität mit Lothar – das wird mir jetzt im nachhinein klar – ist paradigmatisch für meine Beziehungen zu Männern überhaupt. Schon die Art, wie wir damals zusammenkamen, die ich damals als revolutionär empfand, macht einiges deutlich: Nach einer Feier sagte er mir in der Morgendämmerung, daß er Lust habe, mit mir zu ‹vögeln›. Als moderne Frau des 20. Jahrhunderts, die scheinbar gegen solche Anmachen immer etwas zu sagen weiß und die (scheinbar) selbst entscheidet, was sie will und was sie nicht will, sagte ich einfach: ‹O. K., gehn wir zu mir!›

Zu Hause angekommen, legte ich mich ins Bett. Ich war bereit. Lothar brauchte schon etwas länger mit dem Ausziehen. Mein empfangsbereites Liegen im Bett wurde mir unangenehm bewußt. Ich wünschte mir, daß er sich beeilen möge, nicht etwa, weil ich Lust hatte, sondern weil mir diese Pause so unangenehm war. Ich konnte mit mir in dieser Wartehaltung nichts anfangen. Ich war mir nur peinlich – und diese Peinlichkeit sollte der Mann mit seinem Begehren vertuschen. Endlich war er auch soweit. Das dichte Nebeneinander- und Aufeinanderliegen sollte jegliche Fremdheit überbrücken, das heißt, es ging gleich los, ohne jede romantische Vorbereitung. Die Romantik spielt sich in meiner Phantasie ab: ‹Wir sind zwei Menschen, die sehnsüchtig nach Nähe suchen, die in dieser Welt nur Kälte vorfinden und die schon so verbittert sind, daß sie zu solchen Mitteln greifen, um ihre brennende Sehnsucht für einen Moment zu stillen, die in ihrer gemeinsamen Einsamkeit gefangen sind.›»

Sie befürchtete, ihre Phantasie sei so laut, so stark, daß Lothar sie hören mußte. Ihre Gedanken überbrückten die Kluft, die sich bereits auftat. Ihre Hoffnung war, daß etwas Telepathisches sie beide verband. Er verstand sie und sie verstand ihn. Als sie ihn umarmte und ihre Hände seinen Rücken spürten, mußte sie weinen über soviel Einsamkeit und über soviel Glück: «Endlich, endlich haben wir uns gefunden.»

Gerade, als sie vor soviel Trauer und Glück endlich Zärtlichkeit entstehen lassen wollte, als sie dachte: «Nun können wir die Masken fallenlassen, wir brauchen uns nicht mehr zu beweisen, wie toll wir im Bett sind, da faßte mich Lothar um die Taille, drehte mich mit dem Rücken zu sich, kniete und zwang mich, wie eine Kuh dazustehen und...»

Die Kräfte ihrer Phantasie reichten nicht mehr aus, um diesen Akt auch noch zu romantisieren, um ihm zu zeigen, was sie empfand. Es sollte keine romantische Nacht werden, sondern eine ekstatische. Schon bald hatte die Phantasie Gudrun wieder:

«Ich bot alles, ich ließ mich fallen, ich ging auf ihn ein. Alles, was ich konnte und wußte, zeigte ich ihm. Zum Schluß hörte ich, was mein Herz begehrte: ‹So etwas habe ich noch nie erlebt› – er war begeistert, er faßte mich voller Dramatik an, verschlang mich mit seinen Küssen, atmete schnell und zeigte mir all seine Verehrung für so viel... Können?»

Ihr Körper gehörte nicht mehr ihr. Alles, was an ihm war, wurde angefaßt, genommen und zu dem gemacht, was er sein sollte: Ihr Körper war für ihn da, sonst hatte er keine Existenzberechtigung. Sie fühlte sich wie in einem Film: Zwei Menschen, die desillusioniert vor sich hin vegetieren, denen klar ist, daß es die große Liebe nicht geben wird. Jeder hat Empfindlichkeiten und Sehnsüchte, es kommt zu einer ekstatischen Nacht. Beiden ist klar, daß es eine Nacht war, in der man sich gezeigt hat, eine Nacht und mehr nicht – und doch: Es war etwas da, von dem beide nicht lassen konnten.

Gudrun spürte in dieser Nacht nicht, daß nur sie diese Empfindungen hatte und Lothar davon entfernt war. Sie war felsenfest davon überzeugt, er hätte alles genauso erlebt wie sie.

Einige Tage später wollte Lothar sie sehen, sie freute sich. Sie verabredeten sich wieder bei ihr. Sie wollte ihm von sich erzählen, von ihrer Musik, von ihren Plänen und Absichten. Sie wollte sich so vieles von der Seele reden, aber Lothar hörte nicht mehr zu: «Wir saßen auf meinem Bett, vielmehr ich saß und er lag. Ich redete, bis ich registrierte, wie versunken er mich anschaute, auch grinste, bis er mich irgendwann bei den Oberarmen packte, zu sich zog und mir deutlich machte, was er von mir wollte. All das, was ich gesagt hatte, wurde in dem Moment zur Kulisse, zur Dekoration, es hatte keinen eigenen Wert mehr.»

Gudrun übergeht all ihre Gefühle und steigert sich immer mehr in ihre Liebe hinein. Sie bleibt bei ihrem Konzept, jeweils alles zu geben, um ihn zu gewinnen.

Ein Jahr später war ihre Beziehung auf dem Nullpunkt. Sie hatten sich nichts mehr zu sagen. Jetzt wohnten sie zwar zusammen, aber jeder lebte sein Leben. Und diese Leben waren voneinander entfernt, allzuoft saßen sie vor dem Fernseher. Diese Enge war erstickend, Gudrun sehnte sich nach freier Luft. In dieser Wohnung waren sie mit ihrer Leere konfrontiert. ‹Unter Leuten würde das nicht so auffallen, vielleicht entspannt sich etwas›, dachte sie. Sie schlug vor, spazierenzugehen. Sie machten sich auf den Weg, sie war innerlich in Aufruhr, sie hatte eine panische Angst, die Beziehung könnte zu Ende gehen. Ihre Spannung lockerte sich durch die frische Luft tatsächlich. Die Stimmen anderer, das Leben auf den Straßen belebte sie. Sie landeten auf der Reeperbahn. In einem Schaufenster sahen sie ein Kleid, das beiden gefiel. Es war einer Puppe übergezogen, lag ganz eng an, aus gekräuseltem Stoff und hatte einen sehr tiefen Rückenausschnitt. Sie probierte das Kleid an – während Lothar in gekonnter Weise über den Preis verhandelte. Genausogut hätte sie ein thailändisches Mädchen sein können, dessen Mann sie nun passend einkleidet. Sie kam heraus, und in den Augen anderer sah sie sich wie in einem Spiegel. Sie sah phantastisch aus. Sie war eine andere Frau. Sie kauften es, gingen nach Hause. Schon einmal hatten sie sich über ihre sexuellen Phantasien unterhalten. In den ihrigen hatte sie immer einen Rock an, der Mann verführte sie. Lothar hatte genau die gleichen Phantasien. Als sie zu Hause waren, zog Lothar die Vorhänge zu. Es war eine Erdgeschoßwohnung mit Blick auf die Straße. Er bereitete alles vor, sie wußte erst nichts mit sich anzufangen und bemühte sich, ihre Hilflosigkeit zu überspielen. In Sekundenschnelle entschied sie sich zum Mitmachen, wieder gab sie ihr Bestes:

«Ich legte mich ins Zeug, passend zu meiner Rolle als Thai-Mädchen, holte ich wieder alles hervor, was ich konnte. Schließlich lagen wir aufeinander. Mir fiel auf, daß Lothar mich nicht anschaute, er sah mir nicht in die Augen. So drehte ich meinen Kopf zur Seite, schloß die Augen, um nicht zu sehen, was los war. Dann diese Position, mit dem Rücken zu ihm, sie war praktisch. Man guckte sich nicht in die Augen. Dieses Bild von einem Mann, der auf mir liegt, seine Arme abgestützt, seinen Oberkörper von meinem abgewandt, die Augen zu, dieses Gestöhne, die ruckartigen Bewegungen, dieses Nichts zwischen uns. Es ist grausam, es ist fast wie eine Vergewaltigung, die nur deshalb nicht so genannt wird, weil ich alles daransetze, genau das zu überspielen, es ist wie ein Muß. Ich muß das tun und mitmachen, sonst ist es mit der Beziehung zu Ende. Es ist wie ferngesteuert.»

Die Beziehung ging trotzdem zu Ende. Lothar verabschiedete sich kurz und schmerzlos. All ihre Anstrengungen hatten Gudrun nicht die erhoffte Liebe gebracht.

Anpassung ist keine Liebe, auch wenn sie sich zu Zeiten so anfühlen mag. Auch hier geht es wieder um eine Verwechslung von Gefühlen.

Gudrun täuschte sich in ihrem Gefühl: Sie will die weibliche Selbstbestätigung, und deshalb zeigt sie diese Lust. Ihre Liebe soll sie in Wirklichkeit von ihrer Einsamkeit befreien, soll sie erlösen von dem unwerten Tochterdasein. Als Elfjährige wurde sie Bohnenstange genannt, weil an ihr – nach Aussage des Vaters – nichts dran war. Sie litt unter den spöttischen Blicken der Klassenkameraden und begann deshalb bald wie zu Hause den Kumpel zu spielen: «Ich bot mich als Kumpel an, als das Mädchen, an dem und mit dem sie ihre geheimsten Wünsche ausprobieren konnten.»

Damit erfüllte sie ihren Vater-Auftrag. Ihre Erinnerungen an ein körperliches Verhältnis zum Vater sind zu Beginn der Therapie verwischt. Es sei ihr eklig gewesen, ihm zum Zubettgehen einen Gutenachtkuß zu geben. Aber sie hatte auch noch eine andere, positive Erinnerung an den Vater. Sie träumte von ihren Reisen mit ihm ans Meer. Von kumpelhaften Vater-Tochter-Spielen im Wasser, die sie sehr genoß und die sie sehr genau erinnerte. Diese Spiele fand sie immer sehr aufregend, sie konnte nie genug davon bekommen.

Allmählich erinnerte sich Gudrun an weitere Einzelheiten: Als sie vierzehn Jahre alt war, sie war schon ‹ausgewachsen›, bat sie ihr Vater, doch noch ein letztes Mal auf seinen Schoß zu kommen, wie, um von der Kindheit Abschied zu nehmen. Sie setzte sich tatsächlich auf seinen Schoß, er legte die Hände auf ihre Beine. Es war schrecklich für sie. Sie wollte, daß dieser Moment so schnell wie möglich vorbeigehe. Aber das durfte sie nicht zeigen. Dann wäre der Vater ärgerlich geworden, hätte sie verlacht und verhöhnt. Sie wäre nicht länger seine allzeit bereite Wunschfrau gewesen. Und das hätte sie nicht ertragen. Also legte sie nach wie vor – es war ein Ritual zwischen ihnen – jeden Morgen die Krawatte für ihn heraus. Irgendwann lernte sie sogar, diesen verflixten Knoten zu binden. Ihre Mutter hätte solche Sachen nie gemacht. Es war, als würde sie auf die Ehe vorbereitet werden. Gleichzeitig verband sich in ihrem Gefühl damit, eine bessere Liebhaberin als ihre Mutter zu sein. Denn ihre Mutter fand die Sexualität mit dem Vater nie toll, hatte es über sich ergehen lassen. Daraus machte sie Gudrun gegenüber auch gar keinen Hehl. Es war für sie nur eine eheliche Pflicht. Sie hatte sich früh geschworen, auf jeden Fall eine bessere Frau zu werden als ihre Mutter.

Nach einigen Therapiesitzungen erinnerte sie sich an gemeinsame Nächte mit dem Vater im Ehebett, wenn ihre Mutter auf Reisen war. Da sie bei Abwesenheit des Vaters auch immer bei der Mutter schlief, befürchtete sie, der Vater könne es aus ‹Gerechtigkeitsgründen› auch für sich verlangen. Also schlief sie neben ihm, obwohl sie es eigentlich nicht wollte.

Sie hatte Angst, ihr Vater könnte es merken und ihr seine Liebe entziehen. Als Kind wurde ihr kein Recht eingeräumt, sich zu entscheiden, neben wem sie schlafen wollte. So kam es also dazu, daß sie immer wieder neben ihrem Vater schlief: unfreiwillig freiwillig. In diesen Nächten konnte sie nie ruhig schlafen, sie nahm jedes Geräusch wahr. In dieses Gefühl kann sich Gudrun überaus deutlich zurückversetzen, doch an das, was wirklich geschah in diesen Nächten, kann sie sich nicht erinnern, nur ein dumpfes Gefühl ist zurückgeblieben: «Es war erstickend, dieses Unausgesprochene zwischen uns. Angst und Peinlichkeit beherrschten die Situation.»

Nur das Muster der unfreiwilligen Freiwilligkeit wird sie ein Leben lang begleiten. Freiwillig ergibt sie sich der Liebe, unfreiwillig erliegt sie ihrer Selbsttäuschung.

Auch Gudrun beherrscht die Sprache ihrer Gefühle nicht, weiß nichts von ihrer Signalwirkung. Dabei sprechen sie eine deutliche Sprache. Erinnern wir uns an den Schock, den sie in der ersten Nacht erlebte, als sie sich Zärtlichkeit wünschte und Lothar ihr eine unangenehme Körperstellung aufzwang. Ohne Bedenken übergeht sie dieses Signal, rettet sich mühsam in die Phantasie. Erleichtert registriert sie die Fortsetzung ihres Liebestraums und gibt sich zufrieden. Es gab mehrere solcher Signale, aber sie überhört sie vorsichtshalber alle. Selbst als sie sich bereits nur noch als Dekoration für männliches Begehren fühlt – hofft sie noch auf das nächste Mal. Nichts ist ihr wichtiger als ihre Illusion. Das geht solange gut, bis sich das «Nichts» wie eine drohende Wand zwischen ihr und Lothar auftut – dann erst begreift sie. Aber es ist zu spät für die Rettung ihres Selbstwertgefühls. Unbedacht hat sie zuviel gegeben, als daß sie ohne Schaden aus dieser Liebesgeschichte herausgehen könnte.

Sie ist immer noch das kleine Mädchen, daß die Enttäuschung nicht überwunden hat, den Vater nicht vergessen kann und in Illusionen flieht. Dahin, wo kindliche Sehnsüchte sich erfüllen, Einsamkeiten vergessen werden können, töchterliche Liebe eine Antwort kennt.

Deshalb versteht sie die Rufe des kleinen Mädchens in sich nicht, das unaufhörlich warnt.

Doch so kann sich keine Lust entwickeln, kein echtes Gefühl für eigene Sehnsüchte und Wünsche. Gudrun blieb auf die männlichen Wünsche zentriert. Lust und unerkannte Vergangenheit stehen miteinander auf Kriegsfuß. Die unaufgearbeitete Kindheit beherrscht die Lust und stört sie auf das empfindlichste.

Gudrun fehlte ein Stück Kindheit. Sie wußte nicht, daß ihre Sehnsucht danach der Grund für ihre verzweifelten Versuche in der Liebe ist. Erst nach einer langen, schmerzhaften Auseinandersetzung hat sie begriffen. Sie ist den mühsamen Weg gegangen, durch die leidvolle Erinnerung hindurch und kann heute eine neue Freiheit, auch in der Sexualität, genießen.

Die Selbstverleugnung

«Ich kann nicht»

Die patriarchale Erziehung vermischt Angst und Liebe auf tragische Art. Die kleine Tochter muß genau den Vater lieben, vor dem sie Angst hat. So bekommt bereits ihre erste Liebe einen Beigeschmack von Furcht. Eines Tages kann sie das eine vom anderen nicht mehr unterscheiden.

Auf dieser zwiespältigen emotionalen Grundlage entstehen auch ihre späteren Liebesbeziehungen. Immer ist den Gefühlen auch ein Zittern und Zagen beigemischt: ‹Wenn das nur gutgeht›. Und die unguten Gefühle bestätigen sich oft.

Frauen haben Angst vor dem Vater / Mann. Zwar nicht immer und in jeder Situation, aber fast alle Frauen leben mit einem individuellen Erfahrungsmuster, das ihre Angst unwillkürlich auslöst. Die Angst, den Hörer abzunehmen, wenn das Telefon klingelt, die Angst, allein in einer Wohnung zu sein, die Haustür zu öffnen, in einer Veranstaltung laut zu sprechen. Es sind Ängste, die scheinbar unbegründet sind. Es sind Ängste, die heute durchlebt werden, die früh in der Kindheit entstanden sind. Es sind verdrängte Kindheitsängste, Ängste vor dem Vater. Die Anlässe für diese Angst haben Töchter oft vergessen. Wenn ein Mann die Stimme erhebt, seine Gebärden unwirsch werden, kommt diese unwillkürliche Gefühlsreaktion, der Frauen fast hilflos ausgeliefert sind.

Vor Jahren wurde ich arglos beim Baden von einer Brandungswelle erfaßt. Sie schleuderte mich hoch und auf den Meeresboden. Mir blieb die Luft weg, vor meinen Augen entstanden Kreise, mein Herz raste für Sekunden. Mühsam rang ich um Luft und versuchte, die Kontrolle wiederzuerlangen. Fluchtartig verließ ich das Meer. Schon bald schien mir dieses Erlebnis nicht mehr wichtig. Aber noch Jahre später – wenn ich Brandungswellen nur sehe – bekomme ich unwillkürlich Herzklopfen und meide das Meer.

Ich glaube, so ähnlich ist die Angst der Frau vor dem Mann zu sehen. Die laute, unberechenbare Wut des Vaters, die strikten, rigiden Anweisungen, die plötzliche Ablehnung, das ironische Lächeln, die Mißhandlung – das alles sind Wellen in der Kindheit des Mädchens, die sie einst kopflos machten und sie mit panischer Angst erfüllten.

Es sind die vergessenen Wellen der Kindheit, die Frauen an die Angst binden. Angst aber ist ein Gefühl, das Menschen nur sehr schwer aushalten können. Sie tun alles, um dieses unangenehme Gefühl nicht mehr erleben zu müssen. Daher hat schon das kleine Mädchen gelernt, die Angst auszuschalten. Am besten gelingt dieses, wenn man diejenigen Situationen vermeidet, die Angst auslösen. Das heißt, wenn der Vater mein Angstauslöser ist, muß ich versuchen, ihn gutzustimmen. Kleine Mädchen trainieren infolgedessen intuitiv ein Angstvermeidungsverhalten. Sie versuchen, nicht mehr oder nur selten unartig zu sein, um der Angst zu entfliehen.

Ihre Artigkeit ist in der Angst vor der Angst fundiert. Und deshalb helfen alle Sicherungsmaßnahmen nicht. Die gespeicherte Angst bleibt und findet auch dann ihren Weg, wenn man es nicht vermuten würde, und führt zu nicht enden wollender Selbstverleugnung. Die ‹Ich-kann-nicht-Haltung› von Frauen ist ungefilterter Ausdruck der kindlichen Angst und ihrer Vermeidungsstrategie. Sie führt direkt und ohne Umwege in die Abhängigkeit. Denn wer es selbst nicht kann, braucht einen Helfer . . . und ist, ehe er sich versieht, abhängig.

Das Haus der Abhängigkeit

In ihrer Abhängigkeit leben Frauen wie in einem gutgehüteten Gefängnis. Nur diejenigen, die sich mit ihrer Vergangenheit auseinandergesetzt haben, können ihre Zwangslage erkennen. Anderen bleibt sie verborgen, sie richten sich ihr Leben in der Abhängigkeit ein. Sie versuchen, es sich möglichst schön und bequem zu machen: Sie kaufen Möbel, Teppiche, Gardinen. Das Haus der Abhängigkeit entbehrt oft nicht eines gewissen Luxus. Doch es bleibt ein Gefängnis, an dessen Mauern sich Frauen die Köpfe blutig stoßen können. Ausgestattet mit schönen Kleidern, geschmückt mit dem Schmuck ihres Liebsten – spielen sie ‹erwachsen›, aber oft ist es nur Tarnung. Ein wenn auch angenehmes Leben in Abhängigkeit verliert an Glanz, wenn man sich selbst dabei verliert. Dieser Preis ist zu hoch, und Frauen werden erbarmungslos vor die Frage gestellt: Selbstaufgabe bis ans Lebensende oder schmerzhafte Veränderung?

Wenn Frauen jedoch die Abhängigkeit aufkündigen wollen, wenn sie sich für Gleichwertigkeit und Unabhängigkeit entscheiden, dann werden sie mit Schwierigkeiten konfrontiert, die sie schon immer befürchteten. Dann gelten sie anderen Menschen als kalt und egoistisch, als Frauen, die nur an sich selbst denken, die ihre Fähigkeit zu lieben verloren haben. Dann sind sie Frauen, um die Männer sich nicht gerne bemühen, dann haben sie ihren Liebreiz verloren, dann sind sie verlassene Frauen. Und das haben Frauen schon als kleine Mädchen gewußt. Denn der Vater liebte – wenn überhaupt – nur seine anschmiegsame, gefügige Tochter, die sich willig seinen Launen und Gefühlen anpaßte.

Dieses Verlassenheitsgefühl ist bereits in der Kindheit ein beängstigendes und überaus schmerzhaftes Gefühl gewesen. Die Furcht davor hat die kleine Tochter in die Abhängigkeit vom Vater getrieben, und sie läßt auch Frauen darin verharren. Niemals wieder wollen sie sich diesem Schmerz aussetzen. Lieber lassen sie sich selbst im Stich, als sich der allgegenwärtigen Drohung, ‹verlassen zu werden›, aufs neue auszusetzen. Sie verlassen sich selbst, indem sie sich auf den Mann verlassen. Da dieses Verhaltensmuster bei so vielen Frauen so selbstverständlich und fraglos, fast wie ein Automatismus, abläuft, muß ihm, meiner Meinung nach, eine prägende Erfahrung aus der Kindheit zugrunde liegen. Ihr Gefühl kann diese kindliche Erfahrung nicht verwerten, Angst blockiert die Lernfähigkeit. Deshalb bewegen sich Vater-Töchter in der Liebe wie Kinder, die meinen, daß es ausreicht, wenn man immer nur schön, nett und artig, eben abhängig ist. Im Gegenzug dafür bescheinigen ihnen dann Männer auch gern ihre

Attraktivität. Viele Männer übersehen dabei das Mißtrauen und die abhängige Angst, die dieser ‹Liebe› beigemischt ist.

Der Abhängigkeit zu entsagen ist nach wie vor ein mit vielerlei Schmerzen verbundener Prozeß. Es gilt, das Schweigegebot des Vaters zu durchbrechen: Über Abhängigkeit spricht man nicht! Obwohl Frauen ihre Abhängigkeit oft sehr genau spüren, können sie nicht davon lassen. Von weitem ahnen sie, daß Liebe für sie auch Flucht vor sich selbst und vor ihren Ängsten sein kann. Einsamkeit schwebt wie ein Damoklesschwert über ihrem Haupt. In ihrer Abhängigkeit wollen Frauen sich selbst fliehen – sie mögen sich nicht kennenlernen und versäumen so die wichtigste und sinnvollste Begegnung.

Sollte es die kleine Tochter sein, der Frauen nicht begegnen wollen? Sollte es das kleine gedemütigte Mädchen in der Frau sein, das sie zu vergessen trachten? Und dem sie, gerade weil sie auf der Flucht sind, immer wieder begegnen?

Es ist das töchterliche ‹Ach und Weh›, das Frauen immer wieder stocken läßt, ihnen den Ausgang aus der unverschuldeten Unmündigkeit versperrt. Aber nach dem Schmerz kommt die Freiheit, die sich von ganz allein – so quasi als Belohnung – einstellt für Frauen, die den Schritt wagen.

Du sollst in Angst leben – und sie verleugnen

Begleiten wir Gaby (Psychologiestudentin, 30 Jahre) ein Stück weit auf dem Weg aus ihrer töchterlichen Abhängigkeit. Auch für sie ist ihre Abhängigkeit ein gut gehütetes Geheimnis. Sie hat gelernt zu schweigen – vor allen Dingen über ihren Vater. Sie fühlt sich emanzipiert, was sie auch in vielen Bereichen ihres Lebens beweist. Aber gerade dann, wenn sie die abhängige Gefühlsstruktur überhaupt nicht gebrauchen kann, ist sie plötzlich da: In der Liebe fühlt sie sich wie gelähmt. Die andauernde Lähmung in ihrer Beziehung motiviert sie schließlich dazu, ihr Schweigen zu brechen.

Sie schildert ihre Erziehung zur Angst und Abhängigkeit und zum Schweigen. Bisher wollte sie einfach ihre Kindheit vergessen und alles hinter sich lassen. Über ihren Vater sprach sie niemals, weil sie nicht sicher war, wer recht hat. Sie befürchtete, andere würden ihm recht geben und sie so beurteilen wie der Vater. Heute weiß sie, daß sie durch die Geheimhaltung das Haus ihrer Kindheit in ein lebenslanges Gefängnis erweitert hat. Sie darf ihre Abhängigkeitsgefühle nicht wahrnehmen – das würde den Vater verraten. Es kostet sie sehr viel Mut, sich ihnen dennoch auszusetzen. Immer wieder betont sie, wie weh ihr dieser Schritt tut. Nur allmählich kann sie sich ihrer Vergangenheit stellen. Sehr deutlich kommt immer noch der Schmerz ihrer Kindheit zum Ausdruck:

«Mein Elternhaus, meines Vaters Haus ist ein Gefängnis voller Regeln und Verbote, totaler Verachtung, nackter Angst und seinem Anspruch der totalen Unterwerfung. Ein Zuhause absoluter Schutz- und Rechtlosigkeit. Meine Mutter war dankbar, diesen Mann gefunden zu haben. Sie unterwarf sich ihm, sie sagte nichts – und ich sagte ihr zuliebe auch nichts. Ich wurde brav. Hier waren seine Meinungen und Handlungen Recht und Gesetz. Sobald er das Haus verließ, setzte er die Maske des netten Menschen auf und verkündete überall, was er alles für Frau und Kind täte. Er hatte alle auf seiner Seite.»

Gaby beschreibt nur einen Tag im Hause ihrer Kindheit, sie spricht Gefühle aus, die ansonsten verschwiegen werden. Es ist ein fürchterlicher Tag – aber für sie war es ein fast harmloser Tag, ein normaler Tag. Es war ihr Alltag:

«6.00 Uhr früh, der Wecker klingelt. Jäh sitze ich senkrecht im Bett und bin hellwach! Schnell und lautlos schleiche ich ins Bad, angsterfüllt, er könnte aufwachen. Aber die Chancen stehen gut, denn er hatte am Vorabend getrunken. Ich habe nur einen Gedanken, so schnell wie möglich aus dem Haus zu kommen.

Die Schulsachen hatte ich bereits am Vortage gepackt. Er hatte es vor längerer Zeit so befohlen, und ich muß immer damit rechnen, daß er sie kontrolliert. Das Schulbrot liegt ebenfalls fertig im Kühlschrank, bestimmt wieder mit Aufschnitt, den ich nicht mag. Ich werde es eben in der Schule wegwerfen.

Endlich verlasse ich das Haus. Erst wenn ich außer Sichtweite bin, kann ich etwas aufatmen. Dort wäre ich am liebsten den ganzen Tag, da habe ich wenigstens Ruhe vor ihm.

Auch im Unterricht bin ich wieder und wieder damit beschäftigt, was sein wird, wenn ich nach Hause komme. Im Geiste gehe ich ständig alles durch, ob ich irgendwo Fehler gemacht oder irgend etwas übersehen habe, was seinen Zorn hervorrufen könnte. Das war ein schwieriges Unterfangen, denn bei ihm wußte man nicht so genau. Mal sah er über etwas gnädig hinweg, ein andermal konnte es dafür Schläge geben.

Schon ermahnt mich die Lehrerin, ich solle nicht soviel träumen. Jetzt bloß aufpassen, sonst steht es wieder im Zeugnis.

Es klingelt zum Schulschluß, ich mache mich auf den Heimweg. Je näher ich unserer Wohnung komme, desto mehr rast mein Herz vor Angst. Er wird noch nicht zu Hause sein – oder vielleicht doch? Man weiß es nie so genau. Noch vor der Wohnungstür spüre ich erleichtert, daß er nicht zu Hause ist. Als erstes schaue ich in die Küche, dort liegen meist irgendwelche Anordnungen von ihm. Essen steht auf dem Herd. Ob Hunger oder nicht, ich mache es heiß und esse, denn ich weiß: Es wird gegessen, was auf den Tisch kommt, Nörgeln gibt's nicht. Ich mache alles wieder sauber – nur nichts vergessen.

Nun sitze ich in meinem Zimmer am Schreibtisch. Es ist alles ganz weiß, blaue Lampen, gelbe Deckchen – seine Lieblingsfarben. Alles steht so, wie er es gestellt hat, es darf nichts verstellt werden. Ich rühre besser erst gar nichts an. Schnell mache ich irgendwelche Schulaufgaben, an denen er möglichst nichts auszusetzen haben kann.

Nun warte ich auf seine Rückkehr, sitze erstarrt am Tisch und denke pausenlos, wie kann ich erreichen, daß er mit gutgesonnen ist, habe ich auch nichts vergessen? Eigentlich ist er gemein und ungerecht, doch meine Wut muß ich unterdrücken, die Angst sitzt mir im Nacken, ich muß mich fügen. Einen Ausweg gibt es nicht, so sehr ich auch darüber nachdenke.

Der Zeiger der Uhr rückt bedrohlich voran. Ab 3.00 Uhr ist bestimmt mit seiner Rückkehr zu rechnen. Ich bin hochsensibilisiert für jedes Geräusch. Beim kleinsten Laut im Treppenhaus zucke ich zusammen. Jetzt kommt er! – Doch nicht, es waren nur Nachbarn. Abwechselnd horche ich an der Wohnungstür oder stehe am Fenster. Stunde um Stunde vergeht. Dann sehe ich ihn kommen. Seine Stimmung ist schwer einzuschätzen. Als er im Treppenhaus zu hören ist, gehe ich schnell in mein Zimmer. Dort habe ich irgendein Buch liegen, damit es so aussieht, als ob ich lerne. Seit Stunden ist die gleiche Seite aufgeschlagen, etwas, was ich gut auswendig gelernt habe, falls er fragt. Der Schlüssel dreht im Schloß. Ich laufe zur Tür, um ihn freudig zu begrüßen. Ich muß es tun, ich muß ihn bei Laune halten. Ich mache alles, was und wie er es will, möglichst bevor er es sagt. Heute scheint er mir wohlgesonnen. Es ist ihm wichtiger, pünktlich mit dem Abendbrot fertig zu sein, weil es Fußball im Fernsehen gibt. Dann werde ich heute also Ruhe vor ihm haben. Er wird nichts kontrollieren und mich nicht beschimpfen oder schlagen. Ich bin erleichtert, daß er nur kurz nach der Schule fragt. Um 8.00 Uhr habe ich unaufgefordert ins Bett zu gehen, es sei denn, er erlaubt mir, noch länger fernzusehen. Wozu ich Lust habe, spielt keine Rolle. Nun noch der Gutenachtkuß, den ich immer ekelhaft finde, aber er darf es nicht merken. Als ich im Bett liege, bin ich froh. Allerdings lausche ich, ob er nicht doch noch den Cognac hervorholt.

Im Halbschlaf stelle ich mir vor, daß sie ihn entführen oder mich entführen, egal, ich wünsche mir so sehr, daß irgendwer oder irgend etwas diesen Zustand verändert. Irgendwann schlafe ich endlich ein.»

Jeden Tag konnte der Vater an Gaby all seine Stimmungen auslassen. Es war klar, daß sie schwieg. Denn sie war überzeugt davon, man würde ihm glauben und nicht ihr. Mit ihrem Schweigen verfestigte sie ihre Abhängigkeit.

Später richtete sie sich eine Partnerschaft ein, die merkwürdig an das Haus ihrer Kindheit erinnert. Nur die Angst vor ihrem Mann ist verdeckter – nicht mehr so unmittelbar zu spüren wie damals. Doch ist die Angst noch heute real und bleibt wirksam:

«Anders als bei meinem Vater traue ich mich bei meinem Partner eher, meinen Ärger zu sagen, allerdings doch nur, solange nicht die Drohung im Raume steht, er könne gehen.»

Dann bekommt Gaby einen Schreck, die Abhängigkeit meldet sich zu Wort, und sie lenkt ein, schweigt aus dem Gefühl heraus, daß sie doch im Unrecht sein könne. Gespräche mit ihrem Partner verlaufen so:

«Grundsätzlich bezieht mein Partner in Konfliktsituationen entweder die Position des Vorwurfsvollen, des Zurückgesetzten und Zukurzgekommenen, des Gezwungenen oder des scheinbar Verständigen, der entweder jeden Satz mit einem ‹Ja, aber...› beginnt oder in allgemein gehaltene Argumentationen bzw. Rechthaberei ausbricht. Gerne wiederholt er auch noch einmal alles mit dem Hinweis: ‹...dann hast du mich nicht richtig verstanden, das habe ich so nicht gemeint.› Alles soll dazu dienen, das Problem von ihm abzuwälzen und mich zum Schweigen zu bringen.»

Und das gelingt ihrem Mann. Gaby schweigt wie früher – sie hat das Schweigen zum Wohl eines Mannes gelernt. Ununterbrochen spielt sie die kleine Gaby, die sich und ihre eigenen Bedürfnisse nicht merkt und schweigt. Sie hält sogar den emotionalen Anspruch ihres Mannes, nur seinen Empfindungen Realität zuzumessen, für berechtigt. Ihr fällt das Merkwürdige an dieser Einstellung gar nicht auf, denn sie ist vertraut mit männlichen Rechthaberposen. Für sie ist das ‹normal›.

Heute ist die Partnerschaft das Haus ihrer Abhängigkeit. Gaby ist lediglich umgezogen, sie hat die Wohnung gewechselt. Die Inneneinrichtung hat sie mitgenommen, ihre Gefühle sind die gleichen wie in der Kindheit. Sie wollte sich gern als starke, insbesondere vom Mann unabhängige, emanzipierte Frau sehen. Aber sie fühlt, daß auch sie, genau wie ihre Mutter, den Mann zum wichtigsten Teil ihres Lebens gemacht hat. Sie ist abhängig von ihm und kann sich nicht frei entscheiden. Dabei beurteilt sie ihr Mann genau wie ihr Vater. In Konfliktsituationen sagt er es ihr: ‹Warum bist du nur so schwierig?› – und lehnt sich beruhigt zurück. Immer wieder gelingt es ihm, mit seiner vorwurfsvollen Haltung die Zweifel der kleinen Gaby neu zu beleben, die zurückfragt: «War ich zu hart, bin ich zu massiv?» So enden ihre Streitigkeiten stets. Gaby erfüllt ihre Tochterrolle als ewig Schuldige, die darum bittet, der andere möge doch ihre Unschuld bestätigen.

Ihre Partnerschaftssituation zeigt: Gefühlsmäßig gibt Gaby ihrem

Vater bis heute recht in seiner Beurteilung ihrer Person, und sie zweifelt an sich. Die in der Kindheit trainierte Angst und Abhängigkeit verhindert ihre Einsicht zu sehen, wie es wirklich ist. Es ist eine unwillkürliche Gefühlsreaktion, die sie noch nicht kontrollieren kann. Immer wenn ihr Mann droht, er werde sie verlassen, bäumt sich diese Angst auf, verwandelt sich die große Gaby in die kleine.

Aber sie muß sich entscheiden, wer sie ist – und ob der Vater wirklich recht hatte. Von dieser Entscheidung hängt ihr weiteres Leben ab. Sie kann sich jedoch dieser Entscheidung nur stellen, wenn sie beginnt, ihre frühere Angst vor dem Vater zu formulieren. Sie muß sich mit der Angst des kleinen gedemütigten Mädchens auseinandersetzen – und es gernhaben. Der Vater hatte sie gedemütigt, er hatte ihr Schweigen erzwungen. An der Abhängigkeit ihrer Kindheit ist sie unschuldig. Ganz und gar.

Erst in unseren Gesprächen kann Gaby diese Angst erinnern und zum Ausdruck bringen. Damit hat sie den ersten, wichtigsten Schritt für die Befreiung aus der Abhängigkeit getan. Denn Angst, besonders die kindliche Angst, kann – wenn sie bewußt geworden ist – weggeredet werden. Einfach so. Denn es ist eine vom Vater geforderte und mit ihm gelernte Angst, deren Wirkung nachläßt, wenn der Vater seine Bedeutung verloren hat.

So wie Gaby geht es vielen Frauen. Sie sprechen nicht von ihrer Kindheit, und dieses Schweigen bindet sie an genau die Kindheitsstruktur, der sie entkommen möchten, an die Angst, die sie leugnen, die sie nicht wahrnehmen möchten. Sie bleiben in ihrem Haus der Abhängigkeit, das später wie Unkraut in allen Beziehungen wuchert. Auch da ist Angst, wo niemand sie haben will: in der Liebesbeziehung. Sie nimmt soviel Raum ein, daß wirkliche Zuneigung, die Freiheit voraussetzt, nicht entstehen kann. Schließlich sind alle sozialen Beziehungen, ob zu Männern oder Frauen, davon befallen.

Die abhängige Frau spürt im Tiefsten ihre Unfreiheit genau, sie möchte sich wehren, aber sie kann es nicht. Das macht sie zwar zornig, wütend und gleichzeitig hilflos, aber es verändert nichts. Denn sie darf ihre Wut nicht zeigen. Damit beginnt der Teufelskreis von Hilflosigkeit – Wut – Unterwerfung erneut. Und er nimmt nie ein Ende, bevor die Angst vor dem Vater, die Wellen der Kindheit weggespült sind und mit ihnen die Regeln der Abhängigkeit: Zwang, Verleugnung und Zweifel. Ein hilfreicher Satz für abhängige Frauen, den sie sich selbst immer wieder ins Gedächtnis rufen können, ist: «Jetzt hörst du auf, dir etwas vorzumachen und tust, was du möchtest.»

Das Training der Schuldgefühle

Der gute und der böse Vater – Dr. Jekyll und Mr. Hyde

Diese vermaledeiten Schuldgefühle. Wer sie kennt, weiß, wovon ich spreche. Sie sind zäh, halten vor und sind kaum zum Schweigen zu bringen. Es ist der kleine große Zweifel, der immer quält und jeder guten Stunde die Freude nimmt. Schuldgefühle sind Quälgeister, die keine Ruhe geben. Kaum hat man sich für eine Sache entschieden, schon geht es los: ‹War es auch richtig so, habe ich alles bedacht, was habe ich übersehen, darf man das tun?› Schuldbewußt wird das eigene Verhalten reflektiert, hin- und hergedacht.

Kaum hat es eine Frau endlich geschafft, einen Mann zu verlassen, melden sich die Quälgeister zu Wort. Sie fragt sich unentwegt: ‹War es nötig, hätte es nicht doch gehen können? Bin ich zu hart, zu massiv?› Die Gefühlsverhandlungen, die jede Frau mit sich führt, sind zeitraubend und führen in der Sache meist zu nichts. Dafür richten sie im Selbstwertgefühl großen Schaden an.

Schuldgefühle wollen beruhigt werden. Aber wie...?

Hier gibt es tatsächlich ein Zaubermittel, das mit leichter Hand die Wogen glättet, dem Quälgeist Schuldgefühl den Boden entzieht. Man muß das eigene Training der Schuldgefühle erkennen und durchschauen. Dann geben sie Ruhe.

Die psychologische Lehrmeinung ist: Schuldgefühle sind dazu da, aus einem schlechten Menschen einen guten zu machen. Jeder produziert sie, um zu verdeutlichen: ‹Schau her, ich habe zwar etwas Schlechtes getan, aber ich habe ja Schuldgefühle, ich bereue, und deshalb bin ich gut.› Schuldgefühle sollen also schlechte Taten verschleiern und sie über Reuebekenntnisse ungeschehen machen oder zumindest als nicht so schwerwiegend erscheinen lassen.

Ich glaube, daß dieser psychische Mechanismus auf Frauen nicht zutrifft. Sie fühlen sich mit ihren Schuldgefühlen keinesfalls als besserer Mensch, ihnen nützt diese Reue nichts. Vielmehr vertiefen Schuldgefühle nur ihre Empfindung, ‹tatsächlich schlecht zu sein›. Sie verurteilen Frauen zur Handlungsunfähigkeit und intensivieren ihre ohnehin ausgeprägten Selbstzweifel. Schuldbewußte Frauen kann man leicht überreden, überzeugen, eines Besseren belehren, ihnen kann man ungestraft ‹Ohrfeigen› versetzen. Sie sind für alles empfänglich – nur nicht für das Bewußtsein ihres eigenen Werts.

Bei allen Verschiedenheiten der Kindheiten habe ich in bezug auf die Entstehung von Schuldgefühlen ein durchgehendes Grundmuster gefunden. Es ist ein Verwandlungstrick der Väter, der, nicht erkannt, Töchter an die Schuldgefühle bindet, sie sich schuldig fühlen läßt und den Vater entschuldigt. Und dieses Training hat sehr früh begonnen...

Töchter haben oft Unglaubliches mit ihrem Vater erlebt, und doch bleibt in der Tochter ein Rest-Zweifel zurück: ‹Vielleicht bin ich zu hart, zu massiv, nicht liebenswert genug?› Dies ist die Grundlage für Schuldgefühle.

Wie stellen Väter das an? Wie gelingt es ihnen, der Tochter nur wenig Zuneigung und Unterstützung entgegenzubringen, sie jedoch gleichzeitig auf ihr Schweigen und damit seine Schonung zu verpflichten? Die Zweifel in der Tochter lebendig zu halten, sie für seine Lieblosigkeit verantwortlich zu machen, Schuldgefühle in ihr zu wekken? Schuldgefühle, die später die erwachsene Frau ständig begleiten werden. Viele Töchter brauchen nur mit dem Vater zu telefonieren oder ihn nur zu sehen, um sich irgendwie schuldig zu fühlen. Zumeist vermittelt schon sein Blick oder seine Stimme, daß es ihm nicht so gut geht, und sofort fühlen Töchter sich verantwortlich. Diesen Kreislauf überhaupt zu realisieren, ja ihn zu durchbrechen, ist für Töchter fast unmöglich.

Es gibt einen Trick der Väter, den Töchter nur mühsam oder gar nicht durchschauen können. Es ist ein Verwandlungsspiel. Als Tochter machte der Trick der Väter sie verständlicherweise hilflos, aber auch später macht der erwachsenen Frau diese Verwandlung Mühe. Ich meine hier die spontane, nicht vorhersehbare, willkürliche Wandlung des guten Vaters in den bösen. Gerade noch war er so freundlich, so lieb, so verständnisvoll – das kleine Mädchen wollte schon hoffen –, da runzelte er unversehens die Stirn. Die Augen blickten zornig, seine Stimme wurde laut, seine Gebärden drückten unverhohlene Wut aus. Ungläubig verharrt die Tochter, läßt seine schlechte Laune über sich ergehen. Sie kann und will das Geschehen nicht glauben. Was hatte sie Böses getan? Womit hatte sie den gutgelaunten Vater verärgert? Noch während sie darüber nachdenkt, haben sich die Wogen geglättet: Der gute Vater ist wieder da. Erst denkt die Tochter an eine Täuschung: Sie muß sich geirrt haben. Aber sie erlebt diese Verwandlung immer wieder. Und bald kann sie den ‹Tagesvater› von dem ‹Nachtvater› nicht mehr unterscheiden. Nie weiß sie, wem sie gerade begegnet.

Wie viele Töchter stehen fassungslos vor dem Vater mit den zwei Gesichtern, dem guten und dem bösen. Es scheint, daß Stevensons viktorianischer Mythos von dem guten Dr. Jekyll und dem bösen Mr. Hyde lebendig geblieben ist in unseren Vätern.

Väter leugnen ihre Fehler und betonen ihre Güte. Töchter haben Mühe, den guten und den schlechten Vater überhaupt als solchen zu erkennen und sich auf ihn zu beziehen. Erlebt haben sie den Mr. Hyde in ihrem Vater, aber sie verbringen ihr Leben in ihren Träumen mit Dr. Jekyll, dem liebevollen, verständnisvollen und einsichtigen Vater. Nur haben Töchter selten oder gar nicht die Gelegenheit, diese zwei Seiten des Vaters auf zwei verschiedene Personen zu übertragen, wie es Stevenson als phantasiereicher Schriftsteller tun konnte. Töchter sind gezwungen, die Nachtseite des Vaters zu verdrängen, um mit dem guten Vater leben zu können. Ihnen wird hier ein ungeheurer Verdrängungsakt abverlangt. Sie sollen einen inneren Konflikt des Vaters lösen, indem sie ihm die positiven Seiten seiner Persönlichkeit widerspiegeln. Sie haben die Aufgabe, seine Gespaltenheit in ‹gut› und ‹böse›, in negative und positive Persönlichkeitsanteile ungeschehen zu machen. Töchter sind der Kitt, der Auseinanderbrechendes wieder verbinden soll. Väter funktionalisieren so ihre Kinder, mit Vorliebe ihre Töchter, um die Einheit der eigenen Identität zu garantieren. So lauten dann auch die von jedem Zweifel ungetrübten Aussagen vieler Väter: ‹Habe ich denn nicht alles für euch getan?›

Das zerrissene Leben der Töchter gibt die Antwort auf diese Frage, die Väter natürlich nicht hören wollen. Der böse Vater wird ‹vergessen›, der gute Vater bewundert. Aber die Verleugnung der realen Person des Vaters beläßt die Schuld bei der Tochter: «Wenn der Vater mich nicht genug liebt, war ich nicht nett genug.» Töchter geben sich die Schuld am Verhalten des Vaters, und oft reicht ihr Leben nicht aus, diese Schuld abzutragen. Sie ist jederzeit abrufbar – erst für den Vater, später für den Partner. Sein vorwurfsvoller Blick, seine gequälte Stimme genügen bereits, das Gefühl zu erwecken, irgendwie schuldig zu sein. Oft wissen Frauen nicht einmal, warum und wofür. Aber daß sie irgendwie irgend etwas falsch gemacht haben, das steht fest – wenn ein Mann es behauptet.

Der gute und der böse Vater

Martina (Studentin, 28 Jahre) beschreibt ihr Verhältnis zu ihrem Vater, den sie tagsüber bewunderte und vor dem sie nachts grauenhafte Angst überkam. Beide Seiten des Vaters konnte sie nicht zusammenbringen, also verleugnete sie den bösen Vater, diese Ausblendung bezahlt sie mit Schuldgefühlen.

Daß sie den ‹bösen› Vater jedoch nicht wirklich vergessen hatte, zeigte sich, als ihr Vater im Sterben lag: Sie konnte nicht weinen. Sie war froh und erleichtert, als sie die Nachricht bekam. Das dachte sie auf jeden Fall. Lästig waren ihr nur die Anrufe aus dem Krankenhaus, sie möge ihn doch besuchen. Niemand wußte, daß sie ihn nicht mehr sehen wollte. Sie hatte ihre Pflicht getan, hatte ihm gehorcht, war immer für ihn dagewesen, jetzt wollte sie ihre Freiheit. Um ihre wahren Gefühle durfte niemand wissen. Denn eine gute Tochter besucht den Vater, der im Sterben liegt. Aber er hatte ihr soviel angetan, er hatte ihr die Kindheit verdorben, er hatte immer nur gefordert und nie etwas gegeben. Deshalb wollte sie nicht zu ihm fahren – aber sie fuhr. Sie blieb die gute Tochter und gehorchte, obwohl die Besuche für sie schrecklich waren. Jedesmal, wenn sie ihn sah, wie er da so elendig lag, fühlte sie sich schuldig an seinem Ende. Trotz seines lieblosen Verhaltens erwog sie, ihn für seine letzten Tage bei sich aufzunehmen. Nur weil sie keinen Platz in ihrer Wohnung hatte, konnte sie das Vorhaben nicht in die Tat umsetzen. Nach jedem Besuch fuhr sie mit noch größeren Schuldgefühlen beladen heim.

Sie fühlte sich als schlechte Tochter. Als ihr Vater starb, ging sie nicht zu seiner Beerdigung. Sie konnte den Tod des Vaters nicht ertragen, konnte den Schmerz nicht aushalten.

Bis zu seinem Ende hatte sie um seine Anerkennung gerungen. Er sollte sie von ihren Schuldgefühlen, eine schlechte Tochter zu sein, befreien. Mit seinem Tod war diese Hoffnung zunichte geworden. Mit ihm war auch die Hoffnung gestorben, daß er einmal sagen würde «Du bist meine gute Tochter».

Mehr und mehr vertieft sie sich in den Gedanken, an der verunglückten Vaterbeziehung schuld zu sein. Sie wirft sich herzloses Verhalten vor: «Mein Verstand sagt: Ich bin nicht schuld, aber mein Gefühl sagt: Ich bin schuld. Und in kritischen Situationen siegt immer das Gefühl. Nur zeitweilig erfasse ich die Realität meines Vaters, weiß, wie er wirklich war. Die Angst vor ihm hat mich in meiner Kindheit verfolgt. Wenn er abends nach Hause kam, bekam ich regelmäßig Bauchkrämpfe. Ich hatte Panik vor den Nächten, denn da tobte mein Vater. Ich hatte Todesangst vor seinem Geschrei. Aber am Tag war er oft zärtlich, und wir spielten zusammen. Niemals konnte ich die Nacht und den Tag meines Vaters zusammenbringen. Ich bewunderte den Tagesvater, und ich haßte den nächtlichen Vater.»

Die Verwandlung ihres Vaters hat Martina in die Irre geführt. Den bösen Vater ‹vergaß› sie. Später mußte sie seine Bosheit auf sich nehmen, indem sie den Part der schlechten Tochter übernahm. Nur weil sie ihre Angst bis heute verleugnen muß, den bösen Vater in ihrem Herzen in einen guten verwandelt, sitzt sie fest in ihrem Schuldkomplex. So entstehen weibliche Schuldgefühle, die weit in das erwachsene Leben hineinreichen, immer weiter die Schuld des Vaters auf sich laden. Aber was kann eine Tochter für den Charakter ihres Vaters?

Als erwachsene Frauen leben Töchter wie Martina weiter mit dem Mr.-Hyde-und-Dr.-Jekyll-Syndrom. In jedem Mann begegnet es ihr wieder – es macht sie fassunglos und hilflos. Wie in ihrer Kindheit können sie Dr. Jekyll und Mr. Hyde in der Person ihres Partners nicht zusammenbringen. Sie verstehen nicht, wie ein und derselbe Mann einmal so lieb und nah, dann wieder so bösartig, kalt und verletzend sein kann. Sie begehen den gleichen Fehler wie mit dem Vater und verbuchen die Kälte des Mannes auf ihrem Konto ‹... weil ich nicht nett genug war›.

Sie haben den viktorianischen Mythos nicht verstanden, der diese Gespaltenheit allein in die Seele des Mannes verlegt, die durch Macht und Gewalt verdorrt ist, die nur gelegentlich von Liebe und Zärtlichkeit heimgesucht wird, die wahre Menschlichkeit nur manchmal erwärmt.

In Töchtern löst diese nicht vorherberechenbare Verwandlung vom guten Dr. Jekyll in den bösen Mr. Hyde unfaßbare Angst aus. Niemals wissen sie genau, wem sie jetzt begegnen – sie schwanken stets von einer bösen Überraschung in die nächste, suchen krampfhaft nach Orientierungspunkten: ‹Wenn ich mich so verhalte... dann wird er nett sein.› Die meisten Töchter suchen ihr Leben lang nach sicheren Fixpunkten im männlichen Verhalten – beim Vater angefangen bis hin zum Mann. Vergeblich – denn es gibt keine. Das müssen Töchter begreifen lernen. Dann könnten sie sich diese bittere Enttäuschung ersparen.

Der böse und der gute Vater kommen und gehen, wie sie wollen. Je nachdem, wie es gerade um die Machtverteilung bestellt ist, wonach die Seele gerade dürstet. Frauen (Mütter und Töchter) spielen dabei nur eine geringfügige Rolle, sie haben bei diesem Verwandlungsspiel eine viel geringere Wichtigkeit, als sie zu glauben bereit sind. Ihre große Bedeutung beginnt erst da, wo es gilt, Mr. Hyde zu verleugnen, den bösen Vater nicht wahr werden zu lassen, gute Entschuldigungsgründe zu finden für die Alibikonstruktion des Mannes, ihn in seiner Güte zu bestätigen.

Töchter, die diesen psychologischen Vorgang verstanden haben, müssen sich nicht länger schuldig fühlen. Sie können sich selbst befreien aus dieser Schuldbindung. Denn mit ihrer Schuld entlasten sie lediglich den Vater/Mann von seinem schlechten Gewissen. Susan Forward geht in ihrem Buch *Liebe als Leid* (1988) davon aus, daß Frauen sehr wohl die helle und die dunkle Seite, den Dr. Jekyll und den Mr. Hyde des Mannes, beeinflussen können. Sie spricht davon, daß Frauen mit ihren Reaktionen die dunkle Seite (sprich, den Wutanfall) des Mannes zurückdrängen und seine helle Seite fördern können. Sie gibt Anleitungen dafür, wie dies zu geschehen hat. Damit bestärkt sie die Frauen, sich auf das wütende Verhalten des Mannes zu beziehen, und spielt so indirekt dem Mann eine Methode in die Hand, die seine Macht verstärkt und die Abhängigkeit der Frauen vergrößert.

Denn das Problem der Frauen ist ihre Angst vor der Wut des Mannes, die gespeicherte Angst vor dem Vater. Diese gilt es zu überwinden, dann kann sich jede Frau authentisch und natürlich mit der Nachtseite ihres Partners auseinandersetzen, und zwar in der Form, wie sie es möchte. Eine angstfreie Frau entzieht dem Mann die Macht, sie mit seinen Wutanfällen beherrschen zu können. Sie kann zurückwüten, lachen, weinen, und sie kann gehen. Entscheidend ist, daß sie selbst über ihre Gefühle bestimmt. Sie läßt seine Spielregeln einfach nicht gelten. Denn was hat ein wütender Mann eigentlich für eine Bedeutung? Er ist von Sinnen – gibt in seiner Verzerrung nur eine ‹komische Figur› ab und kann nicht den Anspruch auf Ernsthaftigkeit stellen. Wahrscheinlich ist, daß er seinen Vater nachahmt, und dieses Verhalten sollte gerade von Frauen keine Bestärkung erfahren. Nur Töchter, die glauben, schuldig zu sein, fühlen sich verantwortlich für die Wut des Mannes. Sie können sein Verhalten nicht ihm überlassen, sondern müssen immerzu für ihn in die Bresche springen.

«Ich bin mein – und du bist dein» – das wäre eine Devise für den Blick über die Mauer von Abhängigkeit und Ohnmacht.

Die Verführung zur Selbstaufgabe

Vater-Töchter fliehen vor ihrer angstbesetzten Vergangenheit, fliehen vor sich selbst, dem kleinen Mädchen, fliehen vor ihrer Wut, die sie nicht ertragen können. Bereits als kleine Mädchen wurden sie konditioniert, ihre Person und ihre Gefühle zu verleugnen, und später fällt es ihnen schwer, diese Fluchthaltung aufzugeben.

Als kleine Mädchen haben sie alles gesehen, alles gehört und alles gefühlt.

Aber sie durften nicht merken, verbannten daher ihr Wissen aus ihrem Bewußtsein. Nur das brave, gefügige Mädchen hatte eine Chance, angenommen und anerkannt zu werden – die trotzige und oppositionelle Tochter verlor ihr Zuhause, alles wurde getan, um ihren Willen, ihre Persönlichkeit zu brechen. Ihre Erziehung war von Gehorsam und Anpassung bestimmt. Der einst verbotene Widerspruch äußert sich später in einem Gemisch von Angst und unerklärlicher Wut.

Die Verdrängung wird zur beherrschenden Grundlage dieser Töchterbiographien, in denen Illusionen Brücken schlagen sollen von der Vergangenheit zur Gegenwart. Doch illusionäre Brücken tragen nicht, sondern führen als Ergebnis verdrängten Wissens, Fühlens und Handelns direkt in die Kindheit zurück.

Töchter übersehen, wie sie zur Selbstaufgabe verführt wurden. Sie wurden zu braven Mädchen erzogen, sie glauben, heucheln zu müssen, wenn sie keine engelsgleichen Gefühle haben. Doch wer kann schon von sich behaupten, immer nur positive Gefühle zu haben?

Frauen sind vernünftig, einsatzfreudig, realitätsbewußt. Sie tun, was immer gerade nötig ist, handfest zupackend, solange es um die praktischen Dinge des Lebens geht. Da sehen sie alles, hören sie alles und wissen alles. Doch neigen sie zu Blindheit, wenn es um die Einschätzung der eigenen Person geht, um die eigene Bedeutung. Da verläßt sie die praktische Vernunft, und sie träumen an der Wirklichkeit vorbei: Sie fühlen sich geliebt, wenn sie nicht geliebt werden, und sie lieben, wo es nicht der Mühe wert ist.

Viele ihrer Entscheidungen haben einen Hauch von Unentschlossenheit, die den Männern signalisiert: ‹Entscheide du für mich – du kannst es besser.› Und damit wird die fliehende Frau zu einer Wunschfrau des Mannes, der sich geschmeichelt fühlt durch diese Aufforderung.

Im Zweifelsfall entscheiden sie sich immer gegen sich selbst, so wie es schon der Vater tat, sie selbst sind ihre eigenen Gegner.

Sie verurteilen sich, wo sie für sich selbst Verständnis haben sollten, und sie passen sich an, wo sie Widerstand leisten sollten. Sie überschätzen ihre Fähigkeit, Frustration zu ertragen, und sie unterschätzen ihre Kraft, für sich und ihr Leben einzustehen.

Eine völlig unzureichende Lebensausrüstung, wenn man bedenkt, daß das Leben kein Traum ist und daß es notwendig ist, die richtige Orientierung zu haben, das Richtige zu sehen und zu tun, das Falsche zu erkennen und zu vermeiden.

Frauen mit einer ungeklärten und unverstandenen Wut, die aus ihrer Kindheit kommt, haben die Orientierung verloren. Sie erinnern sich zwar an den Zorn, halten ihn aber nicht für berechtigt, sie geben sich die Schuld und nicht dem Vater. Daraus entsteht eine seelische Verspannung, die es verunmöglicht, die Wirklichkeit realistisch wahrzunehmen. Diese seelische Verspannung führt zur Desorientiertheit im Beziehungsgeschehen, verhindert die eigene Standortbestimmung, verführt zu Fluchtphantasien.

In der Kindheit bot die Flucht in Phantasien und Tagträume einen gewissen Schutz, später ist sie geradezu gefährlich, verführt die Frau immer dann zum Träumen, wenn sie hellwach sein sollte, aufpassen müßte, um ihre Chance nicht zu verpassen. Vielen Frauen vergeht das Träumen erst, wenn es zu spät ist, sie alles verspielt haben und sie mit leeren Händen dastehen.

Der Traum vom ‹guten› Vater ist bedrohlich, leider setzt er immer genau dann ein, wenn ein zielstrebiger Mann auftaucht, der seine Absichten verschleiert und als guter Freund auftritt. Die Ähnlichkeit zur Kindheit verlockt dazu, noch einmal in den Traum zu versinken, noch einmal die Probe zu wagen. Meistens mit dem Ergebnis, noch einmal enttäuscht zu werden.

Frauen, die sich über den Grad ihrer Realitätsflucht nicht im klaren sind, spielen hoch, und sie verlieren auch hoch. Deshalb ist es ein großer Gewinn für jede Frau, sich ihre Nähe zu Träumen und ihre

Ferne zur Realität bewußtzumachen. Auch wenn die Realität gelegentlich schmerzhaft sein kann, steht dies in keinem Vergleich zu dem Schmerz der verlorenen Träume. Denn die Realität des Lebens wiegt schwerer, sie setzt sich so oder so irgendwann durch.

Als guter Wegweiser bezüglich der eigenen Realitätsflucht hat sich die Erinnerung erwiesen, die Frage:

«Wohin haben mich Angst vor dem Vater, Abhängigkeit und Schuldgefühle gebracht? Welchen Traum habe ich in meiner Kindheit geträumt? Welche Rolle spielte ich in meinen Träumen – die gute oder die böse Fee?»

Viele Frauen, mit denen ich sprach, erzählten von ihrer Phantasie der guten Fee, engelsgleich wollten sie den Feind besiegen, mit ihrer Güte alles ins rechte Licht rücken. So ihr Lebensplan. Am Ende stand leider immer nur der Selbstbetrug, dem diese ‹guten Frauen› zum Opfer fielen. Sie hatten alles übersehen, jeden Hinweis, der nicht zu ihren Träumen paßte, ignoriert, die eigenen Wutgefühle nicht ernstgenommen. Leider nützt es nichts, diese Wut im nachhinein zu realisieren und sie vielleicht später noch auf den Mann umzulenken. Jetzt ist es zu spät und der Traum verloren. Der Schmerz kann lediglich Anlaß und Ursache dafür sein, das eigene Lebenskonzept neu zu überdenken. Denn die Folgen sind schwerwiegend:

- Frauen werden betrogen, belogen und bekommen dafür auch noch die Schuld.
- Frauen verlieren ihre Zeit in sinnlosen Beziehungsversuchen.
- Frauen versinken immer tiefer in die ‹Ich-kann-nicht-Haltung›.

Frauen, die die Flucht vor der Realität antreten, stellen sich freiwillig auf die Verliererseite. Abgesehen von dem lästigen Zeitverlust gilt es, dem allmählichen Schwund des Selbstwertgefühls ins Auge zu sehen, der zunehmenden Resignation. Sich plötzlich nach all den schönen Träumen verstrickt in einem dieser sinnlosen Beziehungsversuche wiederzufinden, der entgegen allen Erwartungen und Hoffnungen wieder nur Bekanntes bestätigt, ist schon ein sehr unangenehmes Gefühl. Sich darüber hinaus noch schuldig zu fühlen an der Misere, das ist kaum noch auszuhalten.

Es ist hart, der krassen Wahrheit ins Gesicht zu sehen: Beziehungen scheitern eben, solange ihre Grundlage Illusionen und Träume sind, die jeden der Beteiligten in seiner Wirklichkeit unberührt lassen. Nur die Körper berühren sich, die Seelen nicht. Ein hoffnungsloses Liebespaar: die träumende Frau – und der geträumte Mann.

Der Betrug

Vielen Vater-Töchtern ergeht es wie Sarah (Hausfrau, 42 Jahre). Sie folgen den Liebesanweisungen des Vaters und stehen irgendwann, irgendwo mit leeren Händen und leeren Seelen da, allein mit ihrem Schmerz.

Sarah muß heute den Folgen ihrer Realitätsflucht ins Auge sehen. Sie hat geträumt und geträumt, jetzt ist sie geschieden. Nur eine Rente konnte sie im Scheidungsprozeß retten, alles andere überließ sie in aller Freundschaft ihrem Mann. Bis zum Schluß träumte sie von der Liebe und dem guten Freund, der ihr der Mann schon lange nicht mehr war. Er hatte sie immer betrogen, aber sie hatte nichts gemerkt. Sie war die gute Fee – es fragt sich nur, für wen? Für sich selbst sicher nicht.

Sie wollte gefallen – und dafür mußte sie auf vieles verzichten. Sie hielt das auch für ganz normal – so lange, bis sie nichts mehr hatte. Da erst wachte sie auf. Und was sie sah, erschreckte sie. Ihr Lebensgebäude war ein Kartenhaus gewesen – sie hatte es bloß geträumt, und deswegen hatte es keinen Bestand. Sie hatte sich alles zurechtgeträumt bis hin zu ihrem Mann. Ihn hatte sie am wenigsten gekannt, aber auch ihre Rolle schien unklar. Hatte sie ihn geliebt? Hatte er sie geliebt? Ihr Traum hinterließ nur Fragezeichen.

Sarah begann zu ahnen, daß sie sich selbst nicht kannte. Sie war sich ein Buch mit sieben Siegeln: Sie kannte ihre Motive nicht.

Sie wußte nicht, daß bereits in ihrer Kindheit eine Verführung stattgefunden hatte. Schon damals gab es einen Verführer und eine Verführte. Der Vater hatte Sarah zu einem Engel stilisiert und damit zur Selbsttäuschung verführt. Sie durfte nur gute Gefühle und Absichten haben, nur als brave und einfühlsame Tochter fand sie sein

Wohlwollen. So hatte sich Sarah schon früh selbst aufgeben müssen. Das Schlimmste war, daß diese Verführung immer noch wirksam und immer noch reizvoll war. Denn sie hatte in Sarah die Hoffnung auf eine immerwährende Liebe geweckt, und diese Hoffnung verführt sie noch heute zur Selbstaufgabe, zur Selbsttäuschung.

Alles stellt Sarah in Frage, nur nicht ihre felsenfeste Überzeugung, mit Anpassung und Nettsein die Unwägbarkeiten des Lebens am besten zu bestehen. Solange alle nett zu ihr sind, ist ihre Lebensangst gemildert, ist alles halb so schlimm. Bei ihrem Vater konnte sie nur durch absolutes Wohlverhalten seiner Wut und seinen Attacken entgehen.

Er versprach ihr den väterlichen Himmel auf Erden – aber der lag immer in der Zukunft. Es blieb bei der Absichtserklärung. Immer ließ er durchblicken: ‹Ja später, wenn... du dich gebessert hast, wenn du endlich ein gutes Kind bist... dann liebe ich dich auch, dann kannst du alles von mir haben, aber erst dann.›

Sarah strengte sich an, sich diesen Himmel zu verdienen, netter zu sein und liebenswerter. Aber nie konnte sie sich auf den Vater verlassen. Er hatte genaue Vorstellungen, wie sich Frauen im allgemeinen und seine Tochter im besonderen zu verhalten und wie sie zu fühlen hatten. Er legte ihren Wert fest. Und er gab ihr zu verstehen, unausgesprochen, was er von ihr erwartete: ‹Du sollst so werden, wie ich dich will, und darfst nicht merken, wie ich bin.› –

‹Du darfst nicht merken, daß du eigene Wünsche und Bedürfnisse hast; du darfst nicht merken, daß du schlecht behandelt, ausgenutzt, verachtet und mißbraucht wirst. Du darfst nicht merken, daß du ein eigenständiger Mensch bist, daß du im Leben mehr erreichen möchtest und könntest, als dein Vater dir erlaubt, daß du mit anderen Menschen zusammen arbeiten und leben, Beziehungen erleben möchtest und könntest. Du darfst nicht merken, daß du in Ketten lebst, durch ein festes Schloß gesichert.›

Sarah war unsicher, ob der Vater sie liebte oder ablehnte, schwankte hin und her – und entschied sich dann doch für den Traum ‹Der Vater ist gut›. Sie leugnete sein ablehnendes Verhalten. Damit legte sie bereits als kleines Mädchen ihr künftiges Lebens- und Handlungsmuster fest: die Flucht vor der Wirklichkeit. Ohne zu wissen, daß sie damit den Wünschen des Vaters entsprach, sich selbst schädigte, den Vater schonte, in der Vaterfalle gefangen war.

Denn tatsächlich war seine Erziehung ein brutaler Dressurakt. Sie hatte panische Angst vor ihrem Vater, seiner Körpergröße, seiner lauten Stimme. Aber sie war überzeugt davon, daß er so streng war, weil er sie liebte und ihr helfen wollte und weil sie es anscheinend nicht besser verdient hatte.

Sarah gab sich mit einer geringen Schulbildung zufrieden. Wozu sollte sie auch soviel lernen, wenn sie doch eines Tages heiraten würde? Und predigte der Vater nicht immer: ‹Selig sind die geistig Armen, denn ihrer ist das Himmelreich.› Sie wollte lieber selig sein, statt sich anzustrengen. Sie vertraute dem väterlichen Rat.

Und auch die *Sanftmütigen*, so vermittelte der Vater ihr, kämen schon von allein zu Geld, Macht und Besitz. Deshalb war sie sanftmütig, forderte nichts und vertraute auf die Gutwilligkeit des Mannes, der doch genau so ein guter Freund war wie ihr Vater. Daß ihr Vater selbst sich nicht durch Sanftmütigkeit auszeichnete und dennoch zu Macht und Ansehen gelangt war, irritierte sie nur gelegentlich und am Rande. Er wollte eine sanftmütige Tochter – also wurde sie sanftmütig.

Sie vertraute lieber auf die Tröstungen, die sich nach Aussage des Vaters bei all diesen weiblichen Tugenden schon von allein einstellen würden. Ein frommer Wunsch.

So werden Mädchen zu Engeln erzogen: Frauen, die der Realität nicht mehr gewachsen sind, lieber flüchten als standhalten. Aus Angst vor dem Vater war Sarah vor sich selbst geflohen, später konnte sie Traum und Wirklichkeit nicht mehr unterscheiden. Sie hatte ihre Orientierung verloren, wußte nicht mehr, was gut für sie war.

Die Versprechungen des Vaters, ‹Selig sind die Sanftmütigen, die geistlich Armen, die Bescheidenen›, erwiesen sich als leere Worthülsen, die Sarah ohne Umwege in die Trostlosigkeit eines allzu bescheidenen Lebens geführt haben. Hier auf Erden haben die Eigenschaften eines Engels eben wenig Aussicht auf Erfolg. Eingezwängt in ihr Engelskostüm, lebt Sarah ein Leben aus zweiter Hand, ein Leben aus Vaters Hand. Aber zu welchem Preis? Sie läßt sich betrügen, fühlt sich obendrein noch schuldig, kann sich und den Mann nicht einschätzen. In dem steten Bemühen, gut zu sein, merkt sie nicht, was da eigentlich passiert. Aber sie wehrt sich nicht – wie es sich für gute Engel gehört, die nur im Himmel ihre Belohnung erwarten können. Als gute Tochter leugnet sie ihre Vergangenheit, mißachtet und unterdrückt ihr eigenes Selbst und schont den Vater. Sie genügt damit einer gesellschaftlichen Scheinmoral, die anpassungsfähige Frauen zwar für liebesfähig und weiblich erklärt, aber nicht achtet.

Sarah hat sich dieser Scheinmoral unterworfen – und erlebte ein bitteres Erwachen. Aber sie hätte es vermeiden können, wenn sie nicht vor der Wirklichkeit ihrer Kindheit geflohen wäre, wenn sie ihre Rolle als vom Vater verführtes Mädchen durchschaut hätte. Nur wenn Sarah ihren Vater so sehen und empfinden kann, wie er wirklich war, hat die Verführung ein Ende, und die Wirklichkeit kann eindringen in ihr Erleben. Dann muß sie nicht länger auf den erhofften Lohn im Himmel warten, sondern sie kann gleich hier und jetzt beginnen, ihre eigenen Wünsche und Vorstellungen in die Tat umzusetzen.

Die verlorene Zeit

Auch Ursula (Journalistin, 35 Jahre) flieht, seit sie denken kann, vor der Wirklichkeit in bezug auf die Liebe. Sie selbst versteht sich als bemühte, eifrige Liebessucherin und wundert sich über die Fehlschläge in ihren jetzt schon zahlreichen Beziehungsversuchen. Sie investierte viel Energie und Zeit, aber ihre Sehnsucht nach einer guten, sinnreichen Beziehung erfüllte sich nicht.

Denn solange Ursula die Verführung zur Selbstaufgabe nicht durchschaut hat, bleibt für sie die Liebe eine Angelegenheit des Mannes, der sie geben oder verweigern kann. Sie selbst hat in diesem Spiel keinen aktiven Part, aber auch keine Verantwortung. Sie bleibt ein Spielball, die passive Empfängerin. Das, was sie in der Kindheit als Tochter schon war: die demütige Empfängerin von Vaters Wohlwollen und Launen. Sie ist attraktiv, freundlich und nett, sie ist ‹so, wie der Mann sie will›. Sie ist angepaßt.

Doch im Inneren sitzt tiefverborgen die Angst vor dem Vater/Mann. Angst frißt ihre Seele auf und hält den Kreislauf von Selbstaufgabe und Anpassung ständig in Gang.

Der einmal andressierte Mechanismus der Selbstaufgabe setzte immer dann ein, wenn Ursula sich verliebte. Das war wie ein Signal: Jede neue Liebe war der Anfang ihrer Flucht. Sie vergaß sich und die Wirklichkeit – der Traum begann. Am Ende stand jeweils die Enttäuschung, die all ihre Träume Lügen strafte.

Immer wenn Ursula einen Raum mit vielen Menschen betritt, weiß sie ziemlich schnell, wer hier der wichtige Mann für sie ist:

«Meist ist mein Idealtyp auf den ersten Blick eher ein zurückhaltender Mann. Einer, der es nicht nötig hat, besonders liebenswürdig zu sein, der aber gleichzeitig ausstrahlt: ‹Ich kann auch anders, wenn ich erst einmal interessiert bin, wenn man sich bemüht, mich zu gewinnen.›»

Dieser Aufforderung kommt sie sofort nach. Wichtig ist ihr die Distanz des Mannes, die sie aufzulösen sucht. Sie will sich in der Liebe fürchterlich anstrengen. Sie übersieht dabei, daß diese Anstrengung jede Liebe stört.

Sie kann es nicht recht beschreiben, was sie fasziniert, aber es ist seine Ausstrahlung, ist etwas in seinem Gang, seiner Haltung, das sie unwiderstehlich anzieht.

«Neben all seiner Sicherheit und Weltgewandtheit muß er aber auch eine gewisse Schutzbedürftigkeit ausstrahlen und mein Mitleid erwecken. Einen Schicksalsschlag, den es zu bewältigen, eine schwere Kindheit, die es auszugleichen gilt, oder eine Unvollkommenheit, die kompensiert werden muß. Ich muß die Möglichkeit sehen, den Mann erlösen zu können.»

Ursula will also den Mann erlösen. Der ‹Engel› meldet sich zu Wort, und damit wird der töchterliche Traum lebendig.

Sind diese wichtigen Voraussetzungen für Ursula gegeben, will sie nur noch gefallen, wie damals dem Vater. Der Mann muß nichts mehr für seine Attraktivität tun. Die Frage, ob er ihr eigentlich so gefällt, wie er ist, und was sie eventuell stört, tritt in den Hintergrund. Wird sie damit jedoch unausweichlich konfrontiert, hat sie eine Lösung parat: Sie projiziert alles auf sich und fragt, was sie falsch gemacht habe. Natürlich geht sie dabei von der Vorstellung aus, daß, wenn der Fehler bei ihr liegt, sie ihn verändern könne. Sollten ihre Gefühle sie in unangenehmen Situationen dennoch einmal warnen, dann nimmt sie sie einfach nicht ernst.

Ursula verliebt sich sofort und von weitem. Aber, wie sich später herausstellen wird, ist es wieder nur einer dieser sinnlosen Beziehungsversuche, mit dem sie ihre Zeit vergeudet. Die Ausgangsposition ist immer die gleiche – das Ergebnis leider auch. Sie verläßt den Mann – oder sie wird verlassen. Ihre Flucht aus der Wirklichkeit garantiert die Erfolglosigkeit.

Was ist das Erschreckende an der Wirklichkeit, das Frauen flüchten läßt? Wer oder was löst jeweils den Fluchtimpuls aus?

Ursulas ‹Fluchtauslöser› werden bereits aktiv, wenn sie sich verliebt. Ihr großer Mädchentraum beginnt, wenn der Mann sich durch folgende Eigenschaften auszeichnet:

- Zurückhaltung
- ein Hauch von Schutzbedürftigkeit
- Sicherheit und Weltgewandtheit.

Genau dieser Mann ist es, den Ursula für ihre Selbstaufgabe braucht: Seine angedeutete Unerreichbarkeit, die sie überwinden will, seine Schutzbedürftigkeit, die ihr die Möglichkeit gibt, Bedeutung als Erlöserin zu erlangen, und seine Weltgewandtheit, hinter der sie sich verstecken will. Das sind die Auslöser für ihren Traum, in dem sie das kleine Mädchen bleiben kann.

Ein Mann, der sicher und gewandt auftritt, vermittelt der Tochter Sicherheit und Geborgenheit – eben ein Heimatgefühl. Deshalb lieben Vater-Töchter ‹Männer von Welt›. Es mag verschiedene und mannigfaltig ausgestattete Exemplare dieses Männertyps geben – so wie es auch verschiedene Väter gibt. Aber in ihnen allen steckt der Rechthaber, der ungetrübt von jedem Zweifel sich selbst als Vertreter Gottes für männliche Werte ausgibt.

Aber Ursula erkennt diese Haltung nicht. Sie deutet seine weltmännische Distanz um in feine Zurückhaltung, in Sensibilität. Sie dichtet ihm auch noch Schutzbedürftigkeit an, die ihre Rolle rechtfertigt. Damit ist ihre Selbstaufgabe und ihre Flucht aus der Wirklichkeit perfekt. Sie will sich die Liebe verdienen, entsprechend sind ihre Gefühle. Sie entschuldigt alles und jedes. Er hat es nicht so gemeint!

Aber Männer meinen im allgemeinen das, was sie sagen. Ursula ist nicht gut beraten, wenn sie Männer nicht ernst nimmt und vor der männlichen Wirklichkeit flieht.

Jede männliche Distanz hat ihre Ursache und ihr Ziel. Sie läßt sich nicht so leicht durch weibliche Anstrengungen verkleinern. Auch die Schutzbedürftigkeit des Mannes – wenn sie denn überhaupt vorhanden ist – muß nicht unbedingt das Mitleid einer Frau hervorrufen.

Es ist sehr die Frage, ob die männliche Seele von Frauen erlöst werden will. Ganz sicher scheint jedoch zu sein, daß Sicherheit und Weltgewandtheit des Mannes sehr viel mit Rechthabertum zu tun haben. An dieser männlichen seelischen Realität vorbeizuträumen, konterkariert geradezu die Möglichkeit, mit eben diesen Männern eine gute Partnerschaft zu leben. Denn wie will eine Frau eine Beziehung herstellen zu einem Mann, den sie in seinen Zielen und Wünschen, in seiner ‹Männlichkeit› eben nicht versteht?

Es können nur Träume bleiben, die niemanden erreichen.

Denn einen Mann zu verstehen heißt eben nicht, ihn zu einem Helden und Beschützer zu stilisieren, ihn durch eigene Träume von seinen Schwächegefühlen zu befreien, ihn von der Gefühlsarbeit zu entlasten. Aber das ist es, was fliehende Frauen mit Vorliebe tun. Indem sie sich selbst verleugnen und aufgeben, bestärken sie jeden Mann überflüssigerweise in seinem Stärkewahn. Sie erziehen sich den Partner, der sie dann in der Folge seines Wahns zu plagen beginnt.

Zurück bleibt jeweils die kleine Tochter, die vor Scham im Erdboden versinken möchte, die nicht begreifen kann, was doch Wahrheit ist: Ihre Selbstaufgabe hat sie ins Niemandsland geschickt, sie ist allein geblieben in ihrer Welt, die so sehr gewünschte Seelenverwandtschaft ist wieder einmal nicht zustande gekommen.

Viele Frauen reagieren aus ihrer Enttäuschung heraus geradezu mit Männerhaß: «Ich habe ihm doch alles gegeben. Er war liebesunfähig.» – Das ist sicher nicht ganz unrichtig. Aber dennoch: Da die Liebe eine Angelegenheit von zwei Menschen ist, so hat auch das Scheitern mit beiden Menschen ursächlich zu tun.

Ursula hat sich für den Mann ihrer Wahl frei entschieden, und sie kann ihm auch nicht den Vorwurf machen, nicht ihr Vater zu sein.

Jede Frau hat die Möglichkeit, den erwählten Mann genau unter die Lupe zu nehmen. Aber was sie dann zu sehen bekäme, entspräche eben nicht dem Traumbild ihres Märchenprinzen. Sondern sie würde einen Mann sehen mit seinen üblichen Fehlern und Schwächen.

Vielleicht ist dies für Vater-Töchter das Erschreckende an der Wirklichkeit. Sie wollen den realen Mann sowenig wir den realen Vater. Sie scheuen die Auseinandersetzung mit dem Mann, die zweifellos auf sie zukäme, würden sie sich ihm und nicht ihrem Traum von ihm stellen.

Die ‹Ich-kann-nicht-Haltung›

Die einst gelungene Verführung zur Selbstaufgabe verführt später zur Flucht vor der Wirklichkeit der eigenen Person, vor dem eigenen Können. Die väterlichen Anleitungen zur Bescheidenheit, Sanftmut und Leidensfähigkeit lassen in der Tochter das Gefühl entstehen, es allein nicht schaffen zu können. Hilflos versuchen sie über die Liebe einen Bundesgenossen im Mann zu finden, der sie aus dieser Empfindung erlöst.

Daher ist für diese Frauen das ‹Ich-kann-nicht-Syndrom› ein besonderes Indiz, eine Unterstreichung ihrer Selbstaufgabe und ihrer Flucht aus der Wirklichkeit. Tüchtige, gesunde und starke Frauen können plötzlich nichts mehr, wenn sie sich verlieben.

Ehemals alltägliche Aufgaben werden nun zu kaum zu bewältigenden Anforderungen, die gern dem Mann zugeschoben werden. ‹Ich kann nicht› ist der Lieblingssatz der vor ihrer eigenen Realität fliehenden Frau. Er richtet sich an den Mann und soll die Frau vor dem Verlassenwerden schützen.

Immer wieder verfallen sie dieser Passivität und sind geradezu überzeugt von der Richtigkeit, aber auch von der Wichtigkeit dieser Feststellung. Wann immer sich Neues, noch nicht Erfahrenes in den Lebensbereich einer Frau drängt, steht das ‹Ich kann nicht› wie ein Synonym ihrer Weiblichkeit vor dem Handeln. So beschreibt Martina Emme (vgl. Thürmer-Rohr 1989) die ‹Ich-kann-nicht-Haltung› als ein Wiedererkennungssignal unter Frauen – als Bestätigungsritual ihrer Weiblichkeit. Viele Vater-Töchter meiden das Unbekannte und richten sich lieber mit dem Bekannten, Vertrauten ein. Wagnisse werden nicht eingegangen, es sei denn unter der Obhut und Führung eines Mannes. Allein und auf sich gestellt, lockt zwar das Neue, der unbekannte Weg, aber die geringste Schwierigkeit (und deren gibt es viele auf unbekannten Wegen) läßt Frauen oft zurückfallen in die antrainierte ‹Ich-kann-nicht-Haltung›.

‹Ich kann nicht› bedeutet im Grunde ‹Ich will ja eigentlich, aber ich traue mich nicht›. Unausgesprochen schwingt hier die Erwartung mit: «...wenn mir keiner hilft.»

Da das Neue nie ausprobiert wird, werden die Frauen auch nie erfahren, was sie tatsächlich können und was nicht. Diese ängstliche Einstellung verstellt den Blick für die eigenen Fähigkeiten, mindert das Selbstwertgefühl und verleitet die Frauen zum Träumen von dem Supermann. Damit wird die graue ‹Ich-kann-nicht-Realität› zwar aushaltbarer, aber der Schock beim Erwachen zementiert die vermeintliche Unfähigkeit und steigert die Angst, die Kluft zwischen Realität und Illusion jemals überbrücken zu können.

Nur wenigen Frauen ist bewußt und bekannt, daß sie mit dieser passiven Lebenskonzeption die Tradition als Tochter fortsetzen, daß sie auch jetzt noch als erwachsene Frauen den Vater in seinem Urteil bestätigen. «Du kannst das nicht, meine Tochter, komm, laß dir helfen, ich tue es für dich», das sind die Worte des Vaters, die die Tochter mit Wärme erfüllten, die sie genoß und die ihr bewiesen, daß der Vater sie liebte. Diese Worte will sie auch später wieder hören, sie will wieder diese fürsorgende Hilfe erleben, um sich geliebt zu fühlen.

Aber es war nur ein Täuschungsmanöver: Nicht Liebe war es, die den Vater zu diesen Worten veranlaßte, sondern die Bereitschaft und der zwanghafte Wunsch, sich als ‹guter Vater› zu beweisen und, gleichzeitig, die Tochter in ihren Fähigkeiten zu begrenzen, «damit sie ihm nicht über den Kopf wachse». Wirkliche Liebe würde beflügelt werden von dem Gedanken, die heranwachsende Tochter in ihren Möglichkeiten zu fördern.

Frauen, die vor ihrer Realität fliehen, fallen immer wieder auf diese Täuschungsmanöver herein. Ja, sie suchen geradezu den helfenden Vater-Mann als Ergänzung zu ihrer ‹Ich-kann-nicht-Haltung›. Zuerst ist es Liebe – dann nur noch ein lähmender Zustand. Ich habe Frauen kennengelernt, die sich schließlich das Autofahren nicht mehr zutrauten, die keine Veranstaltungen mehr allein besuchten, die sich so fest an das Haus und den Mann banden, daß dieser sie schließlich verließ, müde und gereizt von der ewig hilflosen Frau.

Aber die Flucht der Frauen vor ihrer eigenen Kraft und ihrem Können ist gleichzeitig ein gewünschtes Lebenskonzept in unserer Vatergesellschaft. Denn es ist ja durchaus die erwünschte Anpassung an männliche Wünsche, die Frauen immer noch auf dieses Konzept hin orientiert. Im Einzelfall mag dem Mann die Lebensflucht seiner Frau auf die Nerven gehen, aber insgesamt ist es für Männer von Vorteil, wenn Frauen sich passiv zurücknehmen, alles nicht so genau merken, sich leicht etwas vormachen lassen, sich selbst etwas vormachen und so die Geschlechterbeziehung in der alten Rollenverteilung belassen: Der Mann hat den Durchblick – die Frau ihren Traum.

Das entspricht durchaus dem von Tolstoi schon vor hundert Jahren formulierten Bild:

«Die Sklaverei der Frau besteht ja doch nur darin, daß die Männer es als angenehm, gerecht und erstrebenswert empfinden, sie als ein Mittel zum Genuß auszubeuten. Und siehe da – sie befreien die Frau, gestehen ihr alle Rechte des Mannes zu, betrachten sie aber nach wie vor als ein Mittel zum Genuß, erziehen sie auch in diesem Sinne von Jugend auf für ihre spätere Stellung innerhalb der menschlichen Gemeinschaft. Und so bleibt sie dieselbe erniedrigte, verderbte Sklavin und der Mann der sittlich tiefstehende Sklavenhalter. Wir befreien die Frau in Bildungsanstalten und geben ihr das Wahlrecht, betrachten sie dabei aber nur als einen Gegenstand des Genusses. Bringt es der Frau bei, ihr eigenes ‹Ich› nur immer so zu betrachten, wie wir (die

Männer) – und sie bleibt für alle Zeiten ein untergeordnetes Wesen. Eine Änderung könnte hier nur herbeigeführt werden, wenn die Männer ihre Anschauung, die sie von den Frauen haben und die die Frauen von sich selber haben, ändern.» (Tolstoi 1979, S. 91/92)

Die Frau, geboren und erzogen zum Genuß des Mannes – das ist ein schrecklicher Gedanke. Doch Töchter werden zum ‹Genuß› des Vaters, zu seiner Erbauung und für seine väterliche Willkür geboren. Sollten sich Töchter nicht als ‹Genuß› für den Vater erweisen, werden sie fallengelassen und mit Liebesentzug bestraft. So werden die späteren Sklavinnen erzogen, deren einziger Lebenssinn darin besteht, einem Mann zu gehören und ihm zu Gefallen zu sein. Gerade weil sie den Vater nicht erreichen konnten, weil sie von seiner Zuwendung ausgeschlossen wurden, übernehmen die Mädchen immer mehr die Kriterien des Vaters und können sich als erwachsene Frauen ihres eigenen Wertes nicht bewußt werden. Es ist der verlorene Vater der Kindheit, dem Frauen nachsehnen, genauer: der nicht gefundene und deshalb erträumte.

Was Männer mit ihrer Anschauung von sich selbst und Frauen machen wollen, muß ihnen überlassen bleiben. Frauen können ihr Bild von sich, ihre Anschauung von sich selbst verändern, indem sie ihre Tochter-Konstruktion in Frage stellen, die Flucht-Regeln ihrer Kindheit hinter sich lassen und sich der Wirklichkeit zuwenden.

Lassen wir noch einmal Tolstoi zu Wort kommen: «Die Frau ist glücklich und hat alles erreicht, was sie erreichen kann, wenn sie einen Mann bezaubert hat. Darum besteht das Hauptbestreben der Frau darin, ihn bezaubern zu können. So war es, und so wird es bleiben.» (Tolstoi 1979, S. 93) Aber nur solange Frauen die Wirklichkeit fürchten: ihre eigene und die des Mannes. Vielleicht liegt ja die Bezauberung unerwarteterweise in der Wahrheit, in der Wirklichkeit der Gefühle und nicht in den geträumten.

Traumfrau sucht Traummann

Wohin die Flucht aus der Wirklichkeit eine Frau bringen kann, welche riskanten Abenteuer sie eingeht und in welche Träume und Phantasien sie sich verwickelt, schildert Martina (Kauffrau, 39 Jahre). Sie antwortet auf folgende Kontaktanzeige:

«Moderner Mann sucht seine Traumfrau – mädchenhaft und emanzipiert. Attraktiv in Jeans und Abendkleid.»

Martina sucht ihr Glück auf diesem Wege aus Enttäuschung über viele mißglückte Liebesbeziehungen. Ihre Realitätsflucht beginnt sofort und total. Sie befragt ihren selbstverfaßten Ratgeber ‹Wie gewinne ich einen Mann?›, nicht wissend, daß sie damit ihre Kindheitsträume befragt. Und die sind ein schlechter Ratgeber in Sachen Liebe.

Die Schilderung läßt an Ehrlichkeit nichts zu wünschen übrig. Sie verrät die geheimen Gedanken einer Frau, die sich im Aufbruch befindet, die Wirklichkeit zu verlassen und sich ihren Traum zu erfüllen. Brav hält sie sich an die kindlichen Spielregeln, stellt sich hurtig auf die vermeintlichen Wünsche des Partners ein, korrespondiert mit dem geträumten Mann und – scheitert.

Auszug aus einem Tagebuch:

Ich war spontan begeistert. Dies schien für mich der ideale Mann zu sein. Sofort setzte ich mich an den Schreibtisch und entwarf einen Bewerbungsbrief. Mit sanften und einschmeichelnden Sätzen warb ich um einen zukünftigen Lover. Mein Stimmungsumschwung verblüffte mich selber; hatte ich mich die letzten Tage eher depressiv und schlechtgelaunt gefühlt, so lief ich jetzt leichtfüßig zu meinem Auto, stellte das Radio an, war bester Stimmung. Ich fühlte, nein, ich wußte, dieses war der Mann, auf den ich schon so lange gewartet hatte. Der Text dieser Anzeige schien wie für mich gemacht. Wie lange hatte ich auf diesen Augenblick gewartet. Seit meiner letzten Beziehung war es in Sachen Liebe sehr ruhig bei mir geworden, und ich fühlte mich wie verstoßen.

Einige Tage später kam der Anruf. Ich sprach gleich ganz vertraut mit ihm, gurrte ins Telefon, bewarb mich in alter Manier um die Stellung als Liebesdienerin. Für den Mann schien es eher eine Routineangelegenheit zu sein. Er hatte mehrere Anzeigen aufgegeben und wußte auch nicht mehr so genau, was ich geschrieben hatte. Er sprach ausführlich über seinen Beruf, meine gewagten Selbstdarstellungen interessierten weniger.

Der Mann ahnte gar nicht, daß sein distanziertes Verhalten mich geradezu beflügelte. Mein Beruf, der mich begeistert und mich unabhängig macht, wurde zur Nebensächlichkeit. Er suchte eine Bewunderin, und dafür war ich wie geschaffen.

Anfangs eher kühl und arrogant, taute er jetzt langsam auf und schien Interesse zu entwickeln. Mein Plan, ein Treffen zu arrangieren, schien zu gelingen. Selbst die Tatsache, daß er in einer anderen Stadt lebte, machte mir nichts aus. Wir verabredeten ein Rendezvous am Flughafen.

Als erstes befragte ich meinen Ratgeber ‹Wie gewinne ich einen Mann?›. In diesem Buch hatte ich die Erfahrungen meines bisherigen Lebens notiert. Diesmal sollte alles gutgehen. Und ich wollte mich an die Regeln halten.

Als versierte Reisende in Sachen Liebesangelegenheiten wählte ich sorgfältig mein Handgepäck aus. Ich wollte gefallen, also galt für mich: Schalte dein Realitätsbewußtsein aus und idealisiere den Mann. Und ich suchte dementsprechend meine Garderobe aus: mädchenhaft, leicht naiv. Kritischer Durchblick und reales Einschätzungsvermögen sind auch nicht sehr gefragt. Was war mit meiner beruflichen Selbständigkeit und meiner finanziellen Unabhängigkeit? In meinem Ratgeber stand: Stehen Sie als Frau dazu, und lassen Sie wie beiläufig Zahlen und eventuell auch Aktienkurse einfließen. Ihr Partner wird es Ihnen später danken. – Daran sollte es nicht mangeln!

Was war mit meinen Erfahrungen, meinen Wünschen und Enttäuschungen aus vergangenen Beziehungen? Ich suchte in meinem Ratgeber nach der entsprechenden Regel – und hier stand sie schwarz auf weiß: Das Ansprechen von Enttäuschungen und das Aussprechen von eventuellen Forderungen sollten Sie tunlichst vermeiden. Auch jegliche Erzählungen aus dem Intimleben sind hier nicht angezeigt. Das ist Ihre Privatangelegenheit. Für den neuen Mann sind Sie erst einmal ein unbeschriebenes Blatt. Wenn Sie sich die Erfüllung Ihres Glücks erhoffen, dann sollten Sie sich daran halten.

Das hatte ich vor, die Reise konnte beginnen. Ich schaute noch einmal in den Spiegel – meine Verwandlung war vollkommen. Fast vierzigjährig, war ich in die Haut eines kleinen Mädchens geschlüpft.

Der Hausmeisterin gab ich die Schlüssel und bat sie, nach den Blumen und der Post zu sehen. Dann bestellte ich ein Taxi zum Flughafen.

Schon im Flugzeug erfüllte ich meine Rolle perfekt, ich ließ mir genau den Gurt erklären, schwankte leicht auf dem Gang zum Waschraum, so daß ein netter Mitreisender mir behilflich war. Bei der Landung klammerte ich mich an den Sitz und sprach über meine Angst. Mein Nachbar war sichtlich begeistert und sprach mir gut zu.

Ehrlich gesagt, allen Männern gefallen zu wollen ist gar nicht so einfach. Die Pausen überbrücke ich einfach mit einem mysteriösen, eher fragend-naiven Lächeln – das kommt immer an. So steht es in meinem Ratgeber.

Sobald wir gelandet sind, nehme ich mein leichtes Handgepäck, in dem auch mein Selbstbewußtsein verstaut ist, und begebe mich zum Ausgang. Der Beamte scheint nichts zu merken. Er lächelt mir dienstlich-unpersönlich zu und wünscht mir einen guten Aufenthalt. Offensichtlich ist die Reduzierung meiner Persönlichkeit für Uneingeweihte äußerlich noch nicht sichtbar.

In der Halle stelle ich mich an der verabredeten Stelle auf; die Zeit vergeht, und mir wird etwas unbehaglich. Viele Männer, die meinem Traummann entsprechen könnten, reagieren auf meinen freudigen Blick nicht.

Nach einer halben Stunde werde ich von hinten angestoßen, ich drehe mich um und vor mir steht ... m(k)ein Traummann.

Eher unscheinbar, ziemlich nachlässig gekleidet, steht jemand vor mir, dessen Gesichtsfarbe verrät, daß er nicht sehr gesund lebt. Seine Unpünktlichkeit erklärt er gar nicht erst. Er dreht mich um meine Achse und stellt fest: «Nicht übel. So jung wie ich dich mir vorgestellt habe, scheinst du nicht mehr zu sein. Aber du gefällst mir trotzdem. Wo gehen wir hin – zu mir?»

Davon stand nichts in meinem Ratgeber.

Formen der Vaterbindung

«Sich die Liebe verdienen»

Treu und leichtgläubig wiederholen Vater-Töchter in der Liebe ihre Vaterbeziehung. Nur wenige sind sich dieses Verhaltensmusters bewußt. Lediglich ein dumpfes Unbehagen begleitet Frauen durch jede Liebesbeziehung. Sie glauben zu lieben, doch sie fühlen sich unsicher.

Träumend verpassen Frauen ihren Einsatz in der Liebe – und wundern sich, wenn sich das versprochene Glück nicht einstellt. Sie stehen wie Schauspieler auf der Bühne, denen plötzlich der Text entfällt. Stumm stehen sie da und lassen das Schauspiel, in dem sie eigentlich eine Hauptrolle spielen, als Zuschauer an sich vorüberziehen. So als gehörten sie gar nicht dazu. So als stünden sie in einer falschen Zeit, als hätten sie ein falsches Kostüm an. Sie spielen das Spiel der Kindheit. Niemandem fällt auf, daß die Zeiten sich geändert haben und das kleine Mädchen inzwischen groß und stark geworden ist, daß das Spiel auf der Bühne des Lebens gespielt wird.

Es ist die ungelöste Vaterbindung, die Frauen noch heute in einen nervösen und durch Gefälligkeit gekennzeichneten Lebens- und Liebesstil hineinzwängt.

Schauen wir uns die verschiedenen Lebensstile an, so zeigt sich, daß jede Vaterbeziehung eine besondere ist, daß der Vater die Tochter programmierte. Vor dem Schmerz dieser Programmierung haben Töchter sich zu schützen gelernt. Sie haben eine Methode entwickelt, mit der sie den Kränkungen ausweichen konnten, den Schmerz nicht fühlen mußten. Jede Tochter schützte sich so gut sie konnte und lebt als Erwachsene noch in dem Lebensrahmen, den sie einst dringend benötigte.

Der Lebensstil des Vaters prägt den Lebensstil der Tochter auf eine geheimnisvolle Weise. Ihr Ringen um seine Anerkennung bietet ihm

Gewähr, daß sie zu dem wird, was der Vater will. Je nachdem, ob der Vater Bescheidenheit als töchterliche Tugend bevorzugt, ob er vom Glanz seiner Tochter profitieren will oder ob die Tochter seine eigenen unerfüllten Bedürfnisse umsetzen soll – das alles finden wir später in den Lebensstilen von Frauen wieder. Selbst die verdeckte und geleugnete Frauenverachtung des Vaters lebt in der Tochter weiter und findet ihren Ausdruck in der später von Frauen gelebten Ablehnung der eigenen weiblichen Rolle.

Wie Frauen wirklich leben, was sie fühlen, wünschen und wollen, wird von Männern selten erkannt und von Frauen sorgsam verborgen. Frauen neigen dazu – wie einst beim Vater –, ihre jeweilige Rolle im Leben perfekt zu spielen. Unabhängig von ihren eigenen Bedürfnissen und Sehnsüchten liefern sie stets das Gewünschte.

Die Varianten reichen von der gehemmten, unauffälligen bis hin zur auffällig ungehemmten Frau. So verschieden sich die Lebensstile auch darstellen mögen, so eint sie doch alle die uralte weibliche Rollendefinition: Anpassung.

Interessant und auffällig ist jedoch, daß fast jede Frau unabhängig von ihrem Lebensstil, von ihrem Partner in passenden Situationen als dominant bezeichnet wird und daß sie sich auch selbst so fühlt. Ist man noch geneigt, die auffällig ungehemmte Frau als dominant anzusehen, so hat man doch erhebliche Mühe, dieses Etikett bei der unauffälligen Variante zu verteilen. Dennoch sind sich Männer und Frauen im Streitfall einig: Frauen sind dominant.

Zu mir in die Praxis kommen viele sogenannte dominante Frauen: Ihr Mann sagt es ihnen, und sie fühlen sich so. Bei näherem Hinsehen zeigt sich ihre Dominanz in ihrer Putzsucht, ihrer Ordnungsliebe, in der Art der Urlaubs- und Freizeitgestaltung sowie der Lernaufsicht ihrer Kinder. In dieser Hinsicht «beherrschen» die Frauen die Familie. Diese Aufgaben dürfen sie dominant erfüllen. Aber nur unter der Aufsicht des Mannes. Und wenn Konflikte entstehen, wenn die Kinder nicht so parieren, wie er es will, dann steht auch die «dominante» Frau auf der Verliererseite. Dann hat der Mann recht, dann ist sie schuld an dem Konflikt, denn schließlich war es doch wohl ihr Erziehungskonzept, das sich als falsch erwiesen hat.

Diese sogenannten dominanten Frauen haben es sich in unserer

Männergesellschaft passend eingerichtet, sie spielen das Spiel mit, befolgen die Regeln. Sie fühlen sich überlegen, vertrauen dem Argument des Mannes, daß sie dominant seien und die Familie, aber ganz besonders ihn, beherrschen. Dabei bestimmen sie im Grunde nur über die Staubflusen, das Küchenportemonnaie, die sozialen Kontakte und das Schulprogramm. Bisweilen dürfen sie sich auch noch weiterbilden oder einem Nebenverdienst nachgehen. Im Bewußtsein ihrer vom Mann zugestandenen Dominanz und Stärke erfüllen sie brav die Anforderungen des Tages und bieten dem Mann die ersehnte häusliche Umgebung. «Patriarchat – aber Unsinn, das ist längst vorbei», das ist ihre ehrliche Meinung. Glückliche Frauen? O ja – in bescheidenem Ausmaß könnte man sie glücklich nennen – nur in einem anderen als dem von ihnen verstandenen Sinn. Denn sie ziehen ihr Glück und ihre Zufriedenheit aus ihrer Bereitwilligkeit, dem Mann zu gefallen und alles zu tun, damit er bekommt, was er will – nicht aber aus der Erfüllung ihrer eigenen Wünsche.

Als in diesem Sinne dominante Frauen sind sie die Liebesdienerinnen par excellence. Sie dürfen es nur nicht merken. Und das tun sie in der Regel auch nicht. Und wenn sie widerspenstig werden sollten, dann hilft sicher und zuverlässig die Feststellung ‹Du bist so dominant›. Das meinte schon der Vater, wenn die Tochter widersprach. Das ist das Stichwort für die Tochter, das bringt sie sofort zur Besinnung.

Ohne es im Moment zu merken, verpaßt sie so entscheidende ‹Einsätze› und überantwortet sich dem Mann. Daß sie sich unbedeutend fühlt, unsicher, sich wenig zutraut ... das verbirgt sie sorgsam. So scheint sie glücklich zu sein, ist es aber nicht. Diese Spannung ist der Motor, der sie immer wieder in eine falsche (Männer-)Richtung laufen läßt, von der sie sich Spannungsreduktion erhofft, vergeblich.

Die sogenannten dominanten Frauen erinnern in ihrem zwanghaften Verhalten an Ratten in Experimenten der Verhaltensforschung, die aus Hunger immer wieder den gleichen Hebel betätigen – in der Hoffnung auf die gewünschte Nahrung – und dabei immer wieder schmerzhafte elektrische Schläge erhalten.

Bei den Frauen ist die Fixierung der Hunger nach Liebe und Geborgenheit, der sie auf den Mann fixiert, die unerfüllte Sehnsucht nach der Liebe ihres Vaters.

Sie lassen sich jede Beurteilung, jede Einschätzung gefallen – auch wenn sie schmerzt. Sie muß nur der Sicht des Vaters entsprechen, dann fühlen sie sich geborgen. Unreflektiert haben sie die Bewertungskriterien des Vaters übernommen, und so erfüllen sie unbewußt seine Wünsche und seinen Willen. Dabei lernen sie sich selbst nie wirklich kennen. Ihrer psychischen Realität, die sich gelegentlich in Depressionen, Tränen und Wut ausdrückt, gehen sie nicht weiter auf den Grund. Das sind dann die Nerven oder die Überforderung...

‹Meine Frau ist leider so dominant...› – das bringt die Verhältnisse zwischen Mann und Frau wieder in die gewohnte Ordnung. Diese Frauen tun gut daran, ihre sogenannte Dominanz einmal eigenständig zu überprüfen: Was können sie wirklich von dem durchsetzen, was sie sich erträumen, wie weit reicht der ihnen zugestandene Spielraum außerhalb des Hauses, was geschieht, wenn sie die ihnen zugeschriebene Dominanz ablehnen? Haben sie dann genügend Dominanz, um sich zu behaupten?

Die um Emanzipation bemühten Frauen heute üben sich in Selbstverwirklichung, streben nach Geltung und Selbstbehauptung. Doch allzuoft geben sie sich mit Teilbereichen, von der Männerwelt lauthals beklagt, aber im Grunde begrüßt, zufrieden und verwechseln die Verantwortung in gewissen Lebensbereichen mit Emanzipation. Selten können sie den Vater-Trick durchschauen, der die Frau an die kindliche Tochterposition bindet. Von dem väterlichen «Du bestimmst schon zuviel, du hast genug... Macht» ist Vaters Tochter auch weiterhin gern überzeugt.

Aber: Wie viele Frauen fühlen sich dominant – und wie viele haben wirklich etwas zu sagen, wenn es um die wichtigen Belange in dieser Welt geht? In der Liebe sieht es damit jedenfalls trostlos aus, und selbstbewußte souveräne Frauen sind dünn gesät.

Die unauffällige Gefälligkeit

Es ist kein Wunschtraum von Frauen, die unauffällig gefällige Geliebte irgendeines Mannes zu werden – und dennoch lassen sich so viele darauf ein. Sie warten jahrelang bescheiden im Hintergrund, bis der Mann ihnen seine kostbare Zeit schenkt, bemüht, ihr Lächeln zu behalten. Eine für den Mann bequeme Anspruchslosigkeit zeichnet sie aus. Aber kein freier Wille, kein freudiger Entschluß bringt Frauen in diese Position, sondern ihre Vaterbindung. Sie liebt, wie es dem Vater gefiel oder wie sie ihm zu gefallen glaubte – unauffällig gefällig. Sie sind die sprichwörtlichen Mauerblümchen, die am Rande stehen und darauf warten, daß sie jemand pflückt.

Dabei ist es die große Angst eines jeden kleinen Mädchens, ein Mauerblümchen zu sein. Wer erinnert sich nicht an die Tanzstunde? Hier geschieht die erste Auslese. Hier zeigt sich, ob sie sitzenbleibt, während alle anderen Mädchen einen Tanzpartner haben, oder ob sie einen attraktiven Jungen für sich gewinnen kann. Für jedes Mädchen ist das eine schreckliche Zeit zwischen Furcht und Hoffnung. Sitzenbleiben – ein Alptraum.

Der Kommentar des Vaters: ‹Warum benimmst du dich auch so komisch?› macht alles nur schlimmer.

Und dabei hat sie nur die Wunschvorstellung des Vaters realisiert, war die bescheidene, unauffällige Tochter. Nur so – bescheiden und unauffällig – konnte sie von ihm ein wenig Aufmerksamkeit erhoffen. Denn immer, wenn sie gegen diese Regel verstieß, wies er sie hart zurecht: ‹Sei nicht so egoistisch – dräng dich nicht so in den Vordergrund.› Aus Liebe zum Vater und überzeugt, daß er recht hat, beherzigt die Tochter diese Regel. Nie wieder im Leben will sie egoistisch sein und sich in den Vordergrund drängen. Und nach dieser Regel lebt sie dann auch.

Schon äußerlich wirkt sie bescheiden, ist zurückhaltend in jeder Hinsicht. Ihr Ziel ist es, unauffällig gefällig zu sein. Und diese Rolle spielt sie perfekt. Niemand erinnert sich so richtig an sie; was sie sagt, wird freundlich lächelnd zur Kenntnis genommen – und vergessen. Sie kommt in den Raum und stört nie. Sie ist da und doch nicht da.

Wenn man ihr begegnet, lächelt sie freundlich und stimmt fast allem zu.

Auf den ersten Blick hält sie jeder für eine sympathische Frau, zugewandt und freundlich. Wenn es da nicht diese Einschränkung gäbe: Wenn sie lächelt, lächelt sie an einem vorbei, und wenn sie schaut, schaut sie durch den Menschen hindurch. Ihre Beziehungen erreichen nur selten Tiefe und Stabilität – irgendwie scheint alles austauschbar, sogar sie selbst scheint austauschbar zu sein. Und so fühlt sie sich auch. Als Fremde in einer Welt, die nie ihr Zuhause werden konnte. Bescheiden wartet sie auf das, was nie geschieht. Sie wird nicht müde zu hoffen, daß sich ihre Ansprüche und Bedürfnisse ‹von selbst› erfüllen.

Hatte ihr Vater ihr nicht signalisiert: «Wenn du bescheiden und zurückhaltend bist, dann liebe ich dich»? Das ist immer noch ihre Lebensmaxime.

Diese Vater-Töchter entsprechen auf ihre Art der Vorstellung einer ‹guten Frau›. Sie stören nicht, haben keine männlichen Werte verinnerlicht – zumindest nicht äußerlich erkennbar.

Sie überlassen dem Mann die Regie und passen sich an, wo sie nur können. Aber heimlich haben sie sich abgesichert: Sie leben in Distanz zu ihrer Umwelt, und dies verbergen sie sorgsam.

In ihrem Liebesleben haben sie allerdings nicht viel Glück, obwohl ihre optimal trainierte Anpassung sie zunächst für den Mann sehr attraktiv macht. Für den Mann sind die bescheidenen, unauffällig gefälligen Frauen auf den ersten Blick interessanter, als diese selber glauben können. Bei ihr kann er ungehindert von einem unbegrenzten Freiraum in der Liebe träumen, was die gefällige Frau zunächst auch willig hinnimmt. Er kann in der Liebe tun und lassen, was er will. Kommen oder nicht kommen, bleiben oder nicht bleiben, anrufen oder nicht anrufen – das Mauerblümchen gibt sich mit allem zufrieden, bleibt freundlich und verwechselt nicht selten ihre Passivität mit Emanzipation.

Mir sagte neulich ein großer, attraktiver Mann, daß er durchaus eine gewisse Neigung für Mauerblümchen empfände. Ihm war nicht bewußt, daß er mir damit etwas sagte, was meine Beobachtungen nur bestätigte. Natürlich haben Männer, besonders die machtbewußten unter ihnen, eine Neigung zu bescheidenen Frauen, denn diese lassen die männliche Top-Position in der Liebe unangetastet. Sie geben dem Mann alles, bleiben stets im Hintergrund, lassen ihn leuchten und bestätigen ihn so in seiner Männlichkeit.

Leider hat die Sache einen Haken: Diese Frauen verweigern dem erfolgsbewußten Mann den Widerstand, der seinen Sieg erst lohnenswert macht. Und so breitet sich in ihm sehr schnell Langeweile aus. Alles ging zu schnell, zu mühelos. Er kann seinen Sieg nicht wirklich genießen. Schon bald schaut er sich nach einer neuen unauffällig gefälligen Frau um. Neues Spiel, neues Glück.

Die Frau sieht sich in ihrer Hoffnung betrogen. Hatte ihr der Vater nicht immer gesagt «Wenn du bescheiden und zurückhaltend bist, dann werde ich dich lieben»? Sie hat darauf gesetzt – und sie verliert. In der Liebe ist sie die Verliererin. Unauffällig hat sie sich dem Leben des Liebsten angepaßt, und unauffällig wird sie verabschiedet. Der Mann nimmt die Trennung mit dem obligaten schlechten Gewissen vor, ohne Aufhebens, oft nur durch einen Abschiedsbrief. Er vermeidet tiefgründige Gespräche und Beziehungsanalysen.

Denn in Wirklichkeit fühlte er sich dieser Vater-Tochter nie richtig verbunden. Deshalb fällt ihm der Abschied auch leicht. Sie hat Zuwendung von ihm nie eingefordert, und er hat sich zeitweilig mit ihrer lächelnden Bereitschaft zufriedengegeben, die bequem für ihn war. Nun fehlte ihm die Auseinandersetzung mit der Frau, die ihn in seiner Männlichkeit noch mehr bestätigt hätte. Aus seiner Sicht ist Langeweile oft das Ende dieser Liebe. Man hatte sich sowieso nicht viel zu sagen.

Das kann die unauffällige Vater-Tochter nur sehr schwer verstehen. Sie erwacht selbst dann nicht aus ihrer töchterlichen Fügsamkeit, wenn die Konsequenzen sichtbar sind. Hartnäckig, geradezu verbohrt bleibt sie bei der Mahnung des Vaters, ‹sei bescheiden und zurückhaltend›.

Ihrem Vater gegenüber konnte sie sich durch totale Zurücknahme vor Kränkungen und Verletzungen schützen. In der Liebe gelingt das nicht mehr. Mit ihrer bescheidenen Anspruchslosigkeit gibt sie jedem Mann den Freibrief, sie zu kränken und zu verletzen. Sie kann seinen Forderungen nichts entgegensetzen. Der Mann langweilt sich mit ihr, gibt ihr das deutlich zu verstehen, und genau diese Kränkung wollte sie mit ihrer Unauffälligkeit vermeiden.

Die bescheidene Vater-Tochter fühlt sich bis ins hohe Alter von ihrem Vater geliebt. Ihr angepaßtes, von dem Vater gefördertes Verhalten war ein guter Schutz vor seinen Verletzungen. Ihre Anpassung und Preisgabe der eigenständigen Person ermöglichten ihr, den Vater als Liebenden zu sehen. Seinen Schutz deutet sie als Liebe. Weil es ihr so häufig gelang, den Vater milde zu stimmen, konnte sie von seiner milden Liebe träumen. In der Liebe zum Partner wird genau das zur Falle.

Die Vater-Tochter ist aufgrund ihrer Kindheitsdisposition gezwungen, aktiv, Tag für Tag, ihre Bedeutungslosigkeit zu demonstrieren. Sie tut es in der Hoffnung, eines Tages geliebt zu werden. Aber diese Verleugnung entwickelt sich zu einem aktiven Selbstzerstörungsprozeß, der auch die Liebe einschließt.

Tatsache ist, der unauffällig gefällige Lebensstil einer Frau ist die direkte Fortsetzung ihres Vater-Tochter-Lebens. Es ist ein Festhalten an der Täuschung der Kindheit, an der Lüge des Vaters. Entgegen seinen Versprechungen hat sie die Anerkennung des Vaters nicht erhalten, aber immer noch hofft sie darauf. Deshalb ist sie in ihrem Selbstwert so tief verstört. Sie wurde von ihrem Vater zu Passivität verurteilt und kann daher heute keine aktiv liebende Frau sein. Sie weicht der Liebe aus, sie flüchtet und kann nicht standhalten.

Für diese Vater-Tochter gibt es ein Anti-Trainingsprogramm, um ihre Unauffälligkeit zu überwinden. Jeden Tag sollte sie sich einmal zwingen, auf sich zu hören und ihre eigene Meinung zu sagen. Sie muß lernen, ihr reflexhaftes ‹Ja› in ein ‹Ich werde es mir überlegen› umzuwandeln. Auch hier ist es die Übung, die die Meisterin macht.

Der Schein bestimmt das Sein

Die erwünschte Frau in einer Männerkultur liebt aus kleinmädchenhafter Distanz. Sie verkörpert die klassische weibliche Tradition, ist genau so, wie Männer sie haben wollen. Bereitwillig und stolz hat sie sich Männerwünschen verschrieben – ahnt die Fortsetzung ihrer Tochterposition nicht. Wie früher als Vater-Tochter bestimmt der Schein ihr Sein, die Illusion nämlich, in der Nähe eines bedeutungsvollen Mannes zu leben und allein dadurch ihren Wert zu beziehen.

Wer kennt sie nicht, diese charmante Frau, die, an der Seite eines attraktiven Mannes, innerlich und äußerlich immer wie aus dem Ei gepellt wirkt? Bei ihr stimmt alles. Der Ring, der Gürtel, die Spange, das Schuhwerk, das vorzüglich abgestimmte Make-up – alles paßt in ihr Erscheinungsbild. Sogar ihr Lächeln, ihre Gesten, ihr Ausdruck, alles fügt sich harmonisch zusammen.

Jeder kennt die Einladungen bei der reizenden ‹Frau an seiner Seite›. Die rosa gefärbten Servietten passen genau zu den rosa Blümchen des goldenen Kaffeeservice – die gedeckte Kaffeetafel erstrahlt in gedämpftem Glanz. Unwillkürlich fragt sich der Gast, ob er in seiner Unvollkommenheit überhaupt in diese Atmosphäre paßt.

Über der gesamten Tafel liegt ein immerwährendes Lächeln. Ja – es lächeln alle – allen voran die Dame des Hauses. Aber das Lächeln erreicht die Augen nicht. Es entsteht das merkwürdige Bild einer Gesellschaft, in der nur die Münder lächeln und die Gesichter stumpf werden. Es ist die Einladung einer First Lady, der es darum geht, den Schein zu wahren, koste es, was es wolle. Sie erinnert an eine eiserne Lady, die lächelnd und mit eiserner Hand ihr Glück regiert. Sie führt ein strenges Regiment; Ausbrüche und Einbrüche, Ausfälle und Einfälle duldet sie nicht. Unbewußt kontrolliert sie sich selbst, kontrolliert sie auch die anderen. Gefühle haben keinen Raum in dieser Gesellschaft.

Die traditionelle Ehefrau lebt nach dem Grundsatz ‹Man hat glücklich zu sein›, und dafür setzt sie ihr Leben ein. Unglück will sie einfach nicht dulden. Aber... sie lebt an der Wirklichkeit vorbei, an ihrem eigenen Leben. Ihre Grundsätze, die Perfektion, mit der sie ihre Rolle als Gastgeberin ausfüllt, haben für sie lediglich den Sinn, die Fassade zu stärken, ihrer Rolle als ‹gute Ehefrau› eine Berechtigung zu geben. Sie will bewundert werden, dafür hat sie Freunde. Nicht selten ziert daher bereits eine große Willkommenstafel ihre Haustür. Jeder ist willkommen, wenn er sie nur bewundert...

Aber wie sieht diese Rolle aus? Wofür kämpft sie? Man möchte meinen – und viele Frauen glauben es auch –, daß diese Frau doch nun wirklich alles im Leben erreicht hat. Sie hat einen attraktiven Mann an ihrer Seite, ist selbst nur eine Spur weniger attraktiv, gemeinsam bilden sie ein wunderbares Paar. Die Welt liegt ihr zu Füßen – so glaubt man – und sie glaubt es auch. Zumindest strahlt sie diese Gewißheit aus, beteuert es jedem, ob er es hören will oder nicht.

Wenn sie auftritt, dauert es meist nicht lange, und sie ist die unumstrittene Hauptfigur. Sie redet und redet... aber worüber? Sie erzählt ungefragt von ihren Belangen, als seien sie für jedermann von höchstem Interesse. Im Zusammensein mit ihr befällt einen unwillkürlich ein leeres Gefühl. Man spürt da bei aller Perfektion eine Unstimmigkeit, eine Unechtheit, eine mangelnde Tiefe, die unsicher, manchmal betroffen macht. Man spürt, man ist Publikum.

Diese Frauen täuschen eine Wärme vor, die sie nicht haben. Und sie strahlen eine Kälte aus, die sie verleugnen. In unbeobachteten Momenten verlieren sie die Haltung. Das so sorgsam konstruierte Bauwerk fällt zusammen, und plötzlich paßt nichts mehr zueinander. Verzweiflung spricht aus ihren Augen, sie wirken gehetzt und nervös. Blaß und angespannt versuchen sie immer noch, ihre Rolle zu spielen, so als hätten sie Angst vor einem großen Verlust. Diese Angst ist berechtigt, denn da sie sich ganz und gar auf die Wünsche des Mannes eingestellt haben, bleibt wenig übrig, wenn sie dieser Rolle, die eine ständige Selbstverleugnung verlangt, nicht mehr gewachsen sind. Sie sind auf der Flucht vor genau dieser Realität, und das setzt sie unter einen unerträglichen Druck.

Oft führen sie außerdem noch einen geheimen Kampf mit dem Mann. Sie wollen natürlich auch etwas gelten, vielleicht sogar mehr gelten als er, und müssen sich doch mit der Nebenrolle zufriedengeben. Sie dürfen nur strahlen, solange der Mann es will, solange sie seine First Lady spielen und sein Prestige erhöhen.

Ihr Inneres gleicht einem Schlachtfeld. Pausenlos kämpft sie um die Anerkennung ihres Mannes, die sie jedoch, wie damals die des Vaters, nicht erhalten wird. Sie ist darauf trainiert, ihre Weiblichkeit einzusetzen, in der aussichtslosen Hoffnung, den Mann schließlich doch noch zu besiegen. Ein Leben lang kämpft sie um den ersten Platz, den sie jedoch nur und ausschließlich an der Seite eines Mannes – eben durch den Mann – einnehmen kann. Nur über den Mann kann sie eine Rolle spielen – ohne ihn würde sie in das Aschenputtel-Dasein zurücksinken. Und das ist ihre große Angst. Deshalb spannt sie alle Kräfte an, verbraucht alle Kraftreserven, denn das darf ihr nie passieren.

Sie verachtet sie, die Mauerblümchen-Frauen, die in scheinbarer Unauffälligkeit ihr Leben verbringen. Denn ihre Angst kann sie nur dadurch mildern, daß sie ständig im Mittelpunkt steht. Dafür tut sie alles, verleugnet sich und ihre Wünsche. Eine anstrengende Verdrängungsarbeit ist notwendig, um sich diese schillernde Mittelpunktstellung zu erhalten – besonders bei ihrem Mann. Nur allzugern spricht sie von ihrer glücklichen und harmonischen Ehe. ‹Mit meinem Mann kann ich über alles sprechen – er ist mein bester Freund.› Sie vergißt dabei, daß ihr Mann fast immer abwesend ist, von seinen Seitensprüngen ganz zu schweigen, und lebt als erste Frau an seiner Seite ein einsames Leben. Das spürt sie auch gelegentlich – und das läßt sie verzweifeln.

Der Mann einer solchen Frau schaut zumeist liebevoll belustigt auf den Trubel, den sie veranstaltet. Er fühlt, daß ihre Aktivitäten seinem männlichen Prestige zugute kommen, deshalb läßt er sie gewähren. Scheinbar geduldig hört er ihr zu, ist aber in Wirklichkeit mit seinen Gedanken ganz woanders. Er beschäftigt sich mit den bedeutungsvollen Dingen des Lebens, von denen seine Frau angeblich keine Ahnung hat.

‹Du hörst mir ja gar nicht zu›, diese Klage muß er oft ertragen, zu Recht, denn das hat er auch gar nicht vor. Er ist zwar bereit, sie im Bemühen um eine glanzvolle Stellung in der Gesellschaft gewähren zu lassen, ja sie zu unterstützen, aber in ihrem inneren Verhältnis ist die Frage des Vorranges eindeutig entschieden: Er ist die Nummer eins, und sie muß sich unterordnen.

Die Vater-Töchter, die sich für ein Leben zugunsten des Mannes und zu Lasten ihrer eigenen Persönlichkeit entschieden haben, sind einsame Kinder gewesen – vaterlose Töchter. Sie haben fast ausschließlich in Träumen und Phantasien gelebt. Der Vater war immer abwesend, hörte ihnen nicht zu, und so haben sie sich in seiner Abwesenheit einen Wunschvater zurechtgeträumt. Und sie lieben diesen Vater, lieben ein Phantom und werden dabei durch den realen Vater nur selten gestört.

Denn gerade der abwesende Vater nötigt die Tochter zu Phantasien. Während sie allein und einsam ist, träumt sie ungehindert von der Größe ihres Vaters. Sie träumt von ihrer Wichtigkeit in seinem Leben. Er hat und gibt ihr Bedeutung. Nur gelegentlich spürt sie die Kluft zwischen Phantasie und Wirklichkeit. Entweder wenn die Abwesenheit des Vaters zu lange dauert und sie sich mit ihren Sorgen und Nöten nie an ihn wenden kann oder aber wenn er da ist und sie erkennen muß, daß er ihrem idealisierten Bild nicht entspricht. Dann zieht sie sich verzweifelt in sich zurück, schafft es aber meist, sich zu überzeugen, daß sie sich irren muß, daß dieser Vater so, wie er sich präsentiert, nicht ihr Vater sein kann. Und schon am nächsten Tag sind alle Zweifel zerstreut, hat sie die Situation zurechtgedeutet und dem Vater seine Traumrolle wiedergegeben.

Später in ihrer Partnerschaft träumt sie den gleichen Liebestraum. Sie gewinnt Bedeutung durch die Bedeutung ihres Mannes. Sie hat schon als Kind trainiert, die reale Person des Mannes nicht wahrzunehmen, sie nicht wahrnehmen zu wollen und vor allem sich in ihren Träumen nicht beirren zu lassen. So fällt es ihr auch leicht zu vergessen, daß im wesentlichen sie ihrem Mann seine Bedeutung verschafft hat. Wie als Kind spielt sie in ihrer Ehe die Rolle einer Frau, die vehement und angestrengt um Anerkennung ringt. Sie besteht darauf, daß zumindest äußerlich ihr jedermann ihre besondere Bedeutung bestätigt. Damit gibt sie sich dann aber auch zufrieden in ihrer töchterlichen Anspruchslosigkeit.

Männer geben nur ungern etwas von ihrer Bedeutung ab – und schon gar nicht gratis. Nur die totale Selbstaufgabe der Frau kann sie dazu bewegen. Es ist sozusagen ein Tauschgeschäft mit der Seele, und was die Frau dafür eintauscht, schlägt meist negativ zu Buche.

Insofern leben auch die um ihren Selbstwert ringenden Vater-Töchter immer in einem Konflikt: Sie müssen Wohlverhalten zeigen und dürfen nicht sein, was sie möchten. Versuchen sie es dennoch, werden sie fallengelassen.

Dieser auffällig gefällige Lebensstil scheint unausrottbar zu sein. Gerade er verspricht soviel, Geltung, Glanz – eine wahre Verführung. Nur hält er nicht, was er verspricht. Die Wirklichkeit ist karger, als manche Frau sich eingestehen mag. Solange, bis sie sich endlich zu ihrem wahren Vater bekennt, seine Bedeutung ins rechte Licht rückt und seine Glorifizierung aufgibt. Erst dann kann sie sich selbst kennenlernen, ihre Fähigkeit und ihre Kraft. Der Schein wird unbedeutend, das Sein gewinnt an Gewicht.

Die Kontrolle der Gefühle

Unsere Gefühle helfen uns, uns im Handeln zu orientieren. In der Liebe ist der Einklang zwischen Gefühl und Tun die Bedingung des Glücks. Leider läßt sich mit den Gefühlen nicht so leicht umgehen. Es gibt Momente, da wünschen wir uns die Kontrolle über unsere Gefühle; dann wieder verwünschen wir sie.

Vater-Töchter haben es hier besonders schwer. Sie empfinden oft das, was sie fühlen *sollen*, nicht das, wie sie fühlen *wollen*. Die Freiheit, über die eigenen Gefühle zu bestimmen, ist ihnen beizeiten abtrainiert worden. Gefühle, so verlangte der Vater einst, mußten beherrscht, reguliert, unterdrückt werden. Unbeirrt legte er den Maßstab fest, was richtige und gute Gefühle waren und welche man anständigerweise nicht zu haben hatte. Letztere wurden also unterdrückt und führen seitdem ein unbekanntes Eigenleben. Sie bestimmen über uns, statt daß wir über sie bestimmten könnten. So festgelegt, bleibt uns nur die Wahl, alles beim alten zu lassen – oder zu erkennen, wie die vom Vater aufoktroyierte Gefühlskontrolle funktioniert. Nur wenn wir sie für uns ‹durchsichtig› machen, können wir auch etwas verändern.

Je strenger der Vater, je rigider seine eigene Gefühlskontrolle, desto fester mußten Töchter ihre Gefühle an die Kandare nehmen. Vernachlässigte Töchter lernen in der kühlen Atmosphäre ihres Elternhauses besonders früh ihre Gefühle zu kontrollieren. Sie haben keine Möglichkeit, mit ihrem strengen Über-Vater über Gefühle zu sprechen, sie in die Beziehung mit dem Vater einzubringen. Sie lernen, daß Gefühle nicht wichtig sind und keine Bedeutung haben.

Sie mußten sich schon früh darum bemühen, aus nichts viel zu machen. Der Vater kümmerte sich wenig, verlangte aber viel, und so sind sie geübt, Frustrationen zu ertragen und diese Fähigkeit in Kraft umzudeuten. Und wenn dann eigentlich schon alles verloren schien, bäumten sie sich auf und versuchten es trotzdem. Sie mußten sich durchsetzen und ihre empfindsamen Gefühle verbergen; es blieb ihnen keine andere Wahl.

Einst war die Kontrolle über die eigenen Gefühle ihr Schutz vor der Verwundung durch den Vater, von diesem antrainiert. Sie liebten den ersten mächtigen und angsteinflößenden Mann in ihrem Leben bedingungslos – leider ohne die erhoffte Gegenliebe. Er konnte und wußte alles – nur seine Tochter konnte er nicht wahrnehmen, für sie zeigte er kein Interesse. Um auch nur einen Funken von Zuneigung, die Andeutung einer Aufmerksamkeit vom Vater zu erhalten, mußten sie sich verbergen, Teile ihrer Persönlichkeit übergehen.

Für den Vater zählte nur die absolute Sachlichkeit, ungestört von allen «weiblichen Gefühlsausbrüchen». So haben vernachlässigte Töchter *ihre* Gefühlswelt abgewertet und unterdrückt.

In ihrer Kindheit lief nicht nur ein Lebenstraining zur Kontrolle der Gefühle ab, sie war auch das perfekte Übungsfeld zur Angstimmunisierung. Die Töchter orientierten sich an dem mächtigen Vater. Er beachtete sie nur, wenn sie durch mutige Aktionen auffielen. Sie hatten keine Angst vor Gewittern, sie spazierten durch den dunkelsten Park. Ja, sie entwickelten den Ehrgeiz, gerade jene Aufgaben zu übernehmen, vor denen alle anderen Kinder in ihrem Alter Angst hatten.

In Wirklichkeit sind auch sie fast vor Angst gestorben. Langsam, Schritt für Schritt, haben sie verlernt, diese Angst wahrzunehmen. Zurück blieb ein dumpfes Gefühl, das sich immer dann ausbreitet, wenn Gefahr droht, daß ihr die Kontrolle entgleitet.

Die Angst vor Gefühlen ist unendlich groß. Sorgsam hüten sie sich deshalb vor Gefühlsverstrickungen. Sie bemühen sich, den einst durch den Vater gelernten Lebensstil – frei von ‹kindischen› Gefühlen – immer und überall zu praktizieren. Jede ihrer Stellungnahmen – auch die persönlichen – ist von scheinbarer Sachlichkeit und Logik geprägt. «Gefühle sind keine Argumente», ist ihr Lieblingsschlagwort; damit versuchen sie alles und jeden überzubügeln. Dabei übersehen sie, daß die unterdrückte Angst ihr Handlungsmotiv ist.

Ihr kontrollierter Lebensstil macht sie zu guten Kämpferinnen in einer männlichen Welt. Sie sind intelligent, sachlich, entschlußfreudig und scheinen äußerlich nicht so geplagt zu sein vom weiblichen Liebestraum. Sie verfügen über Durchsetzungsvermögen, haben sich in der männlichen Welt eine Position erarbeitet. Man hört ihnen zu, wenn sie zu einem Thema Stellung nehmen. Sie haben ihren eigenen unabhängigen Lebensstil gefunden, den sie unübersehbar vertreten.

Aber bei Befürwortern der ‹neuen Weiblichkeit› steht die unabhängige Frau im Kreuzfeuer der Kritik. Ihr spricht man die Weiblichkeit und die Sensibilität ab. Da sie sich männlichen Werten angepaßt hat und zielstrebig ihre Karriere und ihren Beruf verfolgt, wird sie als Frau oft nicht beachtet. Männer sprechen mit ihr wie mit ihresgleichen, aber gerade im Ignorieren der Weiblichkeit schwingt eine unübersehbare Verachtung mit. Jede Frau spürt das, und im Kampf um ihre Karriere ist sie so einer doppelten Belastung ausgesetzt.

Die Gleichsetzung von Unabhängigkeit mit Gefühllosigkeit trifft jede Frau mitten ins Herz. Einerseits ist sie gezwungen, im Berufsalltag ihre Gefühle zu leugnen – sich wie ein Mann zu benehmen –, andererseits wird sie genau dafür kritisiert. Während das gefühllose Vorgehen der Männer oft besonders positiv bewertet wird, wird sie für ihre Anpassung an männliche Werte selten gelobt.

Die Frau mit den väterlichen Werten – selbstsicher und cool – hat einen schweren Weg gewählt. Sie will die zu Recht empfundene weibliche Misere der Abhängigkeit dadurch überwinden, daß sie sich verhält wie ein Mann – doch sie ist eine Frau. Ihr unabhängiges Verhalten und ihr Erfolg im Beruf kann ihr die Liebe, die Anerkennung als Frau nicht ersetzen. Ihre Enttäuschung darüber zeigt ihr Dilemma auf zwischen scheinbarer Sachlichkeit und weiblichen Wünschen. Mit ihrem Wissen und ihrem Aussehen gewinnt sie zunächst Männer für sich. Männer erhoffen sich durch eine Verbindung mit ihr viel Freiheit und Toleranz im gegenseitigen Umgang. Männer setzen auf ihre Stärke und Unabhängigkeit, die sie dann aber in der Liebe seltsamerweise aufgibt.

Denn auch in der Liebesbeziehung holt sie die Vaterbindung ein. Ihr kontrollierter und unabhängiger Lebensstil währt genau so lange, bis sie sich verliebt. Dann vergißt sie ihre kämpferische Ader und wird genauso gefällig, wie ihr Vater es wünschte. Sie zeigt ihre Gefühle zwar nicht offen, sie trägt sie nicht in weiblicher Manier auf dem Präsentierteller vor sich her, aber sie hat sie, und in der Liebe ist sie ihnen besonders ausgeliefert.

Hinter der kühlen Schale verbirgt sich viel Wärme und Sensibilität, aber auch Angst. Sie hat sich zwar gegen Angst immunisiert und will sich damit vor Gefühlsfallen schützen. Aber gelten in der Liebe nicht andere Regeln? *Soll man in der Liebe nicht alles geben, was man hat?*

Davon hat auch die vernachlässigte Tochter gehört. Und sie wartet nur darauf, ihr Heil auf diesem Gebiet zu versuchen, trotz der Angst, die sie vor den eigenen Gefühlen hat. Denn Gefühle stören nur, komplizieren einfache Sachverhalte. Doch in der Liebe löst sie sich von dieser Angst; zu groß ist die Verführung, der sie nicht widerstehen kann.

Hier neigt auch die sonst so unabhängige Frau dazu, ihren verborgenen Kindheitstraum zu leben. Nur allzu schnell verstrickt sie sich in ihrer Vatertochter-Struktur: Sie wird abhängig von dem Mann, den sie liebt, ihre Hingabe wird total. Sie verletzt in der Liebe ihre eigene Regel, die besagt, daß sie nur sicher und stark ist, solange sie sich verbarrikadiert, solange sie ihre Gefühle kontrolliert, niemanden an ihre Seele läßt.

Reißt sie die Barrikaden ein und zeigt ihre wahren Gefühle, wird sie verletzbar, weiß nicht mehr, wer sie ist.

Denn wenn sie sich verliebt, verwirklicht sich die Sehnsucht ihrer Kindheit, «einmal geliebt zu werden», und sie gibt freiwillig jede Kontrolle auf. Hier sagt sie gleich und viel zu schnell aus ganzem Herzen ja. Sie hofft dabei auf die Liebe des Mannes, aber sie hat vergessen, daß sie nur wenig Erfahrung im Umgang mit ihr zugewandten Gefühlen hat. Mit Ablehnung kann sie umgehen – da weiß sie Bescheid, kann sich wehren und ihre Position behaupten. Warme und weiche Gefühle machen ihr, gerade weil sie sich so nach ihnen sehnt, auch Angst. Sie erschüttern ihre erfolgreiche Methode, mit Durchsetzungsvermögen und Intelligenz ihren Lebensraum abzustecken. In ihrer Hilflosigkeit gibt sie sich total der bedingungslosen Liebe hin, ein Fehler, der aus der verdrängten Angst und der unerfüllten Sehnsucht ihrer Kindheit stammt. Denn damals konnte sie den Vater nicht für sich gewinnen und versucht jetzt ihr Glück bei Ersatzmännern. Leider traut sie den neuen Männern zuviel zu. In der Hoffnung auf die nun endgültige Liebe gibt sie unbedachterweise die Vorsicht ihrer Kindheit auf. Sie verzichtet auf jegliche Kontrolle, und ihre bis dahin unabhängige Lebensweise verkehrt sich total ins Gegenteil. In der Liebe will sie ihre nicht gelebte und so sehr ersehnte Kindheit nachholen: mit allen Gefühlen und unter jeder Bedingung. Aber die Gefühle kann sie jetzt nur schwer einschätzen. Sie hat sie einst, weil der Vater es wünschte, verbannt, sie einer rigiden Kontrolle unterzogen, jetzt kennt sie sie nicht mehr. Sie hat keine Erfahrung im Umgang mit ihren eigenen Gefühlen, sie kann sie nicht deuten, versteht ihre Signale nicht. Nur die verdrängte Angst kommt zum Vorschein, die sie einst zwang, gefällig die Wünsche des Vaters zu erfüllen.

Und solange das so ist, bleibt sie eine nur fast unabhängige Frau, die den letzten Schritt aus der Abhängigkeit nicht wagt: die Überprüfung der Kindheit, die sie lehrte, daß man lieber keine Gefühle zeigt, sondern sie unterdrückt und unter Verschluß hält.

Aber – und das ist die Vaterfalle für Töchter mit dem kontrollierten Lebensstil – gerade diese verdrängten Gefühle haben eine eigentümliche Wirkung. Sie entwickeln eine erstaunliche Eigendynamik und liefern immer genau dann das Motiv zum Handeln, wenn eine Frau sich hinter Sachlichkeit und Logik verbergen will und soll.

Unbewußte Gefühle sind explosiv und tatsächlich nicht kontrollierbar. Das gilt vor allen Dingen für die Angst, die, einmal aufgebrochen, die Töchter blind in die Vaterfalle laufen läßt. Denn spätestens in der Liebe verführt sie zu eben der Gefälligkeit, die unabhängige

Frauen mit der Kontrolle über ihre Gefühle gerade hatten vermeiden wollen. Dann zeigt sich: Die Verdrängung der Angst hat sich nicht gelohnt.

Der Vater, der sich von den Gefühlen seiner kleinen Tochter nicht stören lassen wollte, hat als einziger davon profitiert. Denn die vernünftige Tochter, frei von kindlichen Gefühlen, ließ sich besser für ihn nutzen. Töchter, die ihre Gefühle fest im Zaum halten, sind besonders gut manipulierbar für fremdbestimmte Ziele. Verdrängte Gefühle entziehen dem Menschen den Boden unter den Füßen, lassen ihn blind werden für die eigene Kraft und die eigene Welt.

Das hat der Vater der Tochter verschwiegen. Vielleicht hat er es selbst nicht gewußt, vielleicht war auch er ein Verdrängungskünstler.

Zwischen Dominanz und Dienen

Die auferlegte Forderung der Kindheit, «den Vater lieben zu müssen», wird später von Frauen, die in ihrem Herzen Vaters Tochter geblieben sind, unhinterfragt, fast reflexhaft auf den Partner übertragen. Die Grundregel der Kindheit, *«sich die Liebe verdienen zu müssen»*, bleibt unversehrt erhalten und bestimmt den Liebesstil. Männliche Eitelkeiten mögen zwar dadurch befriedigt werden, aber die Herausforderung für die Männer bleibt aus. Diese wird ihnen von Vater-Töchtern verweigert. Eine gleichwertige Partnerin gibt es für sie nicht – oder bleibt ihnen erspart, je nach Perspektive.

Die *Lebensstile* von Vater-Töchtern liegen zwischen den Polen *unauffällig gefällig* und *auffällig ungefällig*. In der Liebe jedoch sind sie auf die Gefälligkeit festgelegt. Der Liebesstil ist eindeutig. Es gibt Varianten je nach Lebenssituation, aber nur geringfügige. Tendenziell wird die Vaterbeziehung kopiert, die die Tochter einst erlebte. Es ist ein Leben zwischen Dominanz und Dienen, ganz und gar ausgerichtet nach den Wünschen des ‹wichtigen› Mannes in ihrem Leben. Dieses Ausrichten auf den Mann, das instinktive Erspüren seiner Wünsche zeichnet Vater-Töchter aus. Es ist eine liebgewordene Angewohnheit – und dennoch eine schlechte. Denn sie bestätigt das sorgsam gehegte Vorurteil, daß Frauen nur dafür geboren sind.

Immer haben Frauen gegen oder für den Mann gekämpft – viel zu selten für sich und ihre Belange. Das Tochterdasein hinter sich zu lassen, sich selbst zu erkennen, das scheinen mir wichtige und richtige Anliegen von Frauen zu sein, die Frauen aus falschen Bindungen lösen, sie aktiv werden und ihr eigenes Potential finden läßt. Es ist sehr einfach, nur *gegen* jemanden zu sein – sei es nun gegen den Mann oder gegen die Frau. Aber sich einfach für *sich selbst* einzusetzen, ist erheblich schwieriger, jedoch von entscheidender Wichtigkeit, besonders für Frauen.

Sollte sich ein Frauenleben wirklich darin erschöpfen, gewünschte Lebensstile nach männlichem Wunsch zu gestalten? Sollte den Frauen nichts Eigenes einfallen? Mich sollte das wundern. Meine Erfahrungen mit Frauen beweisen mir täglich das Gegenteil. Alle erzählen von ungenutzten Möglichkeiten und Fähigkeiten, von verborgenem seelischem Reichtum und verletzter Liebesfähigkeit. Verwoben in den Kampf mit dem oder um den Mann, sind Frauen lahmgelegt in ihrer Kreativität und begrenzt in ihren Möglichkeiten: Sie jagen männlichen Werten nach, verstricken sich in Konkurrenzgerangel, huldigen der Macht. Wer ist die Schönste, wer ist die beste Mutter, wer hat den attraktivsten Mann, wer das größte Haus? Frauen spielen ein Männerspiel, in dem sie verlieren müssen. Sie haben keine Chancen. Sie haben nicht einmal die dürftigen Erfolge, die sich Männer zuschreiben. Das Spiel ist für Frauen doppelt ungeeignet. So macht sie ihre getäuschte oder verklärende Erinnerung an den Vater anfällig für Täuschung und Betrug.

Außerdem bemerken unbeirrbare Vater-Töchter nicht, daß ihr Verhalten zwar den Vater schont und seine Werte festigt, sie aber in ihrer Weiblichkeit verletzt. Sie leben oft in einem selbstgefälligen Stil, der den Höhepunkt der Anpassung an männliche Werte darstellt und gleichzeitig den trostlosen Ausverkauf der Weiblichkeit bedeutet. Töchter gehorchen dem Gesetz einer patriarchalen Kultur, das beharrlich eine enge, abhängige Verbindung zu dem selbstgerechten Vater vorsieht. Sie suchen ein Gefühl von Heimat, eine vertraute Atmosphäre, die ihnen so lieb und teuer ist, und ziehen ihre Sicherheit aus der Verteidigung männlicher Werte.

Sie sind bereits in der Kindheit in ein Männergewand geschlüpft und tragen es immer noch. Sie reden wie Männer und geben vor, auch so zu fühlen.

Nach einem kürzlich von mir gehaltenen Vortrag nahmen in der anschließenden Diskussion einige Männer Stellung. Sie wagten es, ihre Meinung zu sagen, was eigentlich nichts Besonderes ist. Daraufhin fühlte sich eine Frau bemüßigt, ihren Haß auf die Männer loszuwerden, und schloß mit den Worten: «Die Kerle sollten doch endlich einmal die Klappe halten. Ihr habt lange genug geredet und euch in den Vordergrund gespielt.» Man spürte es deutlich, sie hatte das Bedürfnis, dies vor versammelter Hörerschaft zu sagen. Sie fühlte sich offensichtlich emanzipiert.

Doch diese Art der Selbstgerechtigkeit verrät eher eine verdeckte Vaterbindung, als daß sie ein Zeichen für echte Emanzipation wäre. Diese eher laut scheppernde Pose verrät einen Mangel an Tiefe und Stabilität; in Wirklichkeit sind diese Frauen getäuschte Töchter, die es später im Leben nicht geschafft haben, die Täuschung aufzudekken. Sie sind betäubt von dem Lärm ihrer Kindheit, den sie für Klugheit gehalten haben, und merken nicht, daß sie die Benachteiligten sind.

Mit vordergründiger Anerkennung und oberflächlicher Liebe gaben sie sich beim Vater zufrieden. Ihre Kindheit war karg und uneinfühlsam. Die kalte Atmosphäre, die sie ausstrahlt, läßt sie vor allen Dingen selbst innerlich erstarren. Rigoros unterdrücken sie jeden Anflug eines Selbstzweifels oder einer Unsicherheit. Sie haben recht – basta. So war es schon beim Vater. Allerdings können diese Frauen diesen Schluß selten ziehen, sie sträuben sich dagegen ebenso wie gegen die reale Wahrnehmung der Welt. In Frauengemeinschaften, in Frauengruppen findet man diese Frauen selten. Sie haben das nicht nötig, sind erfolgreich. Sie stehen auf der Seite der Männer und sind doch die idealen Opfer. Sie sind in Wirklichkeit Mittäter und Mitläufer.

Schon in ihrem Elternhaus wurde Sturheit und Selbst-Herr-lichkeit mit Klugheit und Selbstbewußtsein verwechselt. Der Vater machte es vor: Er mußte nur lange genug auf einer beliebigen Meinung bestehen, dann bekam er recht. In der Familie schon allemal, denn keiner konnte es so lange aushalten wie er. Diese erfolgreiche Methode haben sich die Töchter abgeschaut. Man muß nur lange genug und mit Nachdruck etwas behaupten oder fordern, dann geben die anderen nach. Nur in den seltensten Fällen bemerken sie, daß Wahrheit sich nicht nur durch Ausdauer und Lautstärke beweisen läßt.

Diese Vater-Töchter strahlen Überlegenheit aus. Sie geben sich aufgeklärt und emanzipiert. Sie kennen sich überall aus und stehen über den Dingen. Sie lassen sich nie etwas anmerken. Sie gehen mit geradem Blick aufrecht durch die Welt. Im Brustton der Überzeugung sprechen sie von sich und ihrem Bild von der Welt. Man spürt, sie wollen sich sicher fühlen, sie wollen gefeit sein gegen Lebenskatastrophen. Manchmal imponieren sie – geliebt werden sie selten, geduldet werden sie oft.

Frauen mit diesem auffällig selbstgefälligen Lebensstil zeichnet ein erstaunlicher Mangel an Problembewußtsein aus. Wohlgemerkt, es handelt sich nur um einen Mangel an Bewußtsein, nicht an Problemen. Denn mit Problemen sind alle Menschen konfrontiert, nur stellen sich nicht alle den Problemen. Eine Zeitlang hilft es in der Tat, ignorant an Problemen und Konflikten vorbeizuschauen, aber spätestens in der Liebe wird jede Frau von der Realität eingeholt.

Die Frau mit dem auffällig selbstgefälligen Lebensstil ist die klassische Reisende in Sachen Liebe. Geübt im Augenaufschlag und mit leichtfertigen Komplimenten läutet sie die Liebe ein. Für ihr Problembewußtsein reicht es aus, einfach dem Mann zu jeder Tages- und Nachtzeit zu gefallen, um ihn für sich zu gewinnen. Das Problem Liebe hat sie in ihrem Kopf gelöst: Der Mann will die gutgelaunte anpassungswillige Frau – und sie spielt sie perfekt. Nach ihrer kurzsichtigen Überlegung muß das Erfolg haben.

Ihr Gebot in der Liebe ist – wie in der Kindheit: «Schalte dein Realitätsbewußtsein aus, und bewundere den Mann.» So bleibt sie für den Mann das unbeschriebene Blatt, eigene Forderungen und Wünsche stellt sie zurück. Deshalb glaubt sie, keine Probleme zu haben.

So lautet ihre liebevolle Selbstbeschreibung etwa: «Ich komme mit jedem Mann zurecht. Ich weiß gar nicht, was ihr habt. Männer sind doch so leicht zu handhaben.»

Und in der Tat, mit ihrem aufgesetzten Lächeln reizen sie zunächst den Widerstand des Mannes kaum. Nach Bedarf schlüpfen sie in die Haut eines unerfahrenen Mädchens und umgehen damit jeglichen Konflikt. Sie halten das für besonders klug, aber Männer spüren die Fassade, sie spüren die Anpassungsleistung.

Doch sie sind nur ungern die Väter ihrer Frauen, und so bringt oft auch das letzte Mittel, die Selbstgefälligkeit, nicht den erwünschten Erfolg. Sie schützt nicht vor Konflikten. So bleibt es in der Liebesbeziehung auch diesen Vater-Töchtern nicht erspart, sich mit ihrer erlernten Selbstgefälligkeit auseinanderzusetzen, sich mit den dahinter verborgenen Gefühlen zu beschäftigen und insbesondere ihre Vaterbeziehung zu überprüfen. Überzeugte Vater-Töchter haben sich oft im Patriarchat so eingerichtet, daß sie es kaum noch als solches erkennen.

Isabelle (Mutter von zwei Kindern, nebenbei Journalistin, 36 Jahre):

«Also ich finde nicht, daß wir im Patriarchat leben. Mein Mann bestimmt auch nichts. Ich fühle mich gut – und ich finde auch die ganze Emanzipation heutzutage überholt. Schließlich haben Frauen genug Freiheiten – was wollen sie mehr? Ich bin seit siebzehn Jahren verheiratet, mein Mann hat einen guten Beruf. Er arbeitet hart, um uns alle zu ernähren. Gelegentlich schreibe ich auch einige Artikel, um etwas hinzuzuverdienen. Ansonsten bin ich mit den Kindern zu Hause und habe genügend Zeit für meine Selbstverwirklichung. Also ich finde, ich habe ein gutes Leben. Mein Mann findet es auch.»

Auf die Frage: «Und die Liebe...?» zögert sie.

«Na ja, mein Mann hat gelegentliche Abenteuer», und erklärend fügt sie hinzu: «Männer brauchen das eben – aber er kommt immer wieder zurück, das ist das Wichtigste!»

Bei der Frage: «Wie oft schlafen Sie zusammen?» verstummt sie gänzlich. Dann sagt sie: «Darüber möchte ich nicht sprechen, das ist schließlich Privatsache.»

Aber ihr blasses Gesicht – die stummen Augen – sprechen eine andere Sprache. So sieht die Zufriedenheit und das Glück einer Frau aus, die von sich behauptet, klug zu sein, die felsenfest und mit beängstigender Sicherheit ihre Lebensform als die einzig richtige vertritt und die in Wirklichkeit ihre ganze Lebenskraft dem Mann zur Verfügung stellt. Denn bei genauerem Hinsehen stellt sich ihre Selbstverwirklichung als eine endlose Wartezeit heraus, in der sie sich ihr Glück einreden muß und vom Leben träumt.

Die verdrängte Realität

«Ich fühle, also bin ich»

Angst tut weh. Jeder kennt sie – viele leugnen sie.

Besonders die im Umgang mit dem Vater erfahrene Angst hat Signalwirkung und stellt die Weichen für den Rückzug aus der Realität, solange sie sich verdrängen und verleugnen läßt. Sie zwingt Frauen dazu, ein unwahres Leben zu führen: Sie können nicht sein, wie sie sind, sondern sie müssen sich so zeigen, wie andere sie haben möchten.

Die Angst vor dem Vater haben Vater-Töchter früh mit versöhnlicher Liebe zugedeckt. Damit haben sie ihre Qual und ihre Enttäuschungen in die eigene Seele versenkt. Sie wehren sich vorsichtig gegen den Vater, aber um so unnachsichtiger gehen sie mit sich selbst um. ‹Wenn ich es nur recht mache – dann muß es doch gehen.›

Es ist unglaublich, wieviel Energie Frauen darauf verwenden, ihre Erinnerungen entsprechend zu gewichten: Das Gute wird in der Erinnerung lebendig gehalten, das Schlechte verdrängt.

Wer kümmert sich schon darum, daß Frauen an all dem Verdrängten schließlich zu ersticken drohen. Keiner, wenn nicht sie selbst.

Die in der Kindheit gelernte Angst vor der Angst hat Töchter erstarren lassen in einer konsequenten Unsicherheit. Aus den ängstlichen Töchtern werden angepaßte Frauen. In der Liebe bemühen sie sich, stets das Gewünschte zu präsentieren – und nicht selten sind Frauen sogar stolz auf diese anerkannt weibliche Tugend, die beharrlich jede Emanzipation überdauert hat.

Die verborgene Angst wird sorgsam übersehen. Jede Frau weicht tunlichst der Frage aus: Was geschieht, wenn ich mich nicht so engelsgleich verhalte, wenn ich mich angstfrei bewege? Kenne ich diesen Zustand überhaupt?

Virginia Woolf beschreibt in ihrem Roman «The Angel in the house» den inneren Kampf einer Frau mit den Normen des Vaters. Sie tötet diesen «Engel», der ihr immer wieder vorzuschreiben versucht, wie eine Frau zu sein hat: brav, angepaßt und schrecklich lieb, eben so, wie der Vater sie haben wollte. Indem sie diesen Vater-Engel tötet, setzt sie ihre Kreativität schreibend frei und wird zum Anwalt der kleinen Virginia, die sich wehrt gegen die Beurteilung des Vaters.

«Ich entdeckte, daß ich einen Kampf beginnen mußte mit einer gewissen Geistererscheinung. Und der Geist war eine Frau ... Sie war schrecklich lieb. Sie war außerordentlich charmant. Sie war im großen und ganzen nicht egoistisch. Sie zeichnete sich in der schwierigen Kunst des Familienlebens aus. Wenn es Huhn gab, nahm sie einen Flügel. Wenn Zugluft war, setzte sie sich hinein. Kurzum, sie war so beschaffen, daß sie niemals eigene Ideen oder Wünsche hatte, sondern sich lieber auf die Ideen und Wünsche der anderen einstellte. Und vor allem, ich brauche es wohl kaum zu erwähnen, war sie rein... Und als ich zu schreiben anfing, begegnete ich ihr bei den allerersten Worten. Der Schatten ihrer Flügel auf meinem Papier, ich hörte das Rascheln ihrer Röcke in meinem Zimmer... Sie schlich sich hinter mich und flüsterte... Sei lieb, sei charmanter, betrüge, gebrauche die List deines Geschlechts. Lasse niemand merken, daß du ein eigenes Gehirn hast. Und vor allem: sei rein. Und sie versuchte, meinen Stift zu führen. Ich erinnere mich jetzt an die eine Tat, die ich mir noch als Verdienst anrechne... ich drehte mich um und griff nach ihrer Kehle. Ich tat mein Bestes, um sie zu töten. Meine Verteidigung, falls ich jemals dafür belangt werden sollte, ist, daß ich aus Notwehr gehandelt habe. Wenn ich sie nicht getötet hätte, hätte sie mich ermordet.» (Zit. nach Meulenbelt 1983, S. 22)

Virginia Woolf erkennt den Konflikt – löst ihn, aber sie tut dies auf ihre töchterliche Weise. Sie entwirft einen Geist, mit dem sie kämpft und den sie tötet. Sie gibt dem Geist die Gestalt einer Frau; diese Frau ist eine Täuschung, die die Vaterliebe ihr vorgaukelt, und sie hat alle braven Attitüden der Frau, die der Vater der Autorin als Fesseln angelegt hatte. Es waren seine Mahnungen, die der Geist ihr einflüstert. Und um den Vater zu schonen, machte sie den Geist zur

Frau. Damit verlegte sie die Hölle ihrer Kindheit in die eigene Seele. Sie spaltete sich, statt daß sie den Vater von sich abspaltete.

Jede Vater-Tochter muß den Kampf mit dieser Geistererscheinung, in Wirklichkeit dem Vater, aufnehmen. Mit dieser charmanten, reizenden Frau, die der Vater sich wünschte, die sich in die Zugluft setzt, sich stets der Gefahr einer «seelischen Erkältung» aussetzt. Schon aus Notwehr muß jede Frau den Vater-Engel abwehren, der sie an die Angst bindet und sie zwingt, Beziehungen einzugehen, in denen väterliche Macht herrscht, in denen um Macht gekämpft wird.

Wenn väterliche Rechthaberei und töchterliche Schonung die Partnerschaft regieren, kommen beide zu kurz. Solange in der Liebe Konflikte nach dem väterlichen Modell ausgetragen werden – dies gilt für Frauen und Männer gleichermaßen –, werden sie eben nicht wirklich bearbeitet. Wer auch immer sich gerade durchsetzt, es gibt nur Verlierer. In den Formen der Konfliktlösung zeigen sich die Normen unserer Väter. Denn Unterwerfung ist die Fortsetzung der kindlichen Pose, bedeutet töchterliche Abhängigkeit und ist für keinen ein Gewinn.

Auf der Suche nach der verlorenen Liebe

Sibylle (Ärztin, 38 Jahre) ist auf der Suche nach einem Ort, wo Liebe gedeihen kann. Als Vater-Tochter konnte sie dieses Paradies bisher nicht finden. Trotz großer Bemühungen. Sie suchte am verkehrten Ende (sie zweifelte an sich), an der falschen Stelle (bei den Männern) und zur falschen Zeit (in der Gegenwart).

Jetzt beginnt sie, ihre Vergangenheit in die Realität einzubeziehen, und sie erlebt ihre Wunder im Hinblick auf Selbsterkenntnis und Lebensmut. Sie verläßt den Klein-Mädchen-Kokon, in den sie noch als erwachsene Frau eingesponnen war. Plötzlich erlebt sie die wirkliche Welt. Mit allen Sinnen nimmt sie sie auf. Und es macht ihr Spaß, stark zu sein und sich dem Leben bereitwillig zu stellen.

Sie erzählt von ihrem töchterlichen Gefängnis. Beschreibt die Vater-Fallen, die Hindernisse, aber auch die freudige Spannung, die ein bewußtes Leben mit sich bringt. Sie beginnt mit der Beschreibung ihres Vermeidungslebens, in der Angst sie hinderte, sich frei zu fühlen.

Aus Angst vor Trennungen hat sie bisher versucht, jeden Abschied zu vermeiden. Ihr weiblicher Liebestraum mündet immer in ihrem unumstößlichen Glauben: Er liebt mich, und ich liebe ihn. Lieber ist sie blind, als sich der Wirklichkeit zu stellen. Aber ihre Beschwörungsformel hilft nicht: Die Ehe scheitert. Folgerichtig, wenn man davon ausgeht, daß das Zusammenleben eine viel zu wichtige Angelegenheit ist, als daß sie allein mit Träumen zu bewerkstelligen wäre.

Der Schmerz der Trennung läßt Sibylle aus ihrem Traum aufwachen, und sie erkennt voller Staunen, daß dieser so gefürchtete Schmerz, jetzt, wo sie loslassen kann, wo sie ihn annimmt statt vergräbt, ihre blockierten Gefühle befreit, sie stärkt und nicht schwächt.

Sie versucht, neu und anders zu lieben, in dem Wissen um ihre Tochter-Attitüde. Sie beschreibt einen ganz normalen Tag in ihrem Leben und die Versuchung, doch wieder den alten Weg zu gehen und sich der lähmenden Hoffnung «Der Mann liebt mich» auszuliefern – obwohl sie seine Liebe nicht spüren kann. Aber die Schutzmauer ihrer Kindheit existiert nicht mehr. Dafür faßt sie den Mut, sich ihrer Wirklichkeit zu stellen. Sie sieht den Mann ohne liebende Verschleierung, macht sich vertraut mit der Wirklichkeit Mann und lernt zu lieben.

Es ist die Geschichte einer Frau, die auf der Suche nach sich selbst einen Spürsinn für die Vater-Fallen entwickelt, vor denen sie bisher geflohen und in denen sie gerade deshalb gefangen war.

Der heilsame Schmerz

Sibylle hatte ihren Beschützer gefunden, und sie fühlte sich sicher. Ihre Lebensangst hatte sie mit dieser Verbindung abgestellt. Denn schließlich würde er schon für alles sorgen. Sie hatte von ihrem Vater gelernt, daß das Leben hart und mühsam sei. Ihre größte Angst war es, eines Tages allein, ohne Geld und ohne Wohnung dazustehen.

Denn ihr Vater hatte ihr beigebracht, daß ein Mädchen, eine Frau allein für sich nicht angemessen sorgen könne.

Diese Ängste brauchte sie nun nicht mehr zu haben – ihr Partner war ein starker Mann, er würde sie schützen. Auf jeden Fall in der Not, da würde er für sie da sein. Das war ihr ein besonders wichtiger und beruhigender Gedanke. Die Jahre gingen dahin, die Ehe bestand, ein bißchen zu langweilig, ein bißchen zu ruhig. Sie fragte sich oft: «Sollte das alles gewesen sein?»

Ganz plötzlich und ohne Vorankündigung stand das Wort Scheidung im Raum. Sibylle spürte Entsetzen. Irgendwie kannte sie diesen Schmerz, er war ihr vertraut wie ein Bruder, und sie wußte nicht, woher.

Schon immer hatte sie besondere Angst vor Trennungen gehabt. Bei jedem Abschied wurde sie depressiv und verlor ihre Lebenslust. Sie war dann buchstäblich wie gelähmt und unfähig, etwas zu tun. Der Schmerz traf sie jedesmal unvermittelt und hart. Die Angst, die sie sonst gut überspielen konnte, schlug in diesen Momenten gnadenlos zu. Jede Trennung konfrontierte sie mit ihrer Bedeutungslosigkeit. So versuchte sie, jede Trennung zu vermeiden, jeden Abschied hinauszuzögern. Sie suchte jeden Menschen zu halten – egal wie: Er mußte bleiben. Darauf richtete sie alle Bemühungen: «Könnte ich mich doch so umkrempeln, daß ich ihm gefalle...»

Jetzt war er also da – dieser so sehr gefürchtete Schmerz, diese Angst, die ihr Herz stillstehen und sie verzweifelt nach Auswegen suchen ließ. Vergeblich. Sie war mit ihrem Schmerz allein, und sie fühlte, er gehörte zu ihr. Zum erstenmal gelang es ihr, ihn als ein Teil von sich anzunehmen, ihn nicht als ein Fremdes, Ungeliebtes wegzustoßen. Gleichzeitig mit diesem Schmerz wurde ein Stück von ihr aus einer längst vergessenen Kindheit wieder lebendig.

Sibylle erinnert sich an ihre Angst vor dem Vater, sie geht in dieses Angstgefühl hinein: Sie kann nachspüren, wann dieses Gefühl der Hilflosigkeit, des absoluten Alleinseins zuerst aufgetaucht ist, und sie empfindet Mitgefühl für das kleine verlassene Mädchen, fühlt, daß ihm Unrecht geschehen ist:

«Ich erinnere mich jetzt daran: Ich bin noch ganz klein. Meine Eltern wollen weggehen. Ich schreie wie besessen. Ich habe eine fürchterliche Angst. Ich schreie so laut, daß mir die Luft wegbleibt. Mein Vater steht mit rotem Gesicht vor mir: Er nimmt mich und verprügelt mich gnadenlos. Dann klappt die Tür – sie sind weg. Ich renne zur Tür, sie ist abgeschlossen. Ich klopfe, ich trete gegen die Tür – nichts. Es geschieht nichts. Ich bin ganz allein. Die Luft in dem Zimmer wird stickig, ich glaube zu ersticken. Ich fühle die Leere körperlich. Ich sinke in mich zusammen, werde ganz klein und wimmere nur noch. Aber es hört mich keiner. Diese entsetzlichen Ohnmachtsgefühle...»

Noch später als erwachsene Frau verfolgt Sibylle diese Angst vor dem Alleinsein. Sie kann es fast nicht ertragen, weil sie immer das Gefühl hat, verlassen worden zu sein.

Aber Abschiede und Trennungen gehören zum Leben, und auch Sibylle muß das akzeptieren.

Jetzt stand wieder ein Abschied bevor. Sie fühlte in sich hinein. Die Angst kam, packte zu, schüttelte sie – aber sie war ihr vertraut. Sie schaute es an, dieses Schreckgespenst ihrer Kindheit. Und siehe da, es verwandelte sich vor ihren Augen in eine leere Hülle. Nur die Umrisse erinnerten noch vage an den Vater. In Wirklichkeit waren sie und ihre Angst gute Bekannte, sie hatten sich viele Jahre treu begleitet, die Angst gehörte zu ihr.

Sie fühlte sich unglücklich und doch auf eine schwer erklärbare Art seit langem wieder ganz. Ihr kam der Verdacht, daß sie in ihrer Ehe im Laufe der Zeit immer weniger geworden war – sie hatte sich gar nicht mehr fühlen können. Der Schmerz machte sie auf eine Art wieder vertraut mit sich selbst, sie erkannte sich wieder und atmete auf, trotz und wegen der bevorstehenden Trennung.

Sibylle konnte jetzt erkennen, daß die Angst aus ihrer Kindheit stammte und bestimmend für ihr Leben war. Die Angst diktierte ihr ein Vermeidungsleben, die Angst führte sie in eine Sackgasse. Was immer sie auch tat, was immer sie fühlte – es war nur ein Teil von dem, was sie hätte tun und fühlen können. Jeder Schritt ins Unbekannte löste eine Lawine von Furcht und Schrecken aus und lähmte sie. So hatte sie sich lieber da eingerichtet, wo sie sich auskannte. Unabhängig davon, ob es ihr gefiel. Die Freiheit der Entscheidung hatte sie aus Angst abgegeben.

In Wirklichkeit war sie in ihrer Ehe nicht glücklich gewesen. Sie hatte sich einsperrt gefühlt und verlassen. Ja, einsam war sie gewesen – ihr Mann hatte sich nicht sehr viel Mühe gegeben; er verfolgte seine Karriere, und sie bedeutete ihm wenig.

Sie erinnerte sich jetzt immer deutlicher an seine Wutausbrüche. Die Angst hatte ihr befohlen, alle seine Ungerechtigkeiten sofort wieder zu vergessen, um die «Harmonie» wiederherzustellen, um «die Ehe zu retten».

Sie hatte verziehen, noch bevor ihr die Kränkung bewußt geworden war. Den Traum vom guten, lieben Vater träumend, übersah sie die nüchterne Wirklichkeit. Und sie hatte die eigene Person nach den Wünschen des Vaters reduziert. Der Rest, der von ihr übrig war, hatte die Ehe gestaltet. So war die Ehe zu einer Not- und Schutzgemeinschaft geworden – Liebe hatte es nicht gegeben.

Sie hatte die Auseinandersetzung vermieden – und sie hatte es aktiv getan. Sie wollte den Schmerz ihrer Kindheit nicht wiedererleben, deshalb war sie den Konflikten aus dem Weg gegangen. In ihrer kindlichen Blindheit hatte sie sich einen Mann gesucht, der zur Liebe nicht fähig war, der nur eine Frau zur Repräsentation brauchte, die sein männliches Prestige erhöhte. Ausgerechnet mit Hilfe eines solchen Mannes hatte sie sich absichern wollen vor den schmerzhaften Erfahrungen ihrer Vergangenheit, vor der Angst.

Aber der Schmerz holte sie ein. Und zwar genau in dem Moment, als sie sich sicher fühlte, als sie sich selbst bis zur Unkenntlichkeit in ein starres und unlebendiges Wesen verwandelt hatte. Als ihre Erziehung zur ‹guten Frau› vollzogen war.

Ihre Rettung wurde der Schmerz, der sie zunächst in einen Schockzustand versetzte. Erst als ihr keine anderen Möglichkeiten mehr blieben, als der männliche Schutz ihr entzogen war, konnte sie sich erinnern und zu sich selber finden.

Das kleine Mädchen in ihr wurde lebendig. Es weinte und schrie – wollte die Verletzung nicht wahrhaben, wollte lieber weiterträumen. Es geriet regelrecht in Zorn und Wut, wollte unbedingt haben, was doch für sie heute nicht mehr zu haben war. Sibylle erkannte sich wieder in diesem kleinen wütenden Mädchen, sie erkannte die

Tränen und die Enttäuschung, und dieses Mal wies sie das Mädchen nicht zurück, sie verstand es zum erstenmal und ließ diesen schmerzenden Kontakt zu. Das kleine Mädchen hatte damals recht gehabt, aber dieses Recht hatte sie nicht durchsetzen können, weil sie die Schwächere war. Die Empörung des Kindes war eine gesunde Reaktion, als Kind konnte Sibylle noch Recht und Unrecht voneinander unterscheiden. Aber dieses Empfinden wurde machtvoll entwertet. Als erwachsene Frau hatte sie ihre Qual, Wut und Angst vergessen. Ihr Bewußtsein von Recht und Unrecht war ihr abhanden gekommen.

Die Rückbesinnung auf das kleine Mädchen machte aus der erwachsenen Frau eine sich ihrer selbst bewußte, eine selbst-bewußte Frau. Jetzt konnte sie erkennen, warum sie Komplikationen immer ausweichen mußte. Sie hatte den begrenzten Lebensrahmen ihrer Kindheit niemals verlassen können, einen Lebensrahmen, den der Vater bestimmte, damals wie heute. Sein rigides Lebens- und Liebeskonzept hielt sie gefangen. Denn sie war das kleine Mädchen geblieben, das in Angst vor Liebesentzug an den Vater gebunden blieb. Diese Angst setzt Pfeiler im Leben, bildet den Zaun. Nur die Hinwendung zu diesem Gefühl, die klare Offenlegung und die Akzeptanz vermag die Angst aufzulösen.

Doch oft bleibt das kleine Mädchen sein Leben lang hinter dem Sessel des Vaters versteckt und kann seine Persönlichkeit nicht entwickeln, unentdeckt und unbeachtet. Aber in Krisensituationen wirkt die Angst, die längst vergessen schien. Statt der erwachsenen Frau entscheidet dann das kleine ängstliche Mädchen über Glück und Unglück. Es läßt sich nicht abwimmeln, sondern behauptet seine Position auf ärgerliche Art und Weise. Es flüstert: «Weißt du noch, wenn man nur brav ist, dann wird alles gut, dann braucht man keine Angst zu haben – komm, wir machen es wie früher ...»

Das kleine Mädchen hinter dem Sessel entscheidet immer im Sinne der Angstvermeidung. Kleine Mädchen wollen geliebt werden, und sie fürchten sich vor dem Zorn des Vaters. Die meisten Töchter haben Mittel und Wege gefunden, den Vater zu besänftigen, der schwarzen Angst nicht zu begegnen. Eine beliebte und auch erfolgreiche Zauberformel ist «Ja, Papa». Sibylle verwandte diese Formel auch in ihrer Ehe und wurde so zu einer «guten» Frau.

Sie hatte ihren Vater geliebt – auch wenn sie ihn eigentlich haßte und Angst vor ihm hatte. Sie mußte ihn lieben, sonst hätte sie nicht überleben können. Wenn er groß und drohend vor ihr stand und mißbilligend auf sie herabsah, hätte sie vor Scham in den Boden versinken mögen. Aber zum Glück gab es ja eine Methode, diese entsetzliche Situation zu überleben. «Ja, Papa» – das war die Zauberformel, die seine Augen freundlicher stimmten, die sie wieder in das Leben zurückholten.

Es gab aber auch Situationen, in denen sie genau fühlte: «Er hat unrecht, das darf er nicht mit mir machen» – und sie kurzfristig aufbegehrte. Dann blitzten seine Augen vor Zorn, und sie zuckte angstvoll zusammen. Aber ihr «Ja, Papa» ließ immer wieder alles gut werden. Zorn und Kummer waren vergessen, und er war wieder ihr guter Vater und sie seine liebe Tochter.

Dieses Spiel haben sie Hunderte von Malen gespielt. Aber es war kein Spiel – sondern tödlicher Ernst. Dieses Spiel hat über ihr Leben entschieden, denn sie sagt auch heute ganz automatisch «ja», obwohl sie doch «nein» fühlt. In kritischen Situationen reagiert sie reflexhaft, wie als Kind.

Niemals kann sie etwas tun, was ihre Angst auslösen könnte, immer ist ihr Verhalten von vorsichtigen Überlegungen und taktierenden Einsichten geprägt. Lieber unterläßt sie etwas, als gegen diese Spielregeln zu verstoßen.

Und diese Spielregeln des Vaters hatten sie zu einer Verliererin gemacht, die nun fassungslos ihren Mann sagen hörte: «Ich lasse mich scheiden.» Ihre Ehe war gescheitert. Ihre vorsichtigen Überlegungen und taktierenden Einsichten hatten keinen Sinn mehr: Der Mann war weg. Die Situation war unausweichlich. Hier begann Sibylle ihre Auseinandersetzung mit dem Vater.

Es geht auch ohne Schutzhäute

Wie konnte das geschehen? Wie konnte gerade ihr das geschehen?

Sie hatte ihren Jugendfreund geheiratet. Sie glaubte ihn gut zu kennen. Er war ihr Freund gewesen, er hatte sie beschützt vor dem Vater, und, das war das Wichtigste, er war genau das Gegenteil von ihrem Vater. Das glaubte sie jedenfalls, als sie heirateten. Sie hatte sich alles gut überlegt; es konnte gar nicht schiefgehen. Sie war guten Mutes und voller Entschlossenheit in diese Ehe gegangen. Ja, sie wollte sich sogar ändern. Und sie wollte ihres Vaters Aussage «Du wirst nie eine gute Frau werden» Lügen strafen.

So begann ihre Ehe. Sie gab ihr Studium auf, bekam ein Kind und richtete sich ganz auf das Leben des Mannes ein. Sie wurde eine gute Hausfrau und Mutter. Nebenbei arbeitete sie ein wenig. Und sie hielt das sich selbst gegebene Versprechen ein. Sie wollte nicht so kleinlich sein wie so viele andere Frauen, sie wollte nicht so viel nörgeln. Sie wollte glücklich sein. Bei all diesen Anstrengungen übersah sie, daß sie ganz allmählich das Leben führte, das ihr Vater sich für sie gewünscht und von ihr erwartet hatte. Nun war sie seine gute Tochter, nun stimmte alles. Ihr Leben war der Beweis dafür, daß sie es trotz seines geringen Vertrauens in sie geschafft hatte.

Aber um welchen Preis? Sie spielte die ewig glückliche Ehefrau, deren Hauptbeschäftigung darin bestand, auf den Mann zu warten. Sie mußte sich selbst zwar immer gut zureden, man könnte auch sagen, sie mußte sich über vieles hinwegtäuschen. Aber es schien, als wäre alles in Ordnung. Keine Kränkung konnte sie auf Dauer verwunden. Nichts geschah, was sie dazu veranlaßte, Konsequenzen zu ziehen.

Trotzdem wurde ihr Glück allmählich brüchig. Ihr Ehemann vernachlässigte sie, er war jetzt auch körperlich mehr abwesend als anwesend. Die Ehe reduzierte sich auf eine Hausgemeinschaft.

Erst als die erlebte Kälte, die Einsamkeit unerträglich zu werden begann, als die Trennung im Raum stand, besann sich Sibylle auf sich selbst, auf ihre einstigen Wünsche vom Leben und schließlich auch auf ihre Beziehung zu ihrem Vater.

Wer war er gewesen – dieser Mann, der ihr Vorbild für die Liebe war? Sie erinnerte sich ganz plötzlich an viele Tränen, an die traumatischen Sonntagsfrühstücke, an den Jähzorn des Vaters und an seine gemeine Art, ihr immer wieder weh zu tun. Immer deutlicher wurde das Muster ihrer Kindheit, immer genauer fühlte sie die Atmosphäre jener Zeit, die sie stark geprägt hatte. Wie hatte sie das nur alles vergessen können!

«Ich spüre noch heute die Tränen, die ich nicht zurückhalten konnte, die mir über die Wangen rinnen, die ich eigentlich verbergen will. Ich kneife mir fest in die Hand, so daß es entsetzlich weh tut. Ich versuche, durch den körperlichen Schmerz den Schmerz in meiner Seele zu überdecken. Aber es gelingt mir nicht. Hilflos bin ich dieser Tränenflut ausgeliefert, und die Wut meines Vaters steigert sich ins Unermeßliche. Er tobt und schreit, er kann ‹plärrende Kinder› nicht ausstehen. Dann kommt sein berühmter Ausspruch: ‹Wein du nur, dann brauchst du nicht...› Ich stolpere vom Tisch. Seine Worte ‹Immer mußt du mir das Sonntagsfrühstück verderben› begleiten mich auf meiner Flucht. Verschämt verkrieche ich mich ins Bett. Ja, ich bin wirklich eine unmögliche Tochter. Dann beginne ich zu träumen von einem Vater, der mich versteht, der weiß, daß ich nicht böse bin.

Am nächsten Tag nimmt mich der Vater auf den Schoß. Er redet ganz vernünftig mit mir, er spricht von seinen Erfahrungen im Leben: ‹Weißt du, meine Tochter, du mußt im Leben nur etwas ganz fest wollen, dann bekommst du es auch. Der Wille ist wie ein kleines Bäumchen, das muß man pflegen und hegen, damit es wachsen kann, damit man groß und stark wird. Und das willst du doch – oder?›

Und ob ich will – ich bin noch so klein, und ich fühle mich geschätzt und richtig geehrt von seinen Worten. Ich fühle Kraft in mir. Die gestrige Szene habe ich bereits vergessen und verziehen. Da ist er ja – mein Wunschvater, jetzt wird alles gut.

Aber nichts wird gut. Am nächsten Sonntag wiederholt sich die gleiche Tränenszene – niemand weiß so richtig, warum. Mit aller Kraft klammere ich mich an meinen Traum vom Wunschvater. Ich kann die Widersprüchlichkeit seines Verhaltens nicht ertragen und so versuche ich zu vergessen und zu träumen.»

Bereits als kleines Mädchen tröstet sich Sibylle mit der Zukunft:

«Wenn ich erst einmal groß bin, dann wird alles gut. Ich werde einen Mann heiraten, der ganz anders ist als mein Vater.»

Und sie trifft ihn. Er ist ihr Freund und Beschützer. Alles scheint zu stimmen. Er liebt sie, und er ist so gut. Er ist all das, was ihr Vater nicht war – in diesem Glauben lebt sie. Nur ganz selten erschrickt sie: Blickt er sie nicht kalt und gefühllos an? Aber statt hinzusehen, um es herauszufinden, sieht sie weg. Sibylle schaut lieber auf seine Taten, die sie immer wieder überzeugen. Er tut doch alles für mich.

Aber wenn sie ihn braucht, ist er oft nicht da, wenn sie ihn liebt, liebt er nicht zurück. Aber erfolgreich erstickt sie jeden Zweifel im Keim und kommt immer wieder auf den vertrauten Satz ihres Vaters zurück: «Ja, wenn du dich auch so benimmst...» Dieser Satz beruhigt sie – er ist ihr so unendlich vertraut. Und jedesmal verdoppelt sie ihre Bemühungen. Die Jahre gehen dahin. Und sie merkt, daß sie immer häufiger weinen muß. «Wie früher haben die Tränen wieder angefangen über meine Wangen zu rinnen, und ich kann ihnen keinen Einhalt gebieten. Sie sind das einzige, was ich nicht kontrollieren kann.»

Alles andere hat Sibylle unter Kontrolle: ihre Träume, ihre Liebe, ja sogar sich selbst. Sie funktioniert gut, und sie ist stolz auf sich. Sie ist die perfekte Dame des Hauses – immer zur Stelle, wenn sie gebraucht wird. Und sie wird oft gebraucht. Die Kinder, die Seele ihres Mannes, sie alle wollen gepflegt werden. «Ich führe ein erfülltes Leben», redet sie sich ständig ein. «Ich habe es – Gott sei Dank – geschafft», beruhigt sie sich.

Wie viele Frauen müssen sich wohl ständig selbst beruhigen, sich eine Wirklichkeit vorgaukeln, die gar nicht existiert? Bei Sibylle waren da diese Tränen, die sie irritierten. Irgend etwas konnte nicht stimmen mit ihrer Lebenskonstruktion. Aber was?

Ihr Grübeln, ihr Nachdenken führten sie zu ihrem Vater, und sie erkannte:

«Mein Mann ist mein Vater. Er ist genau wie mein Vater bis an die Grenze des Erträglichen von sich selbst überzeugt. Er hat immer recht, und in seinem Gefühl ist er Jesus Christus. Mich beurteilt er, wie mein Vater es getan hat: Die liebesunfähige Tochter, die liebesunfähige Frau.»

Plötzlich begriff sie, was da vor sich ging.

«Mein Mann gebrauchte mich, wie mein Vater, zur Bestätigung seiner Person. Denn wie kann man gut sein, wenn man nicht den ständigen Vergleich mit einem minderwertigen Menschen in seiner Nähe hat. Deshalb hatte er mich geheiratet. Das war seine Liebe. An mir konnte er Tag für Tag sein Gutsein bestimmen.»

Die Ehe zerbrach, als Sibylle es wagte, eine andere Meinung als Vater und Mann von sich zu haben. Plötzlich konnte sie denken: «Mein Vater war gar nicht fähig, mich zu beurteilen. Er war ein unfähiger Mensch.»

Das war für ihren Mann zuviel; so selbstbewußt konnte er Sibylle nicht «lieben». Er hatte schließlich Vaters Tochter geheiratet, wie konnte sie es wagen...

Aber Sibylle wagte es. Es kostete sie zwar ihre Ehe, aber diese Ehe war nur die Fortsetzung ihrer Kindheit gewesen und mußte endlich ein Ende haben. Ihr Mann hatte nur das kleine Mädchen gewollt. Ein Mädchen, das sich nicht zu wehren wußte. Denn welche Tochter hat schon gelernt, sich gegen ihren Vater zu wehren, welche Tochter durfte sich wehren?

Wie Schuppen fiel es Sibylle plötzlich von den Augen: Das Klima in ihrer Ehe ähnelte auf fatale Art und Weise der Atmosphäre ihrer Kinderstube. Sie lebte in einer Welt der Ablehnung, die sie – weil sie ihr so vertraut war – als solche nicht erkannt hatte. Sie hatte im Grunde ihren Vater geheiratet. Und das trotz ihrer gerade gegenteiligen Absicht. Sie hatte den Mann geheiratet, der zudem noch der Liebling ihres Vaters war. Damit hatte sie sich die Anerkennung des Vaters erschlichen und sich vordergründig befreit aus ihrem Tochterdilemma: Aus der abgelehnten Tochter war die anerkannte Frau geworden. Aber nicht lange: Als der Ehemann sie betrog, sie mehr und mehr vernachlässigte, hatte sie sofort das Bild ihres Vaters parat: «Du bist selbst schuld, wenn du deinen Mann nicht halten kannst.»

Der Schock dieser Erkenntnis war für Sibylle tief, aber heilsam. Sie erkannte, daß sie den falschen Weg gewählt hatte. Wie bei ihrem Vater hatte sie auch in der Ehe, statt sich zu wehren und sich abzugrenzen, Unterwerfungsposen eingenommen.

Immer genauer erkannte Sibylle ihr fatales Lebenskonzept, ihren grundlegenden Irrtum, ihr verdrängtes Angstgefühl. Sie war eine gekränkte Tochter, und sie war eine gekränkte erwachsene Frau. Und so konnte sie nicht standhalten. Sie konnte sich immer nur bemühen zu gefallen, sie selbst, ihre Wünsche hatten keinen Eigenwert. Sie hatte ihr altes Konzept beibehalten: der starke Mann und die schwache Frau. Und sie lebte nach dem töchterlichen Prinzip «Ich gefalle, also bin ich». Aber sie hatte nicht gefallen, nicht einmal sich selbst. Der Schmerz ließ sie den Satz umformulieren: «Ich fühle, also bin ich.» Das sollte zukünftig ihre Orientierung sein. Wer hatte das Recht, ihr ihre Gefühle zu nehmen, wer durfte es wagen, darüber zu befinden, was mit ihren Gefühlen zu geschehen hatte? Das war ihr Recht. Denn ihre Gefühle waren in Wirklichkeit das einzige, was ihr gehörte. Sie waren ihr Eigentum. Das hatte sie nicht gewußt. Das hatte ihr der Vater wohlweislich verschwiegen.

Sibylle kann jetzt genauer und schneller empfinden, wann sie wieder in einer Welt der Ablehnung lebt. Allmählich entwickelt sie dafür eine besondere Antenne. Ohne Umleitung gelangt diese Empfindung jetzt sofort in ihr Bewußtsein.

Aber sie kann damit noch nicht richtig umgehen, denn jetzt erlebt sie diese Kränkung unmittelbar, und das ist schmerzhaft. Früher hat sie die routinierte Verdrängung vor diesem Schmerz bewahrt. Jetzt ist sie ihm ausgeliefert, und sie empfindet ihre Unfähigkeit, sich zu wehren, immer deutlicher:

«Das also war meine Fixierung auf den Vater – in jeder meiner Handlungen und Gefühle war ich seine Tochter geblieben, die sich nicht wehren durfte.

Überall im Leben stoße ich an diese Mauer, auf der geschrieben steht: ‹Du wirst nicht geliebt.› Ich stoße mir den Kopf wund an dieser Mauer – verzage – verdoppele meine Bemühungen – beruhige mich – vergesse – fasse neuen Mut. Und werde wieder gekränkt – der Kreislauf beginnt von vorn. Dabei gibt es Menschen, die können sich wehren – sie sind immer obenauf. Ich kann das nicht. Ich schlucke die Kränkungen wie ein Mülleimer. Für eine Sekunde erstarrt mein Lächeln, stirbt mein Herz – aber dann greife ich den Gesprächsfaden wieder auf – so, als sei nie etwas geschehen. Aber es ist etwas geschehen – mein Körper und meine Seele haben es genau registriert. Nur ich reagiere nicht darauf – überbrücke die Verletzung mit Verleugnung und Vergessen.

Ich lasse die Kränkung hinein und wahre das Gesicht. Für wen tue ich das? Etwa für mich? Bewahre – nein. Früher habe ich das für meinen Vater getan, damit er nicht merkte, wie böse und ungerecht er war. Heute tue ich es zu meinem eigenen Schutz, oder etwa nicht?

Denn die Realität meines Lebens beweist mir das Gegenteil: Ich schütze gar nicht mich, sondern immer die anderen. Jedermann hat es im Umgang mit mir leicht. Er kann sagen, was er will, er kann tun, was er will – ich bleibe freundlich. Im Höchstfall ziehe ich mich zurück.

Niemals bringe ich den anderen in eine peinliche Situation, ich versuche zu vermeiden, daß er sich schlecht fühlt.»

Erst jetzt fängt Sibylle an zu begreifen, daß sie selbst für ihren Schutz sorgen muß, handelnd und selbstbewußt. Während ihrer dunklen Kindheit hat ihre Seele die Funktion eines Mülleimers übernommen und, angefüllt mit Abfall, nach und nach die Fähigkeit verloren, als Orientierungsorgan zu fungieren. «Alles verstehen heißt alles verzeihen», das war bis heute ihre Maxime.

In der Auseinandersetzung mit dem Schmerz lernt Sibylle Schritt für Schritt, diesen Satz zu modifizieren. Sie lernt, daß sie selbst darüber zu entscheiden hat, was sie verzeihen möchte und was nicht. Sie fühlt ihre Kraft und ihre Stärke. Plötzlich ist die Welt für sie handhabbar geworden, plötzlich fühlt sie sich als Teil dieser Welt. Jetzt braucht sie keinen Beschützer mehr, und sie kann auch auf ihre Schutzhäute verzichten. Sie kann die Haltung der Gekränkten aufgeben, denn jetzt bestimmt sie über ihre Verletzbarkeit. Sie hat die Freiheit gewonnen, darüber zu entscheiden, welche Kränkung sie annimmt und welche sie abweist.

Denn gekränkt zu sein, sich kränken zu lassen, macht letzten Endes aus der erwachsenen Frau ein williges Opfer, das dankbar und erfreut ist, wenn andere Menschen die Kränkung unterlassen.

Dieser Ausstieg aus ihrer Kindheit ist Sibylle gelungen, nachdem sie in vielen Gesprächen endlich die Bedeutungslosigkeit ihres Vaters erkennen und erfühlen konnte. Denn nur ihr Bedürfnis nach Anerkennung und Liebe und nicht die Charakterqualitäten ihres Vaters hatten ihm seine für sie übergroße Bedeutung verliehen. Das erkannte Sibylle jetzt ganz klar. In Wirklichkeit nämlich war ihr Vater eine ziemlich bedeutungslose Person. Er hatte nicht viel in seinem Leben erreicht, und von seinen menschlichen Fähigkeiten hatte sie nicht viel erfahren. Es wurde zwar in der Familie um ihn viel Aufhebens gemacht, aber eigentlich nur, damit er ruhig war und nicht weiter störte. Deshalb ließ man ihm seinen Willen, deshalb richtete sich zu Hause alles nach ihm. Er war eigentlich ein launischer Mensch gewesen, der nicht viele Freunde hatte. Seine Rechthaberei vertrieb fast jeden. Eigentlich konnte es niemand lange mit ihm aushalten. Aber zum Glück hatte er ja die Familie, die er nach Herzenslust tyrannisieren konnte.

Ihre zukünftige Liebe stellte sie sich anders vor. Sie wollte nicht mehr von einem Glück träumen, das nur auf ihre Kosten ging. Sie wollte nicht mehr das Glück da suchen, wo sie verletzt wurde.

Sie wollte einen anderen Mann, und sie wollte ihn anders sehen.

Alles begann ganz normal.

Mut zur Wirklichkeit Mann

Der Tag begann wie immer: das verschlafene Aufstehen morgens, die langsame Vorbereitung auf die Aufgaben des Tages. Es war mühsam, sie hatte die ganze Nacht an einem medizinischen Projekt gearbeitet, mit Erfolg, und sie freute sich über ihre Kreativität. Es war eine gute Zusammenarbeit gewesen mit den Kollegen. Aber die Nacht war lang geworden. Und jetzt war es eben mühsam ...

Was stand ihr heute bevor – neben den Aufgaben des Tages? Sie hatte eine Praxisvertretung angenommen und wußte, daß es ein anstrengender Tag werden würde. Aber das war ihr vertraut, und langsam begann sie sich zu freuen. Nein, ihr Beruf belastete sie nicht.

Daß sie sich so schlecht fühlte an diesem Morgen – das begann sie langsam zu merken –, hing nicht mit den beruflichen Aufgaben zusammen. Sie fühlte sich schwer, wie gelähmt, resigniert. Aber warum? Heute war einer dieser endlosen Gerichtstermine wegen ihrer Scheidung.

Sie wappnete sich gegen diesen schweren Morgen, gegen das Gefühl des Ausgeliefertseins. Sie wollte die Dinge zum Guten wenden. Der Tag begann – es war ihr Tag. Sie fühlte ihre Kraft, ihre Energie.

Heute war es ihr klar, besonders klar: Das Wichtigste im Leben ist, die Wahrheit zu wagen. Heute würde sie sich nicht verraten. Heute – das war sicher – wollte sie aufmerken, geistesgegenwärtig sein, heute würde ihr nichts passieren.

Ohne daß sie es recht wollte, lief die Vergangenheit vor ihren Augen ab – Bilder kamen und gingen. Die Tage ihrer Ehe, die vielen Tage und Nächte – wie häufig hatte sie sich selbst verraten. Zum Beispiel, indem sie einfach die schlimmen Dinge überhörte, die ihr Mann zu ihr sagte. Sie vergaß und verzieh, noch ehe sie den Schmerz bemerkte, sie sah weg, kaschierte, erfand eine Wirklichkeit, in der weder sie noch er vorkam.

Nur ungenau und widerwillig erinnerte sie sich an die Gemeinheiten, die er wirklich zu ihr gesagt hatte. «Dumme Gans, welch Elend, daß ich dich geheiratet habe.» Das war in den ersten Monaten der Schwangerschaft gewesen, als sie sich so elend fühlte. «Pack deine Koffer und verschwinde hier – du hast hier nichts zu suchen, ich habe dich aus dem Elend geholt, dir gehört hier nichts.»

Das waren seine Worte gewesen – und er hatte sie durchaus sehr ernst gemeint. Wie hatte sie es nur geschafft, all diese Dinge zu überhören – zwanzig Jahre lang? Was, um Himmels willen, hatte sie nur während dieser ganzen langen Zeit getan? Sie erinnerte sich, sie hatte während der Abwesenheit ihres Mannes nächtelang gelesen und sich Gedanken gemacht. Nur den einen, den wichtigsten, Gedanken hatte sie ausgeklammert: Wie war es eigentlich um ihre Ehe bestellt? Sie war einfach von dem Grundsatz ausgegangen: Mein Mann liebt mich, Punkt, basta. Das war die Grundlage ihres Lebens, die Basis ihres Denkens und Fühlens – das Ende ihrer Welt.

Heute, drei Jahre später, kam es ihr ungeheuerlich vor. Wie wenig hatte sie ihre Würde zu wahren gewußt, wie wenig war sie zu ihrem eigenen Anwalt geworden. Um ihren Mann gut zu stimmen, ging sie auf all seine Trennungsvorschläge ein. Und sie tat es aus Freundschaft – es sollte eine Versöhnungsgeste sein, die den Frieden wiederherstellte. Eine heute nur schwer nachvollziehbare Logik. Nachdem ihr Mann sie jahrelang betrogen, sie geradezu unsittlich beschimpft hatte und sie immer alles vergeben und vergessen hatte, verließ er sie.

Deutlich wurde ihr bewußt: Das machte die Schwere des Morgens aus, das war die Lähmung ihres Lebens: ihre verletzende Vergangenheit, die sie nicht in Ruhe ließ, die sie noch heute an sich selbst verzweifeln ließ.

Aber heute war ein neuer Tag. Sie hatte sich von ihrer Vergangenheit getrennt, sie lebte ein neues Leben. Hatte sie es wirklich?

Sie lebte mit einem neuen Mann – einen, den sie sich ausgesucht hatte, der nicht soviel Macht hatte, der sie verehrte – glaubte sie.

Sie hatte sich verändert, ihre Vergangenheit konnte sie nicht mehr einholen – glaubte sie.

Diese neue Partnerschaft hatte schon manche Stürme überstanden, und in ihrem Gefühl hatte sie sich besser verteidigt als früher: Sie war mehr sie selbst geblieben – glaubte sie.

Dann begann dieser merkwürdige Morgen, an dem sie sich so eigenartig schwer fühlte. Der Tag selbst verlief noch ganz gut – sie leistete gute Arbeit und war erschöpft. Aber sie hatte das Gefühl, etwas Gutes geleistet zu haben.

Sie kam nach Hause und freute sich auf einen zärtlichen Abend. Er sollte der Lohn für ihre Arbeit sein; hier mit ihm wollte sie sich erholen und neue Kraft schöpfen. Aber es sollte anders kommen. Als sie gerade anfangen wollte zu erzählen, unterbrach er sie gekränkt: «Du kümmerst dich nie um mich – du hast keine Zeit für mich.» Es nahm kein Ende. Zunächst überging sie seine Einwände, aber sie ahnte bald: Mit ihrer wohlverdienten Ruhe war es vorbei. Es würde wieder eines dieser ermüdenden Gespräche geben. Wie früher versuchte sie es zunächst mit Freundlichkeit und tröstenden Bemerkungen. Aber nichts half – er war entschlossen, sein Gefühl in aller Tiefe auszubreiten – und er wollte recht haben. Das war's. Sie kannte ihn gut und wußte, nichts würde ihn aufhalten.

Geduldig nahm sie es zur Kenntnis: Es würde nicht gehen. Es wurde auch jetzt wieder ihr voller Einsatz verlangt. Es gab keine Ruhe für sie. Also begann sie wieder – sicher zum hundertsten Male – ihren Standpunkt zu verteidigen: Jeder muß die Freiheit haben, sich voll für seinen Beruf zu engagieren. Das hat nichts mit unserer Liebe zu tun. Er widersprach im Brustton der Überzeugung. Er war ein Mann – und er fühlte sich im Recht, natürlich. «Ich zähle nicht für dich, ich bin nicht wichtig.» Man konnte es hören, er wollte nur recht haben – nicht nachdenken. Und das war ihr neuer Partner, mit dem sie sich ein neues Leben gestalten wollte?

Vielleicht sollte sie nach altbewährter Manier wieder einfach weghören. Es hatte schließlich schon einmal zwanzig Jahre lang geklappt – aber um welchen Preis. Wollte sie sich wieder verraten? Eigentlich tat sie es schon, indem sie immer noch argumentierte. So schwieg sie und hörte einfach zu, und sie hörte richtig zu. Es war unfaßbar, was ihr neuer Mann da formulierte:

«Ich fühle mich nicht geliebt. Du bist so egoistisch.» Und dann fragte sie nach, das erste Mal in ihrem Leben, ob der andere es auch so meinte. Ja, er meinte, was er sagte, und er folgerte: «Es ist deine Schuld, wenn ich dich verlassen muß.»

Er, dem sie sich bereits in der Anfangszeit ihrer Liebe anvertraut hatte, dem sie all ihre großen und kleinen Schwächen offenbarte, er hielt sie in Wahrheit für eine egoistische Frau. In seinen Augen war sie schuld daran, daß ihre Liebe zu scheitern drohte.

Und das mußte er immer gedacht haben, dies war seine wirkliche Meinung über sie.

Ein Knoten löste sich auf – und etwas war zerbrochen. Unwiderruflich und für immer. Welche Erleichterung, es waren damit keine allzu schweren Gefühle mehr verbunden. Es war ein Spiegel, der einfach zerbrochen war. Patsch... und das war's.

Es war das Ende einer alten Liebe, der Vater-Tochter-Liebe – aber auch das Ende eines ewigen Selbstbetruges, des Nicht-hinhören-Wollens und des Nicht-hinhören-Könnens.

Es war das Erwachsenwerden einer Tochter – es war der Beginn des Lebens – voller Kraft und Stärke und sinnvoller Anstrengungen.

Das Erstaunliche daran war, er schien nichts zu merken. Er verbrachte den Abend wie immer. Er fühlte ihn nicht – den Bruch, das Ende der Liebe... er fühlte nichts. Einfach gar nichts. Es war unfaßbar. Sie sah ihn jetzt mit ganz anderen Augen: Er war gar nicht dieser gefühlvolle Mann, den sie immer hatte sehen wollen. Zumindest war er es nur manchmal und nur dann, wenn er es wollte. Er sah und hörte auch nichts.

Sibylle erwachte wie aus einem Traum – und es war ein leichtes Erwachen. Ihr uralter Traum: «Ich will mit dem gehen, den ich liebe, egal, was es kostet», zerbarst wie eine Seifenblase.

Zurück blieb das «Ich will». Sie wollte von jetzt an alles wissen, und sie wollte nachdenken. Sie wollte nicht länger dem Liebestraum ihrer Kindheit nachjagen, der ihr etwas vorgaukelte, was nicht Wirklichkeit war. Jetzt hatte sie selbst die Freiheit der Wahl, jetzt konnte sie selbst über sich bestimmen und das, was sie bereit war zu geben.

Sie mußte die psychische Realität ihres Partners wahrnehmen, sie mußte sehen, wer er war. Erst dann konnte sie eine sinnvolle Entscheidung treffen.

Bisher hatte sie auf ihre Partner jeweils ihre unerfüllten Träume der Kindheit projiziert. Der von ihr erwählte Mann war immer gut und hatte nur hervorragende Eigenschaften. Sie hatte niemals bemerkt, wer er wirklich war. Deshalb war ihr Sturz auch jedesmal so tief, wenn die Liebe zu Ende war.

Sie hatte die Männer nicht erkannt, weil sie ihren Vater nicht kannte, und sie hatte sich nicht kennenlernen können, weil sie ihre wahre Beziehung zum Vater geleugnet hatte.

Ihr Ausweg aus der qualvollen Kindheit war ganz einfach gewesen: Sie hatte sich einen Wunschvater gesucht. Und alles, was nicht in dieses Bild paßte, hatte sie schlicht übersehen, so wie sie seine nicht passenden, schrecklichen Sätze einfach überhört hatte.

Selbst wenn sie bestimmte Worte nicht überhören konnte, wenn sie sich in ihr Hirn bohrten und sie nicht wieder losließen, hatte sie eine erfolgreiche Methode entwickelt: Sie überlegte hin – sie überlegte her, einmal, zweimal und vielleicht noch ein drittes Mal – dann war der Satz zersprungen. Er hatte sich aufgelöst – einfach so.

Oh, es war eine gute Methode, die Sätze einfach zerspringen zu lassen. Sie verloren auf der Stelle ihre Wirkung – sie quälten nicht länger. Allerdings – einen kleinen Schönheitsfehler besaß diese Methode: Nur die Sätze zersprangen. Die Wirklichkeit blieb, wie sie war.

Und die Wirklichkeit hatte sie regelmäßig eingeholt. Ihre Vermeidungsstrategien hatten die Dinge immer nur vorübergehend und zum Schein geändert. Doch jetzt fühlte sie sich fähig, die Wirklichkeit zu ertragen und sich mit dem anderen Menschen zu konfrontieren.

Bisher hatte sie zwar gewußt, daß Männer auch Probleme hatten, daß ihre Kindheit auch nicht das Paradies war, aber sie hatte es in der Liebe nicht fühlen können, sie hatte sich darauf nicht beziehen können. Da mußte er ihr Wunschvater sein – komme, was da wolle.

Also wußte sie eigentlich nie, wen sie liebte. Möglichst lange liebte sie ihren Wunschvater und klagte diesen ein. Wenn die Diskrepanz zwischen Traum und Wirklichkeit zu groß wurde, war die Liebe zu Ende. Eine wirkliche Auseinandersetzung, ein wirkliches Abenteuer in der Liebe, ein «Den anderen erkennen» hatte es nie gegeben.

Aber jetzt sah sie den Ausweg. Sie konnte ganz einfach sie selbst sein, ihren eigenen Standpunkt einnehmen. Sie mußte sich nicht mehr verteidigen. Keine töchterliche Abhängigkeit verunsicherte sie mehr und vernebelte ihre Einschätzung. Sein Versuch, sie für sein Unbehagen verantwortlich zu machen, führte nur zu unnötigen und unfruchtbaren Streitgesprächen, die sie voneinander entfernten. Es waren väterliche Konfliktlösungsversuche. Sie brauchte diese Diskussion nicht mehr.

Wenn ihr neuer Mann sie nicht lieben konnte, dann war das sein Problem, das er zu lösen hatte – wenn er wollte. Die Schuld ihr zuzuschieben, war eine zu einfache Lösung, seiner eigentlich nicht würdig.

Sibylle begann, über ihre Liebesfähigkeit, über ihre Liebesbedingungen nachzudenken. Sie erkannte, sie wollte auch mit dieser Liebe wieder ihre Tochter-Geschichte schreiben. Sie wollte endlich eine Tochter-Geschichte mit Happy-End, und das hatte sie zum Träumen verführt.

Jetzt wollte sie die Wirklichkeit sehen: standhalten statt flüchten. Wie in einem Film ließ sie die Entstehung ihrer Liebe vor sich ablaufen. Sie besetzte die Rollen und nannte den Film: Ein Mann und eine

Frau. Sie wollte des Rätsels Lösung wissen. Jetzt konnte das Abenteuer Liebe beginnen mit der Frage: Wer bin ich eigentlich, und wer ist er? Und was tun wir miteinander?

Lieben nach allen Regeln der Kunst

Ein Mann und eine Frau

SIE gibt sich sehr selbstbewußt – ER ist ein richtiger Mann unserer Kultur.

Sie haben sich verliebt und wollen sich näher kennenlernen.

SIE hält sich für ziemlich liebesfähig – ER hat sich darüber noch keine Gedanken gemacht.

SIE hat sich geschworen: Diese Liebe soll gelingen, sie wird ihm die Anerkennung geben, die er wünscht, ihn lieben nach allen Regeln der Kunst.

ER fühlt sich geschmeichelt – und beginnt, seinen Launen freien Lauf zu lassen. ER hat die Spielregeln genau verstanden: ER soll geliebt werden, und das läßt er sich gern gefallen.

SIE fühlt, daß das Gleichgewicht der Kräfte sich allmählich zu seinen Gunsten verschiebt.

Allmählich wurde es stumm zwischen ihnen – belanglos. Man regelte noch die Dinge des Lebens, aber sonst? Waren sie sich gleichgültig geworden? Nein – sie glaubte das nicht. Der Fehler lag in ihrer Partnerschaftskonstruktion – irgend etwas hakte da.

Aber was ...? So oft war sie in puncto Liebe schon gescheitert. Immer war sie davon ausgegangen, daß es an ihr gelegen hatte. Wie früher als Tochter hatte sie später als erwachsene Frau gedacht: «Wenn ich nur netter gewesen wäre, dann ...» Diese Überzeugung blieb stabil – die Enttäuschungen in der Liebe auch.

SIE beginnt, über ihre Liebesfähigkeit nachzudenken ...

Was hat sie sich nur darunter vorgestellt: «Lieben nach allen Regeln der Kunst»? Welche Regeln hat sie gemeint? Es dämmert ihr ...

natürlich sie hat dabei an die Regeln des Vaters gedacht. Als Tochter hatte sie zwar nie ihr Ziel erreichen können, der Vater hatte sie nicht geliebt. Ob sie nun als erwachsene Frau einen neuerlichen Anlauf genommen hatte, dieses Ziel doch noch zu erreichen? War sie so hartnäckig? Intuitiv hatte sie immer gewußt, wie ihr Vater geliebt werden wollte, nämlich nach allen Regeln der Kunst:

- Man muß schweigen, wenn der Vater redet. –
- Man muß gut zuhören können.
- Seine Launen gehören zu ihm, man muß sie übergehen.
- Man darf an ihn keine Anforderungen stellen, er muß geschont werden.
- Widerspruch kränkt ihn, Zustimmung ist geboten.

Und das Wichtigste von allem: Man muß immer ein lächelndes Gesicht zeigen und den kleinen und großen Taten des Vaters aufmerksam applaudieren. Er braucht das Lob, die Anerkennung.

Ja, genau, so hatte sie es immer gemacht, und so war sie gescheitert, war glücklos von einer Liebe zur anderen gewandert. Und genauso liebte sie jetzt wieder – versuchte es zumindest.

Aber die Launen ihres Partners begannen, sie zu quälen, so wie einst die Willkür des Vaters. Wollte er etwa anders geliebt werden – nicht nach den ihr vertrauten Regeln? Sie erinnerte sich an Auseinandersetzungen, die sie ab und zu hatten. Er sagte dann immer: «Mach dich doch nicht so klein, sei nicht so hilflos!» – Ob er das ernst gemeint hatte? Sie war immer großzügig darüber hinweggegangen. – Das konnte doch nicht sein Ernst sein.

Ihr Vater hatte sie, wenn überhaupt, nur als hilflose Tochter geliebt.

Der Umgang mit ihm hatte sie gelehrt, daß Männer auf Kritik und Forderungen empfindsam und gekränkt reagieren. Als Tochter hatte sie sich lange Zeit immer wieder Vorwürfe gemacht, daß sie die Erwartungen des Vaters nicht erfüllen konnte. Sie hatte immer gute Vorsätze, doch etwas in ihr wollte anders. Der Vater spürte das, wurde böse und zog sich zurück. Sie hatte es wieder einmal nicht geschafft.

Auch heute wurden ihre guten Absichten von merkwürdigen Gefühlen gestört. Sie konnte sehr wütend und zornig werden. Aber leider immer an der falschen Stelle. Ihr Zorn entsprach nie ganz genau der Situation. So wurde sie bei Kleinigkeiten maßlos wütend, während sie Kränkungen und Beleidigungen still hinnahm. Es war ein altbekanntes Gefühl – so vertraut wie ihre Kinderstube. Aber sie wußte inzwischen, diese Gefühle überfielen sie immer dann, wenn sie enttäuscht wurde – und es nicht wahrhaben wollte. In Situationen, in denen zwei Empfindungen miteinander rangen: ein Anspruch an den Partner und das Gefühl, lieber alles beim alten zu lassen.

Irgendwie war ihr etwas abhanden gekommen. Sie wußte nur noch nicht genau, was es war. Doch je länger sie darüber nachdachte, desto deutlicher konturierten sich die Bilder vor ihren Augen.

Ja natürlich, sie hatte sich in dem Labyrinth der väterlichen Liebesregeln verirrt. Sie hatte sich selbst verloren. Sie hatte keinen Standpunkt in sich selbst. Und so mußte sie immer jemandem folgen, der ihr den Weg wies, und in der Liebe sich nach den Launen des Mannes ausrichten. Und die Schuldgefühle, ‹es als Tochter nicht geschafft zu haben›, waren immer gegenwärtig. Sie waren ihre getreulichen Begleiter, zwangen sie in kindliche Verhaltensweisen zurück. Deshalb saß sie heute wieder fest: Sie erhielt die Liebe nicht, nach der sie sich sehnte. Sie stand wie vor einer Mauer, die zu überspringen sie sich scheute. Deshalb bemühte sie sich so sehr um Lob und Anerkennung, je mehr desto besser. Leider kamen ihr aber allzuoft diese Wut und dieser Zorn dazwischen, verpatzten ihre Absicht, mit ständigen Bemühungen die Liebe zu retten.

Warum ließ sie sich seine Launen gefallen – warum wehrte sie sich nicht? Warum stellte sie keine Anforderungen in der Liebe? War sie sich so wenig wert?

Sie fühlte genau, er lebte gar nicht so schlecht mit diesen Liebesregeln. Er fühlte sich zu Hause wie bei Mutter – und so benahm er sich auch. Wenn er gereizt war, ließ er seinen Gefühlen freien Lauf; wenn er über irgend etwas gerührt war, traten ihm die Tränen in die Augen; wenn er seine Ruhe haben wollte, nahm er sie sich. Immer auf ihr verstehendes Wohlverhalten zählend. Sie merkte es erst allmählich: Alles drehte sich um ihn. Wenn sie es so recht bedachte, so spielte sie keine große Rolle in seinem Leben. Sie war da – das reichte ihm offensichtlich. Aber ihr reichte es nicht. Sie fand das Leben mit ihm ein wenig fad und langweilig. Sie hatte sich die Liebe, besonders diese Liebe, anders vorgestellt. Sie fühlte, sie versäumte etwas – etwas stimmte nicht.

Denn so, das spürte sie deutlich, war keine Liebe zwischen ihnen – nur ein erträgliches Miteinander. In ihrem Kopf spukte nach wie vor die mädchenhaft distanzlose Liebe. Als kleines Mädchen wollte sie sich immer nur anvertrauen. Sie suchte ihren Traumvater, ihren Traummann, und dann ging es los: Sie erzählte von ihren Träumen, ihren großen und kleinen Schwächen. Sie erzählte alles – sie breitete ihre Seele aus. Und dann wunderte sie sich jedesmal, daß der «geliebte Mann» das Erzählte bei Bedarf gegen sie verwendete. «Aber du hast doch selbst gesagt, du warst immer so, du kannst es nicht...» Immer wurde sie für ihre Vertrauensseligkeit bestraft und in ihrem Vertrauen verletzt – aber sie gab nicht auf. Weil sie ihre Sucht, sich anzuvertrauen, für Liebe hielt. «Man muß sich doch alles sagen können – oder nicht?» Sie hielt diese Offenheit für einen Liebesbeweis, für Hingabe in der Liebe.

Aber so konnte es nicht weitergehen. Sie wollte sich nicht länger kränken und verletzen lassen. Nur zwei Dinge blieben: sich aufgeben oder sich verändern. Sie wählte letzteres, und sie wählte es jetzt.

Sie dachte nach. Sie schaute hin. Sie schaute genau. Und was sie sah, tat weh. Aber in der Wehmut war etwas, was sie aufmerksam machte, was sie empörte – endlich einmal offen empörte. Sie sah sich als Mäuschen, als kleines, ängstliches Mäuschen vor einem dicken, gefräßigen Kater sitzen.

Und dieses Bild blieb, sie hielt es aus. Sie sah sich als Mädchen in ihrer Kindheit, sie sah sich in ihrer Berufswelt, in ihrer Ehe. Und immer war da ein Kater. Er hatte das Gesicht ihres Vaters, verschiedener Männer, ihres Mannes. Sie sah sich in ihrer Angst, gefressen zu werden.

Das Mäuschen, die Angst und die vielen Kater waren ihr vertraut, besonders die Angst. Aber da war auch Empörung. Und augenblicklich verschwanden die Kater. Sie sah die zornigen Gesichter, den tobenden Vater, den drohenden Chef, den wütenden Mann. Sie sah die

Gemeinsamkeit dieser Kater-Männer, sah die Gemeinheit, und in ihre Angst schob sich Empörung, und langsam erkannte sie, daß es immer das gleiche war: Sie, die Kleine, und die anderen, die sich aufplusterten, aufbauschten, die sie groß machte mit ihrer Kleinheit.

Sie mußte lachen, sie freute sich, sah in den Spiegel und sah eine Frau, eine empörte, trotzige aber lachende Frau. Sie dachte an den Vater, an bestimmte Männer, ihren Mann, sah die versammelte Katerschaft.

Sie hatte ihre Mäuschen-Diplomatie wohlverpackt in weiblichen Tugenden. Was hatte ihr das gebracht? Liebe nicht und auch keine Achtung. Achtete sie sich selbst? Jetzt wollte sie selber auf sich achten. Wozu brauchte sie Kater-Männer?

Sie wollte sich nicht länger gebunden fühlen an die Forderungen des Vaters. Sie überdachte ihre Beweggründe für die Mäuschenhaltung. Beruflich konnte sie sich zwar durchsetzen, aber in einem Teil ihrer Seele lebte die kleine Maus mit der Angst, gefressen zu werden von den dicken, gefräßigen Katern dieser Welt.

In ihrer Mäuseseele hielt sie sich sogar noch für sympathisch: so klein, so gut, so edelmütig. Aber nicht Tugenden hielten sie fest in der Mäusehaltung, sondern Angst und das Begehren, für jedermann eine gute Frau zu sein. Das waren ihre Beweggründe. Deshalb wählte sie immer den gebückten Weg. Diplomatie, liebenswürdige Anpassungsbereitschaft und das Ja-Sager-Spiel waren ihr Handwerkszeug. Die Idee, aufrecht durchs Leben zu gehen, war ihr noch fremd. Aber sie näherte sich ihr – Stück für Stück, langsam, aber beharrlich.

Wie lächerlich, dieses Mäuschendasein, diese angstbesetzte Mäuschenseele. Viel hatte es dafür sowieso nicht gegeben, der erhoffte Lohn und Dank der Welt und der Männer war ausgeblieben.

Sie stellte sich ihrem Problem. Neue Liebesregeln waren angesagt. Die väterlichen waren überholt, statt dessen:

«Ich will so nicht mit dir leben, ich möchte deine Distanz und deine Launen nicht länger ertragen.»

Er fiel aus allen Wolken. Seine erste Reaktion war die übliche. Er verstand nicht, er hörte nicht das Neue in ihren Worten. Entsprechend überging er sie, schenkte ihr ein wenig Interesse, sagte ihr, daß doch alles eigentlich in Ordnung sei. Der Tenor war: «Ich bin zufrieden, im großen und ganzen geht es uns doch gut.» Mit ‹uns› meinte er sich.

Doch sie blieb unzufrieden, ließ sich nicht beirren. Er war irritiert: «Was hatte sie denn bloß? Hatte sie ein Problem?» Aber er tat es ab, ironisierte sie in altbewährter Art. Sie entfernte sich langsam von ihm, wurde und blieb aber deutlich: So wollte sie nicht mit ihm reden. Jetzt kritisierte er den Ton, in dem sie zu ihm sprach, erinnerte sie an all das Schöne, was sie erlebt hatten, was er für sie getan hatte.

Aber sie blieb fest, und das erstaunte ihn. Er begann sich zu wundern. War etwas dran, an dem, was sie sagte? – Sie hielt stand.

Er fühlte sich unpäßlich, befürchtete eine Grippe oder ähnliches. Seiner Leiden hatte sie sich bisher immer angenommen, es war eine altvertraute Brücke zwischen ihnen. Sie blieb standhaft, und sein Wundern ging in Bewunderung über. Zum erstenmal dachte er nach über das, was sie sagte, und auch über sich selbst. Es ließ sich nicht leugnen, etwas stimmte. Aber was konnte es sein? Er wehrte sich mit Geschenken, lud sie auf ein Wochenende ein (was Jahre nicht mehr vorgekommen war), er lud auch Freunde ein, ja, die würden helfen.

Seine kleinen Aufmerksamkeiten nahm sie erfreut, aber ohne die gewohnte Dankbarkeit entgegen. Und er wurde aufmerksam, hatte Sorge, daß sie ihm entgleiten könnte, versuchte, sich die Reize eines Lebens alleine vorzustellen, und dachte weiter... Und ganz langsam spürte er ein leises Bedauern über den Zustand ihrer Liebe, bedauerte erst sich, aber konnte doch nicht leugnen: Er neigte zu Launen und dazu, sie anderen, hauptsächlich ihr, anzulasten. Häufig zog er sich zurück, schützte sich im Schonraum der Distanz, immer dann, wenn er sich gefordert fühlte, aufgefordert – überfordert. Ansprüche an ihn waren ihm unangenehm. Er haßte ihre Vorwürfe, die ständigen Beziehungsgespräche. Wie wäre es mit einer guten Flasche französischen Weins?

Oder sollte er doch einmal den Versuch machen, sich einzulassen?

Sie spürte seine Geneigtheit, seine Einsichtsbereitschaft, schon an der Weise, wie er sie anschaute – und faßte voreilig neuen Mut: Jetzt konnten sie beginnen, miteinander zu sprechen – endlich. Er mußte lernen, ihren Standpunkt ernst zu nehmen, sich damit auseinanderzusetzen, und sie konnte ihn nicht länger wie einen Säugling behandeln, der immer nur gelobt werden mußte, an den sie keine Anforderungen stellen durfte. Ihre Hoffnung:

Jetzt würden sie ein Mann und eine Frau werden, die dem väterlichen Nest entwachsen waren, und in ihr kam eine Ahnung auf, was die Liebe ihr bedeuten könnte, wenn ...

An dieser Stelle hören üblicherweise die Filme auf, und es bleibt der Phantasie überlassen, sich mögliche Fortsetzungen auszumalen. Nun ist es mit dem Happy-End so eine Sache. Es stellt sich im Leben gewöhnlich nicht ein – zumindest nicht auf Dauer.

Der Traum jeder Frau ist, daß der Mann sich ändert, einsichtig ist und sich aus der Sohnesrolle befreit:

Er läßt sich wirklich ein. Das heißt, er löst sich aus seiner Abhängigkeit von seinem Vater, von dessen Werten der Überlegenheit, der Dominanz, der Distanz und des Rechthaben-Müssens. Er setzt auf das, was er noch nicht kennt: die Gemeinsamkeit mit ihr. Diese Gemeinsamkeit bedeutet eine Umwandlung aller seiner Werte. Ohne das Korsett der Macht, ohne den Zwang, recht haben zu müssen, wäre er frei, sich und ihr zu begegnen, sie zu sehen als eine Frau. Das allerdings bedeutet ständige Auseinandersetzung und Streit. Streit nicht um Vorrang, sondern um das, was ist, was war, was werden soll. Nicht wer recht hat, spielt eine Rolle (und was hatte das Rechthaben schon gebracht?), sondern das Gefühl von Nähe und Geborgenheit.

Wahrscheinlicher ist aber, daß der Mann vordergründig mitmacht, halbherzig bleibt, das Gewohnte zu retten versucht:

Er macht mit, hält durch, bleibt sich treu. Das heißt, er gibt soviel wie nötig, soviel, wie sie fordert. Er reagiert auf ihre Anforderung, doch Vorbehalte bestimmen sein Denken, sein Gefühl. Er ist ihr nah, wenn sie ihm zustimmt, er fühlt sich fern, wenn sie selbstbewußt eine andere Meinung vertritt. Damit bestimmt weiterhin er, was in der Beziehung möglich ist, zwingt er ihr weiter die Regeln auf, denen auch er folgt. Er bleibt beim alten, eben dem, was die Väter vorbestimmten.

Sibylle hatte immer wieder die Erfahrung gemacht, daß ihre töchterliche Schonung jeden ihrer Partner in seiner Sohnesrolle beließ. Eingedenk der Worte des Vaters «Wenn du nicht nett bist...» gab sie – entgegen ihrer Absicht – dem Mann den Raum, so zu bleiben, wie er ist. Das war ihre Vaterfalle, in der sie sich selbst verfing und mit der sie den Mann aus ihrer eigenen Welt aussperrte.

Welche Alternativen gibt es?

Sibylle fühlt jetzt die Widerstände gegen ihre Anpassung. Sie will nicht mehr stumm in dieser Welt sein und schon gar nicht in der Liebe. Sie beginnt auf ihre Gefühle zu vertrauen und reicht den Abschied von ihrem Vater ein. Er ist nicht einmal besonders schmerzlich, denn sie sieht ihn jetzt mit anderen Augen, mit den Augen einer Frau, die selbst verantwortet, welche Bedeutung er für sie haben sollte. Und dadurch gewinnt sie: Sie gewinnt für sich als Frau, weil sie ihren Wert selbst bestimmt.

Sibylle verläßt den überfüllten Wartesaal für die Liebe und atmet die frische Luft der Welt ein. Sie reckt und streckt sich, und mutig betritt sie den Boden der Realität.

Bis hierhin – und noch weiter

«Der Realität ins Auge sehen»

Ein mutiger Entschluß. Sibylle verläßt ihr töchterliches Gefängnis. Sie ist frei – und sie akzeptiert ihre gescheiterte Kindheit als das, was sie gewesen war: ein nicht geglückter Erziehungsversuch, der nicht *ihren* Wert festsetzte, sondern den der Erzieher. Damit hatte die Enttäuschung ein Ende. Jetzt ist sie nicht mehr geplagt von Schuldgefühlen, eine schlechte Tochter zu sein, und dem Zwang, eine bessere Frau werden zu müssen. Jetzt kann sie sich mit sich selbst versöhnen, jetzt kann sie sich akzeptieren.

Die Erinnerung an die Wunde ihrer Kindheit, die Aufarbeitung ihrer Vatergeschichte hat Sibylle ihre ursprüngliche Vitalität zurückgegeben: Das kleine Mädchen mit den strahlenden Augen, nachdenklich, neugierig, immer bereit zum Mitmachen, offen für die ganze Welt, ist wieder lebendig geworden. Resignation und Trostlosigkeit des kleinen Mädchens sind vorüber.

Sibylle will Teil dieser Welt sein, ist neugierig auf das Leben, die Liebe und auf sich. Sie könnte die Welt umarmen – aber schon da beginnen die Schwierigkeiten, zeigt sich die Realität. Ihr Partner will nicht umarmt werden, auf jeden Fall nicht dann, wenn sie es möchte. Er muß (leider) den Zeitpunkt bestimmen. Sonst gibt es nichts.

Flüchten oder standhalten? Bisher hatte Sibylle sich damit abgefunden, sich lieber auf den Mann eingestellt. Jetzt entscheidet sie sich gegen die Verdrängung. Die gelegentlichen Zärtlichkeiten – zudem noch zu einem ausschließlich von ihm gewünschten Zeitpunkt – reichen ihr nicht mehr. Und damit hat sie den Boden der Realität betreten: Sie fühlt ihre Bedürfnisse und Wünsche, sie meidet sich nicht mehr.

Sie will ihr Liebesproblem lösen.

Sie weiß, sie war bereits auf dem richtigen Weg, aber sie weiß auch, daß sie weitergehen mußte, nicht stehenbleiben durfte.

Dazu kann ihr ihre Vatergeschichte von Vorteil sein. Wertvolle Erkenntnisse, das Wissen um die Entwicklung ihrer Person sollen ihr helfen, die Tücken der weiblichen Anpassung zu vermeiden. Bisher hatte sie sich immer nur schützen wollen, war ausgewichen, hatte geträumt, sich gut zugeredet, sich leicht überzeugen lassen von kleinen und großen Aufmerksamkeiten.

Sie empfindet, ihr Partner beginnt sich zwar Gedanken zu machen – doch kann er Anforderungen nicht leiden. Er wählt stets den bequemen Weg. Er hat auch eine Vater-Vergangenheit, ist auch ein in sich zerstrittener Mensch und neigt dazu, den Streit mit sich selbst auf andere (auf sie) zu projizieren. Bisher war ihre Liebe ein bunter Reigen gegenseitiger Vaterprojektionen gewesen. Sie hat genug davon, will nicht länger Zielscheibe irgendwelcher Kindheitsübertragungen sein. Aber – eine veränderte Frau macht ihm angst. Er flüchtet vor Nähe, will lieber in Ruhe gelassen werden. Sibylle ist der Ruhe überdrüssig, die eigentlich nur Langeweile war, Friedhofsruhe.

Vielleicht war es ihre Tochter-Rolle gewesen, die ihn glauben ließ, daß er sich nicht ernsthaft mit ihr auseinandersetzen mußte. Vielleicht ist er aber auch nicht der richtige Mann für sie. Man wird sehen...

Sibylle kann sich jetzt dieser Unsicherheit stellen. Träume, die die Wirklichkeit verstellen, will sie nicht länger träumen.

Lieber entscheidet sie sich für die Wirklichkeit. Sie will eine Antwort auf ihre Fragen haben, und sie will auch selbst eine Antwort geben.

Ihre Antwort ist der Abschied vom Vater, von der Tochter, von ihren kindlichen Bedürfnissen nach Schutz, Versorgung und gönnerhafter Anerkennung, Abschied auch von dem Bedürfnis nach Harmonie, die eigentlich Preisgabe ihres eigenen Wollens ist. Sie will lieben ohne Vater-Bilder, sie will endlich erwachsen sein.

Vor allen Dingen will sie nicht länger darauf warten, ob und wann ein Mann sie liebt.

Bisher war sie geneigt gewesen, dem Mann jeweils die gesammelte

Schuld an der Misere in der Partnerschaft zu geben. Aber sie war in der Anklage steckengeblieben und kam über das anklagende kleine Mädchen nicht hinaus. Das war keine Lösung.

Als erstes veränderte sie die väterlichen Liebesregeln, die sie auf alte weibliche Werte verpflichteten. Sie wollte ihr Leben nicht länger engelsgleich verpassen.

- Wenn sie früher zögerte, ihren Gefühlen Ausdruck zu geben, so ließ sie jetzt keine Gelegenheit vorübergehen;
- wenn sie bisher lieber jeden Konflikt überging, gute Miene zum bösen Spiel machte, so achtete sie jetzt sorgfältig auf Spannungen und unausgesprochene Widersprüchlichkeiten.

Ihre üblichen Versuche, den Partner diplomatisch umzustimmen und für ihre Vorstellungen zu gewinnen, blieben aus. Jetzt sagte sie offen und direkt, was sie wollte. Sie versteckte sich nicht mehr hinter Hilflosigkeit und Schwäche. Sie vertraute ihren Gefühlen – sie wollte sie ausdrücken können. Wenn sie ärgerlich war, sich aufregte, dann zeigte sie das. Sie wartete nicht mehr auf eine günstige Gelegenheit, die sich ohnehin stets als falsch erwies. Sie versteckte ihre Gefühle nicht länger, sondern befreite sie, auch die aus der Kindheit – das machte sie frei und ließ sie ihren Wert erfahren.

Ihr Partner war skeptisch. In seinen Augen konnte man den Zweifel lesen: Wie lange das wohl vorhalten würde? Sie war ihm so vertraut in ihrer töchterlichen Anpassung. Davon hatte er viel gehalten. Natürlich sprach er nicht so offen darüber (man muß sich schließlich nicht alles sagen), aber sein Gefühl sprach eine deutliche Sprache. Langsam, aber stetig ging seine einst angedeutete Einsichtsbereitschaft, sein ‹vielleicht doch› in Verbohrtheit über:

«Was zuviel ist, ist zuviel.» Er bestand jetzt auf seinem Recht und seiner Liebe:

«Ich liebe dich. Aber es kann doch nicht sein, daß du nun immer recht hast. Das ist doch eine verkehrte Welt.»

Sibylle äußerte lediglich ihre Gefühle, und er verwechselte schon das mit Rechthaberei. Für sie war das die Bestätigung ihres früheren Tochterverhaltens.

Er sang immer noch sein Klagelied: «Du kümmerst dich nicht, ich spiele keine Rolle für dich.» Sie erkannte dieses Spiel, es war ihr unendlich vertraut. Bei seinen Worten sah sie ihr Kinderzimmer bildlich vor sich. Mit diesen Argumenten hatte auch ihr Vater sie schon in die Enge getrieben. Alles lief darauf hinaus, daß sie die Schuldige und die Böse sein sollte. Dieses Wisssen schützte sie jetzt. Schon einmal hatte sie diesen Worten geglaubt, und das hatte großen Schaden angerichtet in ihrer Seele. Aber da war sie eine kleine hilflose Tochter gewesen. Ihr genügte diese Erfahrung. Ihm offensichtlich nicht.

Der Alltag geht weiter – der Streit auch.

Sibylle machte nun die Bekanntschaft diverser Stoppschilder, die ihr Mann aus der Tasche zauberte. Sein Herz-Bube war das Schweigen. Tagelang hielt er durch. Und damit traf er Sibylle. Sie konnte die kalte Distanz nicht ertragen. Nur mit Mühe konnte sie standhalten. Sie erkannte darin die tatsächliche Ähnlichkeit mit dem Vater. Das Schweigen verletzte sie wie damals. Bereits der Vater hatte sie damit großzügig bedacht.

In seinem Schweigen erlebte sie ihren Unwert, sein Schweigen löschte sie aus...

Sie sah sich ihren Partner an, und was sie sah, erleichterte sie: Er spielte den kleinen trotzigen Jungen, der mit aller Gewalt sein Spielzeug (die kleine schwache Frau) wiederhaben wollte. Er war nicht ihr Vater.

Damals war ihre Angst berechtigt gewesen – heute nicht. Heute hatte sie die Freiheit der Wahl: Sie konnte bleiben oder gehen, sie konnte sich auseinandersetzen oder es lassen. Das Wichtigste war: Sie fühlte sich nicht länger ausgeliefert.

Sibylle wehrte sich, indem sie sein Schweigen für sich nutzte. Statt sich verletzt und gekränkt zurückzuziehen, redete sie jetzt, wann und mit wem immer sie wollte. Sie ließ sich nicht in das Gefängnis «Schweigen» einsperren.

Er verletzte sie, aber niemals mehr traf sie diese Verletzung so tief wie damals in ihrer Kindheit. Den schlimmsten Schmerz hatte sie als kleines Mädchen erlebt, überlebt. Es hatte sich eine Distanz zwischen damals und jetzt, früher und heute geschoben, ein tröstlicher Abstand, der sie Verletzungen gelassener, aber auch genauer betrachten ließ. Das alles konnte sie nur noch kränken, nicht mehr verwunden. Da war sie sicher. Der überwundene Schmerz ihrer Kindheit ließ sie heute ihre Kraft ahnen. Sie hatte die Feuerprobe bereits bestanden.

Wohl konnte diese Liebe scheitern. Das wäre zwar schade – aber nichts im Vergleich zu dem Schmerz ihrer Kindheit. Sie konnte sich jetzt an diesen Schmerz erinnern, sie mußte ihn nicht mehr verdrängen. Sie kannte ihn. Und dieses Erkennen, dieses Wissen um den einst gefühlten Schmerz immunisierte sie. Er hatte sie nicht zerstören können, und Schlimmeres konnte ihr nicht mehr widerfahren. Das Schlimmste hatte sie hinter sich – jetzt, wo sie ihre Vergangenheit für sich nutzen konnte, statt sie gegen sich zu verwenden. Das Wissen um ihre Vatergeschichte, um ihre Un-Schuld an dieser Kindheit tröstete sie und gab ihr die Kraft für jede Auseinandersetzung mit der Wirklichkeit.

Aus der ‹gekränkten Tochter› war eine Frau geworden, die sich zu wehren wußte, die die Harmonie, das nette Beieinander, aber auch die Leere, die sich dahinter verbarg, empfindlich störte. Ihr Partner begann sich von ihr gestört zu fühlen. Er hatte auf ihre vertraute Reaktion gesetzt. Denn wenn sie verletzt und gekränkt war, konnte er sie so gut in die Arme nehmen, dann war er von seiner Gefühlsblockade befreit. Diese Freude entzog sie ihm nun. Er schmollte ein bißchen, schwieg noch ein bißchen, dann gab er sein Schweigen auf. Es brachte ihm nichts mehr.

Aber wie war es mit der Sexualität? Er zog sich zurück – wurde lustloser. Das mußte sie doch merken. Sie fühlte auch diese Verletzung, aber sie wußte, das war sein letztes Mittel. Deshalb überging sie diese Unart taktvoll, erkannte darin seinen Widerstand. Zufällig war sie gerade zu der Zeit beruflich besonders beansprucht; sie konnte sich einfach nicht auch noch auf dieses Problem konzentrieren.

Alle seine Bemühungen hatten nicht den gewünschten Erfolg. Ihr Partner führte noch einige Male ihre Dominanz ins Feld, und als ihm Sibylle nicht recht gab, verzichtete er gänzlich auf seine Taktik, statt dessen kamen sie ins Gespräch über die Dominanz im allgemeinen und im besonderen.

Häufig gerät Sibylle noch an ihre Vatergrenzen. Immer dann, wenn ihr Partner sich auf seinen Widerstand und seine Abwehr versteift, rütteln die Ohnmachtsgefühle ihrer Kindheit heftig an ihrem Selbstwertgefühl. Aber Sibylle gibt nicht auf. Je besser sie ihre Tochtergefühle versteht, desto mehr verlieren sie ihre Wirkung.

Sorgfältig hält sie Schritt mit der Distanz ihres Partners. Um ihrer selbst willen kann sie sich ein Leben ohne diesen Mann, ohne einen Rechthaber-Mann, vorstellen. Sie hat das kleine Mädchen in sich kennengelernt, sie haben sich angefreundet, und die Angst vor dem Verlassenwerden war mit dieser Freundschaft gleichsam verschwunden.

Sibylle versucht nicht mehr, die Distanz des Partners mit ihrer Hingabebereitschaft zu überspielen. Sie ist nur noch bereit für eine echte Beziehung. Und wenn ihr Partner in väterlichen Posen erstarren will, ist das sein Problem. Seine Stoppschilder übergeht sie regelmäßig und in voller Absicht. Uneinfühlsam – aus der Sicht ihres Partners.

Dennoch, die Veränderung in ihrer Beziehung ist offensichtlich: Mit der Friedhofsruhe und der Langeweile ist es vorbei. Zwangsläufig kommen sie ins Gespräch über ihre Meinungsverschiedenheiten, die verschiedenen Standpunkte. Noch nie haben sie soviel miteinander geredet. Jetzt lernen sie sich kennen.

Sibylle wurde in ihrem sicheren, aber nicht unfreundlichen ‹Zu-sich-Stehen› für ihren Partner zusehends attraktiver. Sie konnte wieder strahlen. Nachdem er sich zunächst weigerte, an dieser Veränderung teilzuhaben, er ihre Sicherheit als ‹blödes Emanzipationsgetue› abgetan hatte, sah er jetzt durchaus die Vorteile dieser Veränderung: Der gegenseitige ‹Würgegriff› in ihrer Beziehung lockerte sich. Hatte er sie bisher mit seiner Distanz und seinen Launen in Atem gehalten, so hatte sie ihn ihrerseits mit ihrer Hilflosigkeit und ihrem Kleinmädchengehabe gefesselt. Mit ihrer Veränderung wurde auch er freier, freier von seinen Launen, von seiner Distanz, Posen, die ihre Wirkung verloren hatten. Er wurde nun mit sich konfrontiert, seiner Lebensgeschichte und seinem Leben. Sibylle half ihm nicht länger bei der Verleugnung seiner Person, bei seiner Verdrängung.

Sie trafen sich nur, wenn beide es wünschten und Lust aufeinander hatten. Sie hatte den Zwang aus ihrer Liebe entfernt, den ihre Kindheit ihnen auferlegt hatte und dem sie folgten, ohne es zu wissen. Alles, was sie jetzt miteinander taten, geschah, weil beide es wollten und es sich wünschten.

Sie spielten nicht länger Harmonie, nicht Versöhnung ‹um des lieben Friedens willen›, nicht die Unterdrückung der Gefühle, nicht die vordergründige Harmonie, das nie enden wollende Glück. Wenn sie jetzt zusammen waren, konnte Sibylle Gefühle zulassen: Denn fühlen darf man alles – man darf nur nicht die Auseinandersetzung mit diesen Gefühlen scheuen. Sie hatte sich für eine neue Lebensregel entschieden:

Das Glück liegt in den Konflikten, die man austrägt, in den Problemen, die man löst.

Erst der Alltag ihrer Liebe, das gelebte Miteinander konnte zeigen, ob das für beide möglich ist.

Ihre Gespräche wurden nun anders. Keiner von beiden konnte von vornherein davon ausgehen, daß er recht hatte. Sondern beide mußten darüber nachdenken, was sinnvoll und richtig war – und zwar für beide. Das neue Wir rückte in den Mittelpunkt, Vater-Bilder verblaßten.

Frauen wie Sibylle, die ihre Vatergeschichte in ihre Gegenwart einbeziehen, verlassen ihren Platz hinter dem Sessel. Sie haben den Mut, sich mit dem Mann, den sie lieben, zu konfrontieren – und das beweist ihre Liebesfähigkeit.

Sie wagen, die Grenzen zu überschreiten und die patriarchalen Stoppschilder in der Liebe zu mißachten. Sie machen genau dann den nächsten Schritt vorwärts, wenn der Mann ihnen signalisiert «bis hierhin und nicht weiter». Aber aus Liebe gehen sie weiter, beweisen sich und dem Mann die Ernsthaftigkeit ihres Anliegens und ihrer Person. Sie versinken nicht in Selbstzweifel und Selbstbeschuldigungen – sondern sie stehen zu sich selbst und ihrer Liebe.

Und sie machen die Erfahrung, daß die Geister der Vergangenheit sie jetzt in Ruhe lassen.

Das neue Paar

Und wie sieht sie nun aus, die Frau, die sich von ihrem Vater emanzipiert hat, die sich befreit hat von seinen Grenzen und Schranken, die nicht länger zuläßt, daß die Vergangenheit ihre Zukunft beherrscht? Und wie sieht die Partnerschaft aus, in der sie sich zu Hause fühlt?

Man trifft auf diese Partnerschaft zwar noch selten – aber es gibt sie bereits. Und ich finde, ein solches Paar fordert zur Anerkennung heraus, weil es Neues wagt und mit seinem Verhalten übliche Paarnormen durchbricht.

Schon von weitem unterscheidet sich das neue Paar von den zur Zeit üblichen. Bereits die Ausstrahlung ist eine andere – sie ist erotischer und spannungsreicher.

Der Kopf der Frau ist nicht mehr gebeugt, ihr Ausdruck nicht mehr sanft und mild. In ihrem Gesicht steht nicht mehr das allzeit bereite Lächeln und die dazugehörige angespannt-verspannte Aufmerksamkeit, sondern ihr Gesichtsausdruck ist entspannt und offen. Man spürt, sie lächelt nur, wenn es ihr paßt, wenn sie etwas zum Lächeln findet.

In ihren Augen funkelt Widerspruchsgeist, aber auch Wärme und Lebendigkeit. Ihre Körperhaltung, ja die ganze Person strahlt aus, daß sie immer genau das sagt, was sie auch denkt, und daß sie zwar gewillt ist, sich auf den anderen einzulassen, aber nicht für den Preis der Anpassung.

Bei diesem Satz höre ich schon die lauten Proteste von Männern und Frauen. «Aber man muß sich doch anpassen, sonst geht gar nichts mehr.» Das ist die Regel Nummer eins unseres immer noch funktionierenden maskulinen Systems und der in diesem Rahmen erlaubten Liebe.

Aber man darf sich nicht anpassen und besonders nicht in der Liebe. Hier muß man sich einigen, und das erfordert natürlich das immerwährende Gespräch. Sich anpassen bedeutet letztlich: Ich tue etwas, was ich eigentlich nicht will – aus welchen Gründen auch immer. Und ich reagiere mit schlechter Laune oder sogar mit Wut, selbst wenn ich es nicht zugebe. Das ist eine schlechte Basis für die Liebe und zahlt sich nicht aus. Natürlich ist es leichter und bequemer sich anzupassen, als sich zu einigen. Den größten Gewinn bringt – so die geltende Meinung – die Vermeidung von Konflikten. Doch das ist eine Täuschung. Konflikte sollen und müssen gelöst werden. Denn nur in den Konflikten und ihren Lösungsversuchen zeigt sich das wahre Gesicht des anderen, fällt die Maske ab, gibt es die Chance der Nähe zwischen Mann und Frau. Alle Konfliktvermeidungsstrategien gaukeln Schönheit vor, wo nur Leere ist, sprechen da von Frieden, wo der Kampf tobt.

Deswegen ist das neue Paar immer im Gespräch – sie lernen sich kennen, und gerade deswegen haben sie die Chance, sich zu verstehen. Sie haben Streit, und sie haben Konflikte, sie sind selten einer Meinung, und das geben sie auch zu. Sie haben es nicht nötig, sich als Paar hinter einer Maske der Harmonie zu verstecken. Das macht sie zu Störenfrieden in unserer Gesellschaft, in der Paare eher eine unerträgliche Harmonie auszustrahlen haben.

Diese Frau, die endlich die Gebote ihres Vaters durchbrochen hat, für die der Vater, je nach ihren eigenen Erfahrungen, ein fremder, ein netter, ein gleichgültiger, ein liebloser und vielleicht auch ein brutaler Mensch geworden ist, kann sich ihrer wirklichen Kraft bewußt werden und ihr eigenes Leben beginnen. Für sie ist ihre Kindheit nicht mehr eine zu verdrängende Erfahrung, sondern sie kann den Vater beurteilen, sie weiß jetzt, wer er ist.

Sie hat den wichtigsten Konflikt ihres Lebens gelöst, der sie hemmte und gewaltsam in den ihr vom Vater zugewiesenen Grenzen hielt.

Ich weiß, daß Frauen und auch Männer spontan von der Idee einer Streitkultur nichts halten. Frauen befürchten den Verlust des Mannes, und Männer fürchten um ihr Prestige.

Gemeinsam scheuen sie den Konflikt und geben lieber nach um des lieben Friedens willen – wie sie meinen. Auch wenn dieser sich nur selten einstellt. Aus Angst wird in den Partnerschaften geschwiegen; es ist still – aber nicht friedlich. Denn miteinander zu schweigen, ist noch kein Frieden, sondern eher kalter Krieg, in dem jeder still auslotet, wer es besser kann, wer der Sieger bleibt, wer nachgeben muß.

Die Idee, daß es sich lohnen könnte, für den Frieden in der Liebe zu kämpfen, ist eine fremde geblieben, obwohl man ansonsten auf der

Welt um jeden Groschen kämpft. Noch immer gilt das Uralt-Argument: Liebe ist eine Herzensangelegenheit, sie ist da oder nicht, sie kommt oder geht, da kann man nichts machen. Die Erfahrungen zeigen aber, daß Liebe so nicht zu haben ist.

Heutzutage kommt die Liebe zwar von allein, aber sie bleibt selten. Und schon gar nicht, wenn Männer und Frauen sich nicht um sie bemühen.

Es zeigt sich immer mehr, daß das alte Konzept nicht mehr ausreicht, daß die Liebe erwachsene Menschen braucht. Liebe ist kein Spielplatz, auf dem kleine Jungen und Mädchen ihre unerfüllten Träume träumen: sie den Traum vom starken Mann und er den Traum von der schwachen Frau.

Es gilt, an die Stelle dieser Träume die Wirklichkeit zu stellen, die man gestalten kann, mit wirklichen Menschen und ihren Fehlern und Schwächen, die Menschen nun einmal eigen sind.

Der Abschied vom Vater

«Ich habe ein Recht auf meine Gefühle»

Als ich vor vielen Jahren mit der Vaterforschung begann, hatte ich nur eine ungefähre Ahnung von dem, was auf mich zukommen würde. Arglos befragte ich meine Erinnerung, deutete Zusammenhänge und verlor mich in Träumen (Vater-Träumen, aber das wußte ich damals noch nicht).

Unverrichteter Dinge legte ich das Manuskript in die Schublade, wo es lange Zeit vergraben blieb. Der Vater führte meine Hand, als ich ein von mir für so wichtig erachtetes Thema einfach beiseite legte. «Du sollst nichts Schlechtes über deinen Vater sagen»; ich konnte seine Stimme geradezu hören. Und ich war bereit, diesen Worten zu folgen, unfreiwillig freiwillig.

Das Vater-Thema ließ mich dennoch nicht los. Es begegnete mir – einmal aufmerksam geworden – auf Schritt und Tritt. In jeder Analyse traf ich unvermittelt auf kleine, verzweifelte Mädchen und gebieterische Väter, deren Mahnungen und Urteile ihre Wirkung nicht verloren hatten. Frauen beklagten die Ungerechtigkeit ihrer Kindheit, aber sie mußten die Schuld dafür auf sich nehmen, unfreiwillig freiwillig. Die erlebte Ungerechtigkeit bestimmte ihren Wert, ob sie es wollten oder nicht.

Töchter verlegen den Konflikt mit dem Vater in die eigene Seele, streiten mit sich und ihrem Ungenügen – statt mit ihrer Vergangenheit und mit ihm. «Es genügt nie, ich genüge nie», bleibt Anfang und Ende ihrer Überlegungen.

Ein eigentümlicher seelischer Mechanismus, der mich mehr und mehr interessierte.

Wie war er zu verändern?

Ich erinnerte mich an mein vor so langer Zeit weggelegtes Manuskript, und mir schien es, als hätten alle Frauen ‹ihr Manuskript› in einer Schublade vergraben und es vergessen. Niemand will etwas mit seiner Vergangenheit zu tun haben. Aber solange wir sie nicht erforscht und erkannt haben, bleiben wir unserer Kindheit ausgeliefert, bestimmt die Vergangenheit und nicht wir selbst in der Gegenwart unser Geschick. Mit der Vergangenheit ist es wie mit den verdrängten Gefühlen: Sie kommt immer zu den unpassendsten Zeiten hoch.

Unsere Vergangenheit gehört uns, gehört zu uns, ist Teil von uns; wenn wir sie vergessen oder verleugnen, vergessen wir uns selbst, nehmen wir uns nicht wichtig.

Wir können unsere Erinnerung befragen und uns die Vergangenheit zunutze machen, statt sie – wie der Vater es wollte, wie alle Welt es tut – zu verdrängen. In unserer Vergangenheit liegt der Schmerz verborgen, der die Wunde nicht verheilen läßt. Nur das Aufspüren der Vater-Wunde, die Erkenntnis, getäuscht worden zu sein, beendet den Streit mit sich selbst, verändert den Satz: «Es genügt nie, ich genüge nie.»

Wir können uns mit uns selbst versöhnen. Und nur in dieser Aussicht liegt das Versöhnliche an der Aussöhnung: Aussöhnung ist der Abschied von dem Bild des Vaters aus der Kindheit, von einer Fiktion, die wir als Töchter brauchten.

Aussöhnung bedeutet, bei sich selbst anzukommen, bei unserer gegenwärtigen Realität. Wie auch immer sie sein mag – sie gehört uns.

Aber wir werden nur bei uns ankommen, wenn wir uns mit der Vergangenheit auseinandersetzen, auch mit dem ersten wichtigen Mann in unserem Leben. Unnachgiebig und unnachsichtig muß deshalb jede Frau ihren Vater – so wie er damals war – kennenlernen. Jenseits aller Schonung und ohne träumerische Verklärung muß sie ihn anschauen.

Aber Vorsicht: Der Weg dorthin ist mit Schuldgefühlen gepflastert, die erst überwunden werden wollen. Frauen berichteten mir nach Gesprächen über den Vater von ihren Alpträumen. Im Traum erschien ihnen ‹der drohende Blick›, die mahnende Stimme, eine ‹Hand› auf dem Körper – alles längst verschollene Erinnerungen. Die verdrängte Angst rührte sich, um die ungehorsame Tochter auf den rechten Weg zurückzubringen.

Und auch mir ging es so. Nach einer Lesung des Manuskriptes hörte ich im Traum eine deutliche Stimme: «Aber wer wird sich schon für dieses Buch interessieren, wer will etwas über Väter lesen?» Ich erwachte und wußte, es war die Stimme meines Vaters. Diesen warmen, warmherzigen Ton hatte er nur mit mir gehabt, wenn er mich in seine Sphäre zurückholen wollte. Seine Stimme war mir unendlich vertraut – und doch fremd. Sie hatte ihre Bedeutung verloren.

Denn nach den Schuldgefühlen kommen die Erinnerungen. Sie werden dann aktiv, wenn wir sie zulassen. Vater-Bilder, gespiegelt in den Seelen von Töchtern, erzählen von der verstörten Vater-Tochter-Beziehung. Sie zeigen uns, wer unser Vater war, wer wir in Wahrheit sind. Man muß diese Bilder nur deuten können und die Sprache der Bilder verstehen – dann zeichnen sich Antworten ab auf die Fragen:

Wer war (ist) mein Vater, und *Wer bin ich?* Und: *Wen liebe ich?* Aber auch: *Wie liebe ich?* Stürmisch bis heiter, zurückhaltend und leise – oder vielleicht überhaupt nicht?

Zumeist sind selbst die Bilder der Erinnerung nicht zugänglich; sie zerfließen, sobald man sie fassen will. Die ungelebten, verborgenen Wunden machen den Zugriff schmerzhaft – aber es ist dennoch möglich, die eigene Vergangenheit und damit sich selbst zu entdekken.

Nur, wer will schon wissen, wer er ist; wer hat den Mut, der eigenen Wahrheit ins Gesicht zu schauen? Ich habe mich schon oft gefragt, warum Frauen so wenig Mut für das Vater-Thema aufbringen, warum sie sich lieber hinter einer Ausrede verstecken und sich in die so unglaublich eindeutige Formel flüchten: Er liebt mich und ich liebe ihn, oder: Er haßt mich, ich hasse ihn.

Frauen wollen ihre Vergangenheit nicht sehen, weil das, was sie erkennen würden, ihnen nicht schmeichelt. Aus liebenden Frauen werden – mit dem Blick auf die Vater-Vergangenheit – abhängige Geliebte, kleine, sich anklammernde Mädchen, die mit ihrem Herzeleid die Welt und den Mann bezwingen wollen, Töchter-Frauen, die fast alles dafür tun, um dem Mann zu gefallen. Kein erfreuliches – aber ein veränderbares Bild.

Großzügig darüber hinwegzusehen, die Vergangenheit ruhen zu lassen (wie meine Mutter mir erst neulich wieder wärmstens empfahl), bringt nur eine Verlängerung der Kindheit, eine Fortsetzung dieser schlechten weiblichen Angewohnheiten.

Was haben wir in der Kindheit zu suchen? Nichts als die Wahrheit. Sie war aber nur damals wahr. – Im Verlauf der Kindheit, der Zeit, haben wir sie verfälscht, verdreht, geschönt. Wir haben uns die Wahrheit zurechtgebogen. Damals brauchten wir die Lüge, um die schmerzliche Realität auszuhalten. Die Lüge war wichtig. Aber sie ist ein schlechtes Fundament, sie trägt nicht, sie zieht die lebenslange Lebenslüge nach sich.

Insofern ist Kindheit gelebte Gegenwart. Doch vor dieser Erkenntnis liegen Berge von unbekannten Findlingen.

Wer ist bereit, die in launiger Selbstgefälligkeit geäußerte Einsicht: «Wir sind ja in Wirklichkeit noch alle Kinder» in ihrer bitteren Realität anzuerkennen und konsequent umzusetzen? Für Frauen bedeutet das, die Gefühlsrealität der Kindheit wiederaufleben zu lassen und zu erkennen, daß ihr Ausweg aus dem Dilemma von Selbstbehauptung und Vaterliebe zugunsten des Vaters gewählt wurde und sie in die ewige Lebensrolle der guten Tochter führte: Nur als Frau mit engelsgleichen Eigenschaften und Handlungsweisen ist sie vom Vater anerkannt, kann sie sich selbst überhaupt als Frau anerkannt fühlen. Später ist diese weibliche Tugend von jedermann gefordert: «Aber du bist doch eine Frau...» Das verunsichert Frauen zuverlässig und trifft sie in ihrem Gewissen.

Aber Frauen sind keine Engel ohne Vergangenheit und Zukunft, die mit Mattglanz-Glorienschein über der Welt schweben und pausenlos versöhnlich gestimmt sind. Frauen haben eine Vergangenheit und eine Zukunft – wenn sie wollen.

Das Bewußtsein unserer Zeit hat sich darauf geeinigt, daß die Heilmethode für alle Probleme Verständnis ist. Die Zeichen der Zeit stehen auf Verständnis und treffen genau auf die um Verständnis ringenden Töchter. Liebe und Haß, Bewunderung und Enttäuschung sollen in einem Prozeß des Verstehens aufgehoben werden. Für Frauen bedeutet diese Forderung immer nur, den anderen, den Mann, zu verstehen – nicht sich selbst.

Man soll also den Vater verstehen, seine Umstände, seine Zeit, seinen Charakter, dann wäre die Lösung der Vaterproblematik endlich in Sicht. Entsprechend enden auch viele «Väter-Bücher» nach endlosen Irrungen und Wirrungen immer wieder mit dem Appell, den Vater zu verstehen und ihm zu verzeihen. Selbst greulichste Mißhandlungen werden zum Ende eines Buches verständnisvoll von den Töchtern erklärt.

Bei aller Liebe für möglichst friedvolle Lösungen sei hier darauf hingewiesen, daß eine solche Konfliktvermeidung eine Schonung und neuerliche Bindung an die Väter unserer Kindheit bedeuten kann.

In Wirklichkeit gibt es nichts an und um den Vater zu verstehen. Er war so, und er wollte auch so sein. Aller Wahrscheinlichkeit nach stehen die so um Verständnis ringenden Töchter mit ihrem so verstehenden Herzen wieder einmal auf verlorenem Posten. Keiner will sie haben – diese Verzeihungsgesten, diese mitfühlenden Seelen.

Ich habe noch nie von Vätern gehört, die um Nachsicht und Verständnis ihrer Töchter nachgesucht haben, und es scheint, sie wüßten auch dafür keinen rechten Anlaß. Und solange die Dinge so sind, genügt es, wenn Töchter ihren Abschied nehmen von der Autorität dieses ersten Mannes in ihrem Leben.

Dieser Abschied kann leise und still – aber um so beharrlicher und konsequenter – von Töchtern vollzogen werden. Es genügt, wenn sie wissen, daß ihre Kindheit ein Krämerladen war, der schon früher nicht viel zu bieten hatte, der aber heute ganz und gar ausverkauft ist. Er ist leer, es gibt nichts mehr zu holen.

Der Schmerz ist notwendig, er schließt die Vater-Wunde, bindet nicht länger an die Verletzung der Kindheit, läßt neue Bindungen entstehen.

Dieser Abschied stellt den Täter beiseite. Er vergißt den Täter, ohne ihm zu verzeihen, läßt ihn bedeutungslos werden. Er und das, was er gelebt hat, gilt nicht mehr. Es gilt, was heute ist, was sich als klug erweist.

Dieser Abschied macht stark, führt zur Besinnung auf sich selbst. Der Laufstall der Kindheit ist offen.

Ich bedanke mich bei allen Frauen, die an dieser Vaterforschung teilnahmen und mir erlaubten, ihre Vater-Geschichten für dieses Buch zu verwenden. Uns allen war es ein wichtiges Anliegen, die zugrundeliegenden Vater-Tochter-Strukturen immer genauer zu erfassen und deutlich zu machen: Frauen können sich befreien aus ihrer Gefangenschaft als Tochter und aufhören, ihre eigenen Kerkermeister zu sein – wenn sie mutig und trotzig genug sind. Aufbruch tut not – der Aufbruch der Töchter aus einer von ihnen nicht verschuldeten Unmündigkeit in eine Welt, die offen ist, so offen, wie Töchter es sich nicht träumen lassen.

Brief an den Vater

In einem Seminar zu dem Thema dieses Buches schrieben wir am Ende unserer Arbeit einen Abschiedsbrief an unsere Väter.

Die Briefe, die entstanden und die wir einander vorlasen, waren sehr verschieden. Es gab sehr vorsichtige Auseinandersetzungen, sehr barsche Worte, Gedanken, in denen der Vater wie ein Fremder erschien, und solche, die eine große Nähe und Bindung zeigten.

Übereinstimmend wurde aber die Erfahrung, sich in einem Brief mit dem Vater auseinandergesetzt zu haben, als fruchtbar und sehr produktiv empfunden. Deshalb der Vorschlag für Sie, liebe Leserin und auch Sie, lieber Leser, schreiben Sie einen Brief an Ihren Vater, einen Abschiedsbrief. Dabei ist es nicht wichtig, daß Sie den Brief abschicken. Und auch wenn Ihr Vater lange tot ist, lohnt es sich, einen solchen Brief zu schreiben.

Einen solchen persönlichen Brief an den Vater finden Sie im folgenden abgedruckt. Vielleicht bringt er Sie auf eine Idee.

Übrigens: Sollten Sie erwägen, Ihren Brief doch abzuschicken, glauben Sie bitte nicht, daß Ihr Vater an Ihrem Brief interessiert sein wird. Vielleicht ist sogar ein Abschiedsbrief das letzte, was einen Vater an seiner Tochter interessiert. Aber für Sie selbst kann der Brief – vielleicht auch als Gedankenanregung, die Sie hin und wieder aufgreifen – eine gute Form der Selbstreflexion sein, eine Art Selbstgespräch mit dem Vater.

Lieber Fremder,

wir haben viele Jahre miteinander verbracht: Du als mein Vater – ich als Deine Tochter. Es waren die wichtigsten Jahre für mich, und sie haben über mein Leben bestimmt. Du hast es sicherlich gar nicht wahrgenommen. Ich war ein niedliches kleines Mädchen, daß Du beliebig für Deine Launen nutzen konntest. Mal hast Du mich geliebt – dann wieder kalt von Dir gestoßen. Ich wußte nie, woran ich jetzt wieder mit Dir war. Du warst unberechenbar. Wut und Lachen wechselten bei Dir beliebig ab, und ich war dem hilflos ausgeliefert. All meine Anstrengungen haben nicht ausgereicht, um aus uns Vater und Tochter zu machen – wir waren es immer nur dem Namen nach. Verbunden hat uns immer nur dieses Verwandtschaftsverhältnis. «Blut ist dicker als Wasser», verkündetest Du immer dann, wenn es um meinen Gehorsam ging, wenn ich wagte, Deine Grenzen, Deine Meinung von der Welt nicht gelten zu lassen. Ich mußte die Kosten zahlen für Deine «Blut-und-Wasser-Theorie». Niemals habe ich erlebt, daß Du sie auch auf Dich angewandt hättest. Niemals hast Du zu mir gehalten, fühltest Dich in irgendeiner Weise mir verpflichtet.

Kleinen Mädchen kann man alles erzählen: sie sind so gläubig, so offen, so vertrauensselig. Sie glauben noch an das gute väterliche Prinzip, sie beten für ihren guten Vater, der doch nicht fehlen kann. Und das, obwohl Du mich immer im Stich gelassen hast. Immer, wenn ich Dich brauchte, warst Du nicht da. Wo warst Du? Aus lauter Liebe – oder war es Angst – habe ich Deine Fehler, Deine Lieblosigkeit auf mich genommen. Damit Du kein böser Vater wurdest, wurde ich die böse Tochter. Und mit dieser Konstruktion haben wir beide «gut» gelebt. Ich konnte zusehen, wie ich mit meinem schlechten Charakter fertig wurde, und Du hast dich gesonnt in Deinem väterlichen Bemühen. Es ist schrecklich, was da mit uns beiden passiert ist. Nach welchen Regeln haben wir gelebt: Du als Vater, ich als Tochter?

Wir haben die Chance, uns kennenzulernen, verpaßt. Und so bist Du für mich ein Fremder geblieben. Du als mein Vater hättest meine Vertrauensseligkeit nicht so ausnutzen dürfen für Dich und Dein Vatertum. Nun hast Du gelebt, ohne wirklich eine Tochter zu haben. Du bist einsam – ohne Verbindung zur Welt. Das ist der Erfolg Deines väterlichen Lebensprinzips.

Die gemeinsamen Jahre haben in mir nur Fremdheit hinterlassen: ein Mann, der an mir herumnörgelte, der nie zufrieden war mit mir, der seine Launen an mir ausließ.

Mit diesem Deinem Erbe habe ich mich lange herumquälen müssen. Erst jetzt bin ich frei von Dir. Ich habe erkannt, daß Du ein belangloser Mann gewesen sein mußt, der einfach nach oben strebte, es dennoch nie erreichte und sich belanglos zurückgezogen hat von dieser Welt. Du hattest für nichts eine Bedeutung – Du warst nicht wichtig genug. Als kleines Mädchen versuchte ich Dich immer wieder zu überzeugen, aber Du hörtest nicht zu. Deine kleinen und großen Wichtigkeiten erfüllten Dich ganz. Du warst dir selbst der Größte, und Du warst doch eigentlich so klein. Leider habe ich das erst heute erkennen können.

Was Du dem kleinen Mädchen angetan hast, verzeihe ich Dir nicht, aber ich kann dich heute vergessen. Deine Blut-und-Wasser-Theorie zählt für mich nicht mehr.

Für mich zählen heute nur Menschen, die nicht fremd bleiben, die den Mut zur Nähe haben. Du hattest diesen Mut nie. Hinter Deiner ganzen Väterlichkeit hieltest Du Dich verborgen, sprachst große Worte gelassen aus, an die Du Dich selbst nie gebunden fühltest. Was wolltest Du wirklich verbergen? Etwa Deine Kleinheit – Deine Belanglosigkeit? Das ist Dir nicht gelungen. Ich habe lange mit dem Schmerz gekämpft, die Tochter eines bedeutungslosen Mannes zu sein. Und ich habe viel dafür getan, um diese Wahrheit zu verschleiern. Heute erleichtert mich dieses Wissen. Es macht mich frei und läßt mich die Welt und die Menschen anders betrachten, als Du es in Deiner Kümmerlichkeit tatest. Dein Lieblingsspruch «Trau schau wem» sperrte unsere Familie in Dein Haus ein, entfernte uns von den Menschen, ließ uns ängstlich und mißtrauisch werden. Heute bin ich neugierig geworden auf eine Welt, zu der Du mir bisher den Zugang versperrtest.

Literatur

Adler, Alfred: Wozu leben wir? Frankfurt a. M. 1985
Barth, Ariane: Schau mir in die Augen, Kleiner. Aus: Spiegel Nr. 2, Hamburg, 7. 1. 1991
Beauvoir, Simone de: Das andere Geschlecht. Sitte und Sexus der Frau. Reinbek 1968
Brecht, Bertolt: Der gute Mensch von Sezuan. Frankfurt a. M. 1964
Brownmiller, Susan: Gegen unseren Willen. Frankfurt a. M. 1988
Bruch, Hilde: Der goldene Käfig. Frankfurt a. M. 1980
Burgard, Roswitha: Mut zur Wut. Berlin 1988
Camenzind, Elisabeth, Ulfa von den Steinen: Frauen verlassen die Couch. Stuttgart 1989
Dethlefsen, Thorwald: Ödipus. Der Rätsellöser. München 1990
Dowling, Colette: Perfekte Frauen. Frankfurt a. M. 1989
Enders, Ursula (Hg.): Zart war ich, bitter war's. Köln 1990
Flemming, Hans Curt: Ein Zettel an meiner Tür. Aus: Über Liebe. Schorndorf 1982
Forward, Susan: Liebe als Leid. München 1988
Fraser, Sylvia: Meines Vaters Haus. Düsseldorf 1988
French, Marilyn: Frauen. Reinbek 1978
French, Marilyn: Jenseits der Macht. Reinbek 1988
Freud, Sigmund: Drei Abhandlungen zur Sexualtheorie. Frankfurt a. M. 1989
Freud, Sigmund: Abriß der Psychoanalyse. Das Unbehagen in der Kultur. Frankfurt a. M. 1972
Frisch, Max: Die Schwierigen oder J'adore ce qui me brûle. Max Frisch, Gesammelte Werke in zeitlicher Folge. Bd. 1. Frankfurt a. M. 1986
Fromm, Erich: Die Kunst des Liebens. Frankfurt a. M. 1987
Fromm, Erich: Über den Ungehorsam. München 1985
Fuhrmann, Marliese: Hexenringe. Dialog mit dem Vater. Frankfurt a. M. 1988

Fthenais, Wassilios E.: Väter. Band 1 und Band 2. München 1988
Gambaroff, Marina: Sag mir, wie sehr liebst du mich. Reinbek 1990
Glöer, Nele; Schmiedeskamp-Böhler, Irmgard: Verlorene Kindheit. München 1990
Lerner, Harriet Goldhor: Wohin mit meiner Wut? Stuttgart 1987
Groult, Benoite: Ödipus' Schwestern. München 1985
Hammer, Signe: Passionate Attachments. New York. In: Der verlorene Vater. Elyce Wakermann, München 1984
Kavemann, Barbara; Lohstöter, Ingrid: Väter als Täter. Reinbek 1984
Kiley, Dan: Die Angst der Frauen, sie selbst zu sein. München 1988
Klein, Norma: Daddys Darling. Frankfurt a. M. 1989
Knauss, Sibylle: Erlkönigs Töchter. Frankfurt a. M. 1989
Kuckuck, Anke; Wohlers, Heide (Hg.): Vaters Töchter. Reinbek 1988
Lackner, Karin: Töchter – ihr lebenslanger Abschied von den Vätern. Genf 1988
Lawrence, Marilyn: Ich stimme nicht. Reinbek 1986
Leonhard, Linda: Töchter und Väter. Heilung und Chancen einer verletzten Beziehung. Frankfurt 1990
Leyrer, Katja: Rabenmutter na und? Essays und Interviews. Frankfurt a. M. 1987
Moeller, Michael Lukas: Die Liebe ist das Kind der Freiheit. Reinbek 1986
Meulenbelt, Anja: Die Scham ist vorbei. Eine persönliche Erzählung. München 1983
Meulenbelt, Anja: Ich wollte nur dein Bestes. Reinbek 1986
Millet, Kate: Das verkaufte Geschlecht. Reinbek 1983
Miller, Alice: Abbruch der Schweigemauer. Hamburg 1990
Minuchin, Salvador: Psychosomatische Krankheiten in der Familie. In: Satt aber hungrig. Marilyn Lawrence. Reinbek 1989
Mitscherlich, Margarete: Über die Mühsal der Emanzipation. Frankfurt a. M. 1990
Oakley, Ann: Eine Frau wie ich. Weinheim 1986
Olivier, Christiane: Jokastes Kinder. München 1989
Rijnaarts, Josephine: Lots Töchter. Über den Vater-Tochter-Inzest. Düsseldorf 1988
Rogers, Natalie: Ich hab ein Recht auf mich. München 1983

Russinioff, Penelope: Bin ich ohne Mann nichts wert? München 1987
Schmitz-Köster, Dorothee: Liebe auf Distanz. Reinbek 1990
Schultz, Jürgen (Hg.): Vatersein. München 1984
Steinbrecher, Sigrid: Funkstille in der Liebe. Stuttgart 1990a
Steinbrecher, Sigrid (Hg.): Männermacht und Frauenliebe. Hamburg 1990b
Stephan, Inge: Das Schicksal der begabten Frau. Stuttgart 1989
Stevenson, Robert Louis: Dr. Jekyll und Mr. Hyde. Stuttgart 1987
Thürmer-Rohr, Christiane: Mittäterschaft und Entdeckungslust. Berlin 1989
Tolstoi, Leo N.: Die Kreutzersonate. Aus: Leo Tolstoi. Werke in vier Bänden. Band II. Salzburg 1979
Vilar, Esther: Der betörende Glanz der Dummheit. Düsseldorf 1987
Wachter, Oralee: Heimlich ist mir unheimlich. Zürich 1985
Wakerman, Elyce: Der verlorene Vater. München 1988
Westernhagen, Dörte von: Die Kinder der Täter. München 1987
Woolf, Virginia: The Angel in the house. Professions for Women. Aus: Die Scham ist vorbei. Anja Meulenbelt. München 1983
Wirtz, Ursula: Seelenmord. Inzest und Therapie. Zürich 1989

Sachbücher für Frauen

Robin Norwood
Wenn Frauen zu sehr lieben *Die heimliche Sucht, gebraucht zu werden*
(rororo sachbuch 9100)
«Ein Buch, das das Leben von Frauen verändert.»
Erica Jong
Briefe von Frauen, die zu sehr lieben *Betroffene machen Hoffnung*
(rororo sachbuch 9155)

Doritt Cadura-Saf
Das unsichtbare Geschlecht *Frauen, Wechseljahre und Älterwerden*
(rororo sachbuch 8085)
Frauen kommen in die Wechseljahre. Die Autorin hat erfahren, was das bedeuten kann. Was mit Frauen passiert, wenn sie älter werden, wie sich ihr Körper, ihr Bewußtsein, ihr Selbstwertgefühl verändern. Wie die Gesellschaft mit ihnen umgeht. Aber auch: welche Chancen für einen Neubeginn diese Lebenskrise bietet.

Rosetta Reitz
Wechseljahre *Ermutigung zu einem neuen Verständnis*
(rororo sachbuch 7356)

Frank Nestmann / Christiane Schmerl (Hg.)
Frauen – das hilfreiche Geschlecht *Dienst am Nächsten oder soziales Expertentum?*
(rororo sachbuch 8894)
Frauen tragen die Hauptlast in den sozialen, psychologischen und gesundheitlichen Hilfsdiensten. Dieses Buch will dazu beitragen, diesen Anteil der Frauen an den «hilflosen Helfern» bewußt zu machen.

rororo sachbuch

Lynn Z. Bloom / Karen Coburn / Joan Pearlman
Die selbstsichere Frau *Anleitung zur Selbstbehauptung*
(rororo sachbuch 7281)

Uta van Deun / Peter Kutter
Ich hab' dich nicht gewollt, mein Kind *Eine schwierige Liebe zwischen Mutter und Tochter*
(rororo sachbuch 9115)

Dorothee Schmitz-Köster
Frauen ohne Kinder *Motive, Konflikte, Argumente*
(rororo sachbuch 8336)

Ute Gerhard
Unerhört *Die Geschichte der deutschen Frauenbewegung*
(rororo sachbuch 8377)
Eine spannende und lebendig geschriebene Chronik aus der Geschichte der Hälfte der Menschheit.

Sämtliche Bücher und Taschenbücher zum Thema finden Sie in der *Rowohlt Revue*. Jedes Vierteljahr neu. Kostenlos in Ihrer Buchhandlung.

3408/1